U0367684

科教管理与创新战略研究文库

主　编：顾建民
副主编：吴　伟

从德国模式到美国模式

瑞士洛桑联邦理工学院的组织变革研究

From German Model to American Model

The Transformation of École Polytechnique Fédérale de Lausanne

江小华　著

上海交通大学出版社
SHANGHAI JIAO TONG UNIVERSITY PRESS

内容提要

　　本书聚焦大学变革，通过对瑞士洛桑联邦理工学院制度文本的分析以及对该校校长、管理人员和教师等在内的 45 名关键信息者的访谈，揭示该校如何通过从德国模式转向美国模式，从而在短期内实现跨越式发展。具体而言，本书分析了瑞士洛桑联邦理工学院建设世界一流大学的制度动力，在外部治理、内部治理、组织结构、教师评聘制度、博士生教育、校企合作等方面的模式转型，在经费、人才、声誉、文化等方面的变革效果以及在变革过程中所遭遇的冲突与应对。与此同时，本书还反思了洛桑联邦理工学院为追求快速发展所造成的负面影响。本书力图丰富人们对大学变革的全面认识，并为大学发展提供启示。

　　本书主要面向高等教育领域的管理者、学术人员、研究生以及对大学变革问题感兴趣的广大读者。

图书在版编目(CIP)数据

　　从德国模式到美国模式：瑞士洛桑联邦理工学院的
组织变革研究/江小华著.—上海：上海交通大学出
版社,2022.7
　　ISBN 978-7-313-26994-2

　　Ⅰ.①从…　Ⅱ.①江…　Ⅲ.①高等学校-组织管理学
-研究-瑞士　Ⅳ.①G649.522

　　中国版本图书馆 CIP 数据核字(2022)第 108560 号

从德国模式到美国模式：瑞士洛桑联邦理工学院的组织变革研究
CONG DEGUO MOSHI DAO MEIGUO MOSHI：RUISHI LUOSANG LIANBANG LIGONG
XUEYUAN DE ZUZHI BIANGE YANJIU

著　　者：江小华	
出版发行：上海交通大学出版社	地　　址：上海市番禺路 951 号
邮政编码：200030	电　　话：021-64071208
印　　制：上海新艺印刷有限公司	经　　销：全国新华书店
开　　本：710mm×1000mm　1/16	印　　张：16.5
字　　数：265 千字	
版　　次：2022 年 7 月第 1 版	印　　次：2022 年 7 月第 1 次印刷
书　　号：ISBN 978-7-313-26994-2	
定　　价：78.00 元	

前　言

传统世界一流大学如牛津大学、剑桥大学、哈佛大学和耶鲁大学等都经过了长达几百年的历史沉淀才得以形成，并因其卓越声誉源源不断地吸引最优秀的学者和学生，从而能够延续卓越。这些老牌名校所形成的社会背景和历史机遇都带有自身的特殊性，因而其成功模式很难为当代大学所复制。在全球化时代，为了应对国家推动知识经济发展的需求以及国际学术市场竞争的挑战，许多国家都设立了世界一流大学建设计划。我国自 1998 年以来也先后通过"985 工程""211 工程"和"双一流建设"等计划积极推动世界一流大学的建设。不少研究型大学都想在短期内实现快速发展，从而快速跻身世界一流大学的行列。在这些雄心勃勃的大学中，不乏一些急功近利、投机取巧的高校。但也有部分大学通过不断改革和创新，在短期内实现了办学水平的突破，以高质量的研究和教育获得了国际同行的认可，并赢得了显著的国际声誉。这些崛起于当代环境，特别是取得实质进步的新兴顶尖研究型大学的发展经验对我国建设世界一流大学具有重要的启示作用。

瑞士洛桑联邦理工学院（法文：École Polytechnique Fédérale de Lausanne，简称 EPFL）是瑞士的两所联邦理工大学之一，1969 年成立之后一直致力于为法语区培养工程类人才并为地区的发展服务。直至 21 世纪初，该校确立了建设世界一流大学的目标，并在随后 20 年间通过一系列改革成功跻身世界一流大学的行列，成为欧洲乃至世界范围内研究型大学快速崛起的典范。本书基于组织分析的新制度主义以及变革管理理论，结合各类文本资料、横纵向数据以及对包括校长、管理人员以及教师等在内的 45 名关键信息者的访谈，深入分析瑞士洛桑联邦理工学院为建设世界一流大学而实施的组织变革的内容和过程、识别其变革过程中的主要挑战和应对方式，并反思其建设世界一流大学路径的优势与不足，以期为我国世界一流大学建设提供有益启示。

本书对瑞士洛桑联邦理工学院的变革与发展进行了系统的分析，共包含九章内容。第一章介绍了世界一流大学的概念及世界一流大学建设的兴起，并阐述了本研究对世界一流大学建设的意义。

第二章梳理了不同历史时期全球主导性大学模式的演变，基于有关大学模式的分类研究，重点归纳和比较了研究型大学的德国模式与美国模式，并介绍了全球化时代美国研究型大学模式的影响。

第三章介绍了本研究所采用的理论和方法。本研究主要基于组织分析的新制度主义相关理论以及管理学的变革管理理论对洛桑联邦理工学院的变革进行深度分析。方法方面则主要采用单案例研究法，通过文本资料、访谈资料和横纵向数据的三角互证对洛桑联邦理工学院的变革进行系统分析。

第四章分析了洛桑联邦理工学院建设世界一流大学的外部制度动因，重点探究了全球化的制度动力如何对洛桑联邦理工学院所处区域和国家层面施加规范性的制度压力以及这种制度压力如何影响洛桑联邦理工学院的战略选择。

第五章分析了洛桑联邦理工学院在2000—2016年期间模式转型的内容，主要包括治理模式、组织结构、教师评聘制度、博士生教育以及校企合作五个方面。此外，本研究还分析了推动该校制度转化的多重制度逻辑之间的相互作用，包括市场逻辑、国家逻辑、大学管理逻辑和学术逻辑。

第六章对洛桑联邦理工学院组织变革的成效进行评价。基于丰富的定量数据和定性资料，本研究从人才汇聚、经费获取、文化改善以及声誉提升等多维度剖析了该校的发展情况和变革效果。

第七章分析了洛桑联邦理工学院组织变革所遭遇的挑战与应对，呈现了领导者的愿景和变革计划所引发的矛盾与冲突，分析了该校校长成功领导变革的过程，并将之与科特模型进行比较以考察变革管理理论在学术组织中的适切性与不足。

第八章对洛桑联邦理工学院的发展路径进行了反思。基于对洛桑联邦理工学院的案例研究，本研究对研究型大学为追求快速发展而实施的组织变革进行反思，包括全球化背景下研究型大学变革的应然使命、移植美国模式的利弊、自上而下的激进式变革的成功条件和冲击等。

　　第九章总结了洛桑联邦理工学院的发展模式对我国的启示。在对本书全文内容进行总结的基础上,概括洛桑联邦理工学院组织变革的启示和反思本研究的创新点与不足,并对未来的研究进行展望。

　　本书是在我的博士论文的基础上修改而成。读博期间,导师程莹老师为我的研究倾注了大量心血,在博士论文选题、数据搜集、数据分析、论文撰写和学术发表的整个过程中都给予了我非常耐心细致和极富洞见的指导,正是在他的支持和指导下,我才能够顺利完成本书核心内容的研究工作。此外,复旦大学的熊庆年教授也给予许多宝贵意见和建议,推动了本书研究的日臻完善。博士论文撰写期间,我受国家留学基金委资助赴瑞士洛桑联邦理工学院进行访学,期间得到了 Alexander Nebel 先生的大力支持。Alex 不仅为我安排访学各项事宜和时刻关心我的论文进展,还为我介绍了十多位校级层面的管理人员作为受访者。正是由于他的无私帮助,我才能够顺利完成在洛桑联邦理工学院的调研工作。此外,还要特别感谢上海外国语大学国际教育学院金慧院长对我学术成长的关切。在出版阶段,特别感谢上海交通大学出版社易文娟女士和姜艳冰女士专业而细致的工作!

　　本书的完成和出版得到上海市哲学社会科学教育学青年课题和中央高校基本科研业务费以及上海外国语大学学术著作出版资助,是上述基金项目的主要成果。

　　最后,谨以此书献给我生命中最重要的人——含辛茹苦养育我的父母、默默陪伴支持我的江民波先生以及教会我爱的真谛的江赟卿宝贝,人生有你们相伴,何其幸哉!

江小华

2021 年 8 月于上海外国语大学

目　录

图目录

表目录

第一章
绪　论

第一节　何为世界一流大学?

　　所谓世界一流大学,一般是指国际公认的世界顶尖的研究型大学。因而要了解世界一流大学的内涵,首先需要了解什么是研究型大学。研究型大学的起源可以追溯到 1810 年在德国成立的柏林大学(Humboldt-Universität zu Berlin)。柏林大学首次打破了传统大学只是教学场所的旧观念,树立起研究与教学相结合的现代大学思想,被认为是世界上最早的研究型大学。而 1876 年创建的约翰·霍普金斯大学(The Johns Hopkins University)则被公认为是现代意义上研究型大学诞生的标志。[1] 霍普金斯大学将德国的纯理论研究与美国的实用主义文化相结合形成了独特的办学理念,引领了美国研究型大学发展的潮流。国内外许多学者对研究型大学的内涵进行了分析,如斯蒂芬森(Steffensen)等人和阿特金森(Atkinson)等学者都认为研究型大学是主要致力于科研和研究生教育的机构。[2][3] 阿特巴赫(Altbatch)和伯兰(Balan)将研究型大学定义为"致

① WESTMEYER P. An analytical history of American higher education [M]. Illinois: Charles C. Thomas Publisher, 1985: 89.
② STEFFENSEN M, ROGERS E M, SPEAKMAN K. Spin-offs from research centers at a research university: A communication perspective [J]. Journal of Business Venturing, 2000, 15(1): 93 - 111.
③ ATKINSON R C, BLANPIED W A. Research universities: Core of the US science and technology system [J]. Technology in Society, 2008, 30(1): 30 - 48.

力于不同学科和领域知识创造和传播，拥有良好的实验室、图书馆和其他基础设施，使教学和科研尽可能达到最高水平的学术机构"①。我国学者王战军将研究型大学定义为"以创造性的知识传播、生产和应用为中心，以产出高水平的科研成果和培养高层次精英人才为目标，在社会发展、经济建设、科教进步和文化繁荣中发挥重要作用的大学。"②可见，高质量的科研、教学和社会服务是研究型大学的显著特征。

目前国内外学者对于世界一流大学还没有形成统一的定义，但多数学者认为世界一流大学是位居世界最前列的研究型大学，并总结了这类大学的主要特征(见表1－1)。例如，国际著名比较高等教育专家阿特巴赫认为世界一流大学是在国际上很有名望的大学，必须具备卓越的研究、高水平的师资、有利的工作条件、大学自治、学术自由、充足的设备和经费等条件。③ 澳大利亚学者西蒙·马金森(Simon Marginson)则认为开展世界一流水平的科研是世界一流大学的一个核心特征。④ 韩国学者申正澈通过对四大全球大学排名上的200所大学进行分析认为，世界一流大学应该在三个方面体现全球竞争力：能够吸引国际知名学者和优秀学生、能够获取充裕教育和科研经费、拥有很高的科研产出和引用率。刘念才和萨德拉克(Sadlak)认为世界一流大学必须具备卓越的研究、顶尖的教授、学术自由、规范的管理、先进的设施、充足的资金。⑤ 牛津大学的前校长柯林·卢卡斯(Colin Lucas)认为高水平大学应该在学术声望、知名学者、科研成就和学生质量等方面拥有整体的实力优势。⑥ 牛津大学前任校长安德鲁·汉米尔顿(Andrew Hamilton)则提出世界一流大学有四个基本特征：杰出人才、卓越研究、高水平教育、持续经费。⑦

---

① ALTBACH P G，BALÁN J. World class worldwide：Transforming research universities in Asia and Latin America [M]. Baltimore：Johns Hopkins University Press，2007：30 - 50.

② 王战军.中国研究型大学建设与发展[M].北京：高等教育出版社，2003：2.

③ ALTBACH P G. The costs of benefits of world-class universities [J]. Academe，2004，90(1)：20 - 23.

④ MARGINSON S. The impossibility of capitalist markets in higher education [J]. Journal of Education Policy，2013，28(3)：353 - 370.

⑤ 刘念才，萨德拉克.世界一流大学：特征。评价。建设[M].上海：上海交通大学出版社，2007.

⑥ 张晓鹏.大学排名与世界一流大学建设——第一届"世界一流大学"国际研讨会述评[J].复旦教育论坛，2005(4)：5 - 10.

⑦ 张杰.大学一流之道——上海交大校长讲坛演讲录[M].上海：上海交通大学出版社，2012：63 - 73.

表 1-1 世界一流大学的基本特征

研究者	基 本 特 征
Niland(2000)	教师质量、研究声誉、优秀的本科生、国际地位、充裕资源、合作网络、多学科、优秀的管理
王英杰(2001)	国际化、开放性、批判性和包容性
Altbach(2003)	卓越的研究、高水平的师资、有利的工作条件、内部自治、学术自由、充足的设备和经费
许智宏(2004)	杰出人才
Lucas(2005)	在学术声望、知名学者、科研成就和学生质量等方面拥有整体的实力优势
刘念才 & Sadlak(2007)	卓越的研究、顶尖的教授、学术自由、规范的管理、先进的设施、充足的资金
顾秉林(2008)	理念、制度、组织和办学方式上不断创新
Salmi(2009)	人才汇聚、资源充裕和管理规范
Levin(2010)	吸引优秀的学者和科学家的能力、拥有一流的研究设施和充足的资金、一个行之有效的研究经费分配体系、培养具有独立和批判思维能力的学生
Hamilton(2011)	杰出人才、卓越研究、高水平教育、持续经费
麻慕芳(2011)	国际前沿的若干一流学科、科研成果卓著、学术声誉很高，拥有一批世界级学术大师和高素质的教师队伍、科研经费充裕、研究力量雄厚、拥有一流的学生、经费投入巨大、办学设施优良
Marginson(2013)	世界一流水平的科研
Brown(2013)	以研究为重，科研资源和声誉都远远超过了本地和国际同行
Shin(2013)	国际知名学者、优秀学生、充裕教育和科研经费、拥有很高的科研产出和引用率

　　国际著名高等教育专家贾米尔·萨尔米(Jamil Salmi)也认为，世界一流大学靠自我标榜是不行的，所谓"精英"是外界基于国际社会普遍认可所赋予的。[①] 萨尔米在《世界一流大学：挑战与途径》一书中提出了一个反映世界一流大学核心特征的分析框架。[②] 该框架认为，世界一流大学的卓越成就——受雇

---

① SALMI J. The challenge of establishing world-class universities [M]. Washington：The World Bank, 2009：4.

② 贾米尔. 萨尔米. 世界一流大学：挑战与途径[M]. 上海：上海交通大学出版社, 2009.

主青睐的毕业生、尖端领域的研究成果以及充满活力的科技成果转化,基本上可以归因于三组互补的要素:①人才汇聚(优秀学生和教师);②资源丰富以提供良好的学习环境并能开展顶尖研究;③高水平的管理,鼓励战略愿景、创新性、灵活性,使高校能够自主决策以及管理资源,不受官僚体制的束缚(见图1-1)。

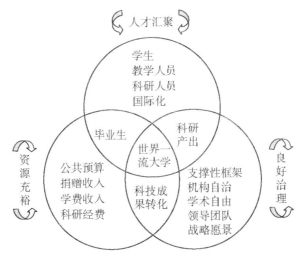

图1-1　世界一流大学的特征:主要因素组合

总结而言,学者们普遍认为世界一流大学最重要的产出特征是拥有世界一流的科研水平和教育水平,从而获得良好的国际声誉和地位。而要实现这一目标,需要若干重要的投入要素,包括:①人才要素:高水平师资和优秀学生;②物质要素:充裕的经费、良好的基础设施、有力的工作条件;③制度要素:大学自治、学术自由、卓越校长、创新理念、国际化战略、卓越文化、全球合作、优秀管理等。

第二节　世界一流大学建设的兴起

随着经济全球化和知识经济的发展,各国竞争越来越取决于以教育发展和知识创新水平为基础的总体经济实力的竞争。研究型大学作为高素质人才培养的基地和知识创新的中心,对促进国家科学进步和经济发展起着日益关键的作用。因此,许多国家都将建设世界一流大学作为提升自身国际竞争力的主要途径和策略,从而培养出国际顶尖的人才和取得世界一流的科研成果。[1][2] 自 20世纪 90 年代以来,多国政府相继实施了"精英大学计划"(Excellence Initiative)或"世界一流大学计划"(WCU Project),加大了对高等教育,特别是对研究型大学的投入力度,出台了一系列促进世界一流大学建设的政策和措施,推动了研究型大学的改革。值得注意的是,1989—2004 年期间,只有少部分国家和地区实施了卓越计划。2004 年以后,随着国际性大学排名的繁荣,"世界一流大学建设"运动得以强化,争创世界一流大学逐渐成为一个全球现象(见表 1-2)。尽管在社会、文化和经济方面存在诸多差异,但许多发达国家和发展中国家的政府和顶尖高校仍加入了这场追求学术卓越的竞赛中,这在欧洲和亚太国家尤为明显。[3]

表1-2 实施世界一流大学建设计划的国家/地区汇总

时间	区 域				
	非洲	亚洲和大洋洲	欧洲	中东	北美
1989—2004	/	澳大利亚、中国大陆、中国香港、日本、新西兰、韩国	丹麦、芬兰、爱尔兰、挪威	/	加拿大
2005—2015	尼日利亚	中国大陆、印度、日本、马来西亚、新加坡、韩国、中国台湾、泰国	丹麦、法国、德国、卢森堡、挪威、波兰、俄罗斯、斯洛文尼亚、西班牙、瑞典	以色列、沙特阿拉伯	加拿大

资料来源: SALMI J. Excellence strategies and the creation of world-class universities [M]//LIU N C, CHENG Y, WANG Q. Matching visibility and performance. Global Perspectives on Higher Education. Rotterdam: SensePublishers, 2016: 17.

---

[1] MOHRMAN K, MA W, BAKER D. The research university in transition: The emerging global model [J]. Higher Education Policy, 2008, 21(1): 5 - 27.

[2] ALTBACH P G, BALÁN J. World class worldwide: Transforming research universities in Asia and Latin America [M]. Baltimore: Johns Hopkins University Press, 2007: 30 - 50.

[3] DEEM R, MOK K H, LUCAS L. Transforming higher education to whose image? Exploring the concept of "world class" university in Europe and Asia [J]. Higher Education Policy, 2008(21): 83 - 97.

　　为加快建设世界一流大学，许多国家和地区还明确提出了建设世界一流大学的时间表。例如，时任法国总统萨科齐（Nicolas Sarkozy）在 2009 年提出使 2 所大学进入世界前 20，使 10 所高校进入世界前百强的目标。① 时任澳大利亚总理吉拉德（Julia Gillard）则在 2012 年发布《在亚洲世纪中的澳大利亚白皮书》（*Australia in the Asian Century White Paper*），强调澳大利亚到 2025 年要有 10 所大学跻身世界百强之列。② 俄罗斯总统普京（Vladimir Putin）则在 2012 年颁布一项总统令，也即"5‐100 计划"，要求使至少 5 所俄罗斯大学在 2020 年之前进入世界百强。③ 2015 年，我国国务院下发《统筹推进世界一流大学和一流学科建设总体方案》，列出了我国世界一流大学建设的日程表："到 2020 年，若干所大学和一批学科进入世界一流行列，若干学科进入世界一流学科前列；到 2030 年，更多的大学和学科进入世界一流行列，若干所大学进入世界一流大学前列，一批学科进入世界一流学科前列，高等教育整体实力显著提升；到本世纪中叶，一流大学和一流学科的数量和实力进入世界前列，基本建成高等教育强国。"

　　除了政府政策的推动之外，国际竞争也是促使研究型大学变革和发展的重要动力。传统上，研究型大学对人才、经费和声誉等关键要素的竞争一般都发生在一国之内，但随着全球化和高等教育国际化程度的加深，师资、生源、经费等高等教育资源的跨境流动日益频繁，研究型大学在学术人才和学术声誉方面的竞争跨越了国界。就人才竞争而言，高等教育的国际市场与其他国际市场无异。与以前相比，学生和教师所面临的选择更多，因而对高校办学水平和科研能力的要求更为挑剔，也更青睐有卓越国际声誉的研究型大学。而由于强大的经济实力、天然的语言优势以及高质量的办学水平，美国、英国、澳大利亚等发达国家的研究型大学在国际高等教育市场中占有明显的竞争优势，吸引着来自全球各地的学术英才和优秀学生。

① MARSHALL J. How Sarkozy is forcing reform on a reluctant establishment [EB/OL]. [2010‐07‐01]. http://www. independent. co. uk/news/education/schools/how-sarkozy-is-forcing-reform-on-areluctantestablishment-2014821. html.

② Australian Government. Australian in the Asian Century White Paper [EB/OL]. [2015‐06‐05]. http://www. murdoch. edu. au/ALTC-Fellowship/_document/Resources/australia-in-the-asian-century-white-paper. pdf.

③ Times Higher Education. "5‐100" Russian Academic Excellence Project [EB/OL]. [2015‐06‐05]. http://5top100. ru/upload/iblock/6a0/6a04e0f4f0abb1fee842f7b32a9a6e4a. pdf.

面对日益激烈的竞争,全球许多研究型大学也设定了快速发展的目标,并以国际大学排名作为衡量标准。例如,英国曼彻斯特大学(University of Manchester)在其最新的战略规划中设定了到 2020 年进入世界前 25 名的目标。① 西澳大利亚大学(University of Western Australia)致力于到 2050 年挤进全球 50 强。② 伦敦大学玛丽皇后学院(Queen Mary University of London)③和澳大利亚阿德莱德大学(University of Adelaide)④的目标是进入世界前 150 名。澳大利亚麦考瑞大学(Macquarie University)和伍伦贡大学(University of Wollongong)的目标是进入全球前 200 名。⑤ 而出于对美国研究型大学的声誉、成就和贡献的深刻认同,有大批学校试图通过移植美国研究型大学的办学模式和制度实践来加快自身的发展。⑥⑦⑧

然而,对于大学系统而言,增加投入相对容易,而制度移植和组织变革却并非易事,很容易因"水土不服"和引发价值冲突而失败。正如阿特巴赫所言,大学变革是一个艰难的过程,常常无法获得预期的效果。⑨ 一些致力于自上而下推动组织变革的国内外研究型大学由于低估了教师群体的心理反应和学校的传统

---

① The University of Manchester. Manchester 2020: The Strategic Plan for The University of Manchester [EB/OL]. [2015 - 07 - 09]. http://documents. manchester. ac. uk/display. aspx? DocID=11953.

② The University of Western Australia. The Campus Plan 2010 [EB/OL]. [2015 - 03 - 12]. http://www. cm. uwa. edu. au/plan/campus-plan-2010/vc-message.

③ Queen Mary University of London. Strategic Plan 2010 - 15 [EB/OL]. [2015 - 03 - 16]. http://www. qmul. ac. uk/docs/about/32329. pdf.

④ The University of Adelaide. Beacon of Enlightenment [EB/OL]. [2016 - 04 - 01]. http://www. adelaide. edu. au/VCO/beacon/beacon-of-enlightenment. pdf.

⑤ Macquarie University. Macquarie University Research Excellence Scholarship Scheme 2013 [EB/OL]. [2015 - 3 - 21]. http://www. research. mq. edu. au/about/research_@_macquarie/policy_and_strategy/documents/MQRSP_2009_2011_v5_Final_May_09. pdf.

⑥ MARGINSON S, ORDORIKA I. El Central Volumen de La Fuerza: Global hegemony in higher education and research [M]//RHOTEN D, CALHOUN C. Knowledge matters. The public mission of the research university. New York, NY: Columbia University Press, 2011: 67 - 129.

⑦ DEEM R, MOK K H, LUCAS L. Transforming higher education to whose image? Exploring the concept of "world class" university in Europe and Asia [J]. Higher Education Policy, 2008(21): 83 - 97.

⑧ MOHRMAN K, MA W, BAKER D. The research university in transition: The emerging global model [J]. Higher Education Policy, 2008, 21(1): 5 - 27.

⑨ [美]菲利浦·G·阿特巴赫. 比较高等教育[M]. 符娟明,陈树清,译. 北京: 文化教育出版社,1986: 86 - 91.

价值而遭遇阻力，最终不得不被迫放弃变革，或者难以达到变革的预期目标。[1][2]

面对国内政策的推动和国际竞争的压力，研究型大学，特别是各国精英大学应该如何抓住机遇加快发展成为世界一流大学不仅是我国，也是世界主要国家的研究型大学所面临的重要课题。为探究研究型大学建设世界一流大学的路径，本研究选取近年来一所成功通过组织变革实现快速发展的欧洲大陆高校——瑞士洛桑联邦理工学院为案例，深入探究该校组织变革的背景与制度动力、路径与效果、挑战与应对策略，并对该校建设世界一流大学的路径进行深刻反思。

第三节　对世界一流大学建设的意义

变革与发展既是研究型大学的一个永恒主题，也是当下世界各国建设世界一流大学所面临的一个非常紧迫的课题。为了使研究型大学的组织变革卓有成效，需要一定的理论范式指导。在全球化背景下，许多研究型大学都试图通过移植世界一流大学的办学模式在短期内实现快速发展，其中不乏成功案例。目前学术界虽有不少关于这些成功案例的研究，但多侧重于一般的经验叙事，注重分析和总结其变革的具体举措和效果，却少有研究基于相关理论视角剖析新形势下研究型大学组织变革的背景、路径、过程和效果，也很少反思研究型大学变革的合理性以及所引发的冲突等。本研究尝试结合大学模式分析、组织分析的新制度主义相关理论以及管理学的变革管理理论，并比较学术资本主义理论和创业型大学理论，从多个层面对瑞士洛桑联邦理工学院的变革动力、路径、过程和效果进行理论剖析，以期丰富世界一流大学建设的理论解释。

此外，世界一流大学建设不仅是一个理论问题，更是一个实践问题。在全球化背景下，建设世界一流大学或有国际声望的研究型大学不仅成为我国，也成为世界许多国家的一项重要国家战略。虽然近年来多国政府都实施了研究型大学

---

① CURTIS P. Constitutional changes anger Cambridge academics [EB/OL]. [2017-01-23]. Https://www. theguardian. com/education/2002/oct/09/highereducation. administration.
② 叶赋桂，陈超群，吴剑平. 大学的兴衰[M]. 北京：清华大学出版社，2016：226.

的重点建设计划,加大了对研究型大学的投入,但仅有经费不足以建设世界一流大学,研究型大学还必须通过深层组织变革,构建良好的管理体制,营造有利于人才引进和人才发展的卓越学术环境和文化,从而推动高校的内涵式发展。然而,由于制度创新较为困难,许多研究型大学都倾向于效仿美国研究型大学的办学模式或制度实践,而制度移植和组织变革在实践中往往因水土不服或引发冲突而失败。洛桑联邦理工学院通过移植美国模式克服了原有办学模式中的劣势,改善了组织文化并提高了办学水平。深入分析该校制度移植和组织变革的背景与动力、路径与效果,识别其变革和发展过程中的主要挑战和克服途径,并反思这一变革路径本身的合理性,可以为其他确定世界一流大学建设目标的研究型大学提供变革与发展的建设思路和启示。

第二章
全球主导性大学模式之演变

在不同的历史时期，全球主导性大学模式不断发生变化。本章系统介绍了主导性大学模式的发展，在此基础上重点梳理了研究型大学德国模式和美国模式的形成、比较与相互影响，并分析了全球化时代美国研究型大学的影响。

第一节 大学模式的类型

"模式"（Model）是社会科学中常用的一种研究方法，是研究社会现象的理论图示和解释方案，通过集中反映事物的主要方面，完成对事物本质属性的解释。关于大学模式的定义，安德烈斯·贝尔纳斯科尼（Andres Bernasconi）指出"大学模式是从现实中的大学抽象出的典型，它以抽象和概括的结构抽取了现实大学的具体形式的多样性，并包含了存在于学院、学生、管理者和顾客观念中的大学的概念，以及各种有关大学的论述中被加以使用的概念的抽象和综合"[1]。我国学者冯典在安德烈斯定义的基础上，将大学模式界定为"一种文化的存在，是关于大学的本质、角色和大学组织模式的理念以及广义上的大学与国家、社会的关系的综合"[2]。在他看来，大学模式既有虚构的性质，同时又是在对现实中无数个体大学的总结和概括的基础上建构起来的。施晓光则认为大学模式"是

① BERNASCONI A. Is there a Latin American model of the university? [J] Comparative Education Review，2008，1(1)：29 - 30.
② 冯典.大学模式变迁研究——知识生产的视角[D].厦门：厦门大学，2009：25.

指符合大学组织生存运行的内在规律，具有正确的发展导向和行为要求的统一式样、运行机制、管理体制、解决方案的综合"①。李学丽认为大学模式涵盖大学理念、大学制度建设等方面，一方面包括可感可查的大学建制、大学职能、管理机制等，另一方面还包括各种制度背后所蕴含的大学理念和精神内涵。②

可见，大学模式是一个抽象的概念，其目的是总结和理解不同国家的不同大学群体或某个大学在外部治理、内部治理、组织结构、人事制度、人才培养以及社会服务等方面的经验。正如罗伯特·伯恩鲍姆（R. Birnbaum）所指出，"不存在任何时候都能阐明一切学校各个方面特征的模式，每一种模式都只能在一定的时候描述一些学校某些方面的特征"③。许多学者从不同层面对大学模式进行研究，大致可概括为两类：一类是对经典大学模式进行考察，分析其整体特征和影响；第二类是选取不同维度对大学模式进行国别比较。

美国学者阿特巴赫教授是较早对大学模式的变迁和移植进行研究的学者之一。早在20世纪80年代出版的《比较高等教育》④一书中，阿特巴赫便对中世纪以来具有国际影响力的大学模式进行了梳理，重点归纳了中世纪的巴黎大学模式、19世纪的德国模式以及20世纪的美国大学模式的特点。在他看来，中世纪巴黎大学模式的核心特征主要体现为两点：权力掌握在教授而非学生手中，使用拉丁语作为教学语言从而使得学校具有国际性；19世纪德国模式的特征主要包括：以科学研究作为大学职责的关键部分，创建了以讲座制和研究所为中心的大学体制，获得国家资助且教授成为国家的文职人员；20世纪美国大学对德国模式进行改造，主要包括建立学系制，重视博士生教育，政府加大了对科研的竞争性经费投入，采取外行董事会制度以及重视发展应用研究等。此外，阿特巴赫将大学分为"有影响力的"和"从属的"两类大学，前者位居国际学术网络的中心，而后者则处于边缘。他认为高等教育的学术模式是从中心向边缘传播的。在之后出版的《比较高等教育：知识、大学与发展》⑤一书中，阿特巴赫进一步指

---

① 施晓光.大学：三种意义上的释读[J].北京大学教育评论,2006,4(3)：109-116.
② 李学丽.中国大学模式移植研究——历史的视角[D].济南：山东师范大学,2014：20.
③ [美]罗伯特·伯恩鲍姆.大学运行模式[M].别敦荣,译.青岛：中国海洋大学出版社,2003：79.
④ [美]菲利浦·G·阿特巴赫.比较高等教育[M].符娟明,陈树清,译.北京：文化教育出版社,1986：23-34.
⑤ [美]菲利浦·G·阿特巴赫.比较高等教育：知识、大学与发展[M].人民教育出版社教育室,译.北京：人民教育出版社,2000：110.

出，少数发达国家的某些大学处于国际学术体系的金字塔顶端，而发展中国家的大学往往处于金字塔的底端，在两者之间形成了"中心—边缘"的关系，处于中心的发达国家的大学模式会向发展中国家扩散。阿特巴赫的这一依附论主张为批判性地反思大学模式的变迁和移植提供了有益启发。

美国学者海因茨—迪特·迈尔（Heinz-Dieter Meyer）在《大学的设计：德国、美国与世界一流》①一书中采用历史比较分析法对研究型大学的德国模式与美国模式进行了深入的分析。迈尔认为，美国研究型大学之所以超越德国高校的关键原因在于美国大学所处的社会环境允许其进行制度创新，这些创新主要体现在：①没有采用讲座和研究所相结合的基层学术组织，而是设立了基于学科的学系制；②美国大学的校长不是荣誉性质的，而是强有力的行政领导；③由独立的董事会监督，拥有更大的机构自主权。

我国学者冯典在其2009年的博士论文《大学模式变迁研究——知识生产的视角》②中也采用历史比较分析的方法，对近代以来影响较大的几种大学模式进行了系统的梳理和比较。据他分析，大学发展到近现代以后，逐渐摆脱了单一的中世纪原型大学模式，朝着具有国别特色的方向发展，形成了多个具有影响力的国别大学模式，包括19世纪的英国模式、法国模式和德国模式以及20世纪的美国模式。他总结法国模式的基本特征包括：专门学院、教育和科研功能分离、政府对学校的集权控制以及教育为国家服务；德国模式的基本特征包括：确立科学研究的重要使命、强调国家对大学的责任、相对开放的教师等级制度、讲座制与研讨班和研究所的结合以及以正教授为主导的教授会管理大学；英国大学模式的特征包括以牛津、剑桥大学所代表的学院制、导师制等；美国大学模式的特色包括：校外人士组成的董事会下的自治，教学、科研和服务统一，通过终身教职制度确立了学术自由精神，普遍实行了选课制和学分制，实行学系制和跨学科研究所等。此外，冯典还分析了大学模式的两种迁移路线，包括殖民地方式的迁移和非殖民地方式的迁移，前者如英国模式在印度的迁移，后者如德国模式在美国、日本的迁移。

---

① MEYER H. The design of the university: German, American and 'World Class'[M]. New York: Routledge, 2017: 178.
② 冯典. 大学模式变迁研究——知识生产的视角[D]. 厦门：厦门大学，2009.

我国学者别敦荣教授在《现代大学制度的典型模式与国家特色》①一文中总结了现代大学制度的四种典型模式,包括美国模式、英国模式、法国模式和德国模式。他将美国现代大学制度模式描述为是一种大学自治基础上的州政府协调治理模式,并强调董事会、校长和教授会所组成的"三驾马车"治理结构以及基于终身教职制的学术自由制度是美国现代大学制度的基本架构;将英国模式概括为是一种基于古典传统的大学自治模式,学院制、导师制、中介制度等是其典型特征;法国模式是一种学术自由基础上的政府治理模式,其典型特征包括中央集权管理、学术自由和学院式治理;德国模式是一种大学自治基础上的联邦与州政府合作治理模式,并分析了两个时期的特点,包括19世纪初至20世纪后期的洪堡模式以及20世纪后期的变革。

在《探究的场所:现代大学的科研和研究生教育》②中,伯顿·克拉克(Burton R. Clark)则主要基于教学与科研相结合原则的角度对20世纪末德、英、法、美、日五国大学进行了系统的比较,并基于国别特征总结了五种模式:①德国的"研究所型大学"(the institute university)。德国大学在19世纪至20世纪早期主要实行科学—教学实验室和以探究为方向的研究所这种组织形式。虽然之后经历了几十年的沧桑,并在20世纪60年代迅速进入高等教育大众化阶段,但德国大学的基层结构继续反映着19世纪的遗传印记;②英国的"学院型大学"(the collegiate university)。英国大学的学院制传统根深蒂固,这种传统体现在以亲密的师生关系和高质量的本科生教学而闻名;③法国的"研究院型大学"(the academy university)。法国的研究生教育的科研基础主要依靠国家科研中心的各类实验室和大学之间的跨部门合作,这些实验室设在大学而不受大学控制,给法国大学带来荣誉;④美国的"研究生院型大学"(the graduate department university)。研究型大学普遍设置了研究生院,成为高级教育的科研基础;结合了英国模式和德国模式,既强调本科人才培养,又重视研究生人才的训练;⑤日本的"应用型大学"。日本的大学以本科生教育为中心,而日本工业成为应用研究和有关的科研训练的大本营和基础研究的动力站。

①　别敦荣. 现代大学制度的典型模式与国家特色[J]. 中国高教研究,2017(5):43-54.
②　[美]伯顿·克拉克. 探究的场所——现代大学的科研和研究生教育[M]. 王承绪,译. 杭州:浙江教育出版社,2001:19-185.

　　其他相关文献还包括法国学者克里斯多弗·查理(Christophe Charle)对法国、德国与英国的近代大学模式进行的概括。他认为法国模式以专门学院为典型特征,德国模式的特征包括强调科研和学术精神、以习明纳和讲座为组织结构、实施编外讲师制度等,而英国模式注重提供人文主义教育等。① 胡建华等学者认为,②除了像中世纪以教授为中心的巴黎大学模式、以学生为中心的博洛尼亚大学模式,以及文艺复兴时期以培养绅士为中心的牛津大学模式等属于真正意义上的原创模式外,其他大学模式或多或少都带有借鉴和移植的成分。

　　从已有文献来看,学界普遍认为历史上存在几种经典的大学模式,包括中世纪的巴黎大学模式,19世纪的英国大学、法国大学和德国大学模式以及20世纪的美国大学模式等。这些大学模式都是在继承传统大学模式的基础上结合本土文化创新而来,形成了自身独特的特色,并曾在不同历史时期产生过广泛的影响,为世界其他国家所效仿和移植,同时也为当代大学所继承。虽然有学者认为存在其他的国别大学模式,如许美德教授提出了"中国大学模式"的命题,并基于文化层面论述了中国大学模式的"理想类型"③,安德烈斯·贝尔纳斯科尼对拉丁美洲大学模式进行研究,④天野郁夫对日本模式的研究⑤等,但本研究认为,这些国家的大学历史上都以移植和借鉴经典大学模式为主,并没有形成具有世界影响力的大学模式。

第二节　研究型大学的德国模式与美国模式

　　从研究型大学的发展历程来看,在19世纪至20世纪初,德国研究型大学对世界高等教育产生了深远的影响,被誉为世界大学模式,为世界各地所效仿。而自20世纪以来,借鉴德国大学模式的优点,并结合本土需要所产生的美国研究

---

① [法]克里斯多弗·查理. 近代大学模式：法国、德国与英国[J]. 大学教育科学,2012：81 - 91.
② 胡建华,等. 大学制度改革论[M]. 南京：南京师范大学出版社,2006：64.
③ 王洪才. 论中国文化与中国大学模式——对露丝·海霍"中国大学模式"命题的文化逻辑解析[J]. 华中师范大学学报(人文社会科学版),2012,51(1)：144 - 152.
④ BERNASCONI A. Is there a Latin American model of the University? [J]. Comparative Education Review 2008(1)：29 - 30.
⑤ [日]天野郁夫. 高等教育的日本模式[M]. 陈武元,译. 北京：教育科学出版社,2006：164 - 165.

型大学模式的吸引力日益增强,逐渐代替德国模式,发展成为一种全球主导性的研究型大学模式。本节将重点对研究型大学的德国模式和美国模式进行分析,包括其形成的历史、各自的特征和优劣势等。

一、德国模式的形成及主要特征

早期德意志大学以中世纪大学为源头,几乎完全效仿中世纪大学的典型——法国巴黎大学(Paris University)创建了布拉格大学(Charles University in Prague)、维也纳大学(University of Vienna)和海德堡大学(Heidelberg University)等。这些大学与当时欧洲其他国家的大学一样,接受教会的控制,以七艺(逻辑、语法、修辞、数学、几何、天文、音乐)为基础,以神学为顶端,沉浸在经院哲学的氛围里。随着16—18世纪文艺复兴、宗教改革以及科技革命等一系列的社会变革,坚守经院哲学的中世纪大学进入衰落期。在17—18世纪,主要的科学发明和哲学创新都发生在大学之外,在大学校园内,学生人数急剧减少,暴力行为频繁,中世纪大学面临着严重的合法性危机。[1][2]

为挽救大学的命运,欧洲各国均对大学进行了改革,但改革方向不同。由此,单一的欧洲中世纪大学模式开始进入分化时期,逐渐产生了各具特色的国别大学模式。[3] 在英国,16世纪以后,人文主义的学术传统取代古典学科,并在此基础上形成了自由教育的传统,但逐渐成为贵族化色彩浓厚的特权机构,宗教限制严格,主要培养有教养的人,而非从事学术研究的知识分子。在法国,拿破仑关闭和取消了传统的中世纪大学,大力发展各种专门学院(Ecole Speciale)。这些学校不排除新学科,同时从社会的现实需求出发,立足于知识的实际运用和职业训练,实施专才教育和职业教育,旨在培养各种实用性的专家型人才。[4] 而17世纪德国的哈勒大学(University of Halle)和哥廷根大学(George-August-University of Göttingen)在保留传统大学的组织、管理和结构的基础上,对课程

---

① [美]菲利浦·G·阿特巴赫. 比较高等教育[M]. 符娟明,陈树清,译. 北京:文化教育出版社,1986:23-36.

② HOWARD T. Protestant theology and the making of the modern German university [M]. New York: Oxford, 2006:51.

③ 冯典. 大学模式变迁研究——知识生产的视角[D]. 厦门:厦门大学,2009:100-183.

④ 贺国庆,何振海. 传统与变革的冲突与融合——西方大学改革二百年[J]. 高等教育研究,2013,34(4):99-104.

内容进行了改革，教育内容逐渐摆脱神学，采纳了现代哲学和现代科学。以哈勒大学和哥廷根大学为代表的早期大学的改革，为 19 世纪德国大学的发展和德国模式的形成起到了非常重要的奠基作用。[①②]

德国大学崛起的标志是在 19 世纪初期出现的柏林大学，该校成为大学转型的开端。在 19 世纪之前，大学的职能不包括科学研究，而仅限于保存和传授已有的知识。1806 年，普鲁士在对法战役中失败。物质上相对贫乏、政治上分裂的德国，比其他欧洲民族更热衷于寻找一个"精神世界"，并试图通过高等教育来振兴国家。在此背景下，时任普鲁士教育部长的威廉·冯·洪堡（Wilhelm von Humboldt）肩负起了改革德国大学的重任。[③] 1810 年，洪堡开始创办柏林大学，在继承中世纪大学部分传统（如承袭了哲学、神学、法学和医学学部的组织模式）的基础上，第一次明确将科学研究作为大学发展的重要职能。洪堡不仅否定了神学在大学中的支配地位，也不认同法国将高等教育完全纳入工业发展轨道的实用主义教育模式以及英国注重绅士教育的古典自由教育模式。[④] 洪堡心中的大学是追求纯粹知识并在此过程中训练和发展教师与学生双方心智的新型大学。洪堡注重科学研究的理念为 19 世纪德国大学的发展指明了方向。

基于"为科学而科学""教学与科研相统一""学术自由和大学自治"等的洪堡大学理念在 20 世纪初逐渐被概括为"洪堡模式"（Humboidtian Model），但并不完全等同于 19 世纪德国大学经过长期改革所形成的"德国模式"（German Model），主要因为洪堡的大学理念并没有完全贯彻到德国大学的办学实践当中。[⑤⑥] 例如，洪堡所主张的完全的大学自治和财政独立并没有在德国大学中得以实现。洪堡非常反对政府对大学的干预，他极力为柏林大学争取自治，并得到了当时一些知名学者的响应，但这一要求没有成为主流思想。更多的学者，如费

① ［英］阿什比. 科技发达时代的大学教育［M］. 滕大春，滕大生，译. 北京：人民教育出版社，1983：10.
② 黄福涛. 欧洲高等教育近代化——法、英、德近代高等教育制度的形成［M］. 厦门：厦门大学出版社，1998：126.
③ ［美］菲利浦·G·阿特巴赫. 比较高等教育［M］. 符娟明，陈树清，译. 北京：文化教育出版社，1986：23－36.
④ 陈洪捷. 德国古典大学观及其对中国的影响［M］. 北京：北京大学出版社，2006：1－2.
⑤ FALLON D. The German university：A heroic ideal in conflict with the modern world［M］. Colorado：Colorado Associate University Press，1980.
⑥ 黄福涛. 欧洲高等教育近代化——法、英、德近代高等教育制度的形成［M］. 厦门：厦门大学出版社，1998：146.

希特(Fichte)和黑格尔(Hegel),支持大学与政府紧密结合,以换取为大学提供政治庇护和物质支持。① 最终,强调国家对大学的责任成为德国模式的突出特点,而国家对大学的介入既包括提供经济支持,还包括任命教授。大学在从国家获得经济保障和充分的学术自由之间保持平衡。②③ 可见,洪堡的大学理念为柏林大学乃至德国大学的发展奠定了方向,但这些理念并未完全成为德国大学发展的实践。

在内部制度方面,迈尔分析认为,同为古典自由主义奠基人,洪堡与亚当·斯密(Adam Smith)对大学的制度设计理念截然相对。亚当·斯密最早指出教授对自身利益的无限追求会导致制度衰退和腐败问题,他不认为政府的监督会产生效果,而是更愿意相信市场机制(竞争和自由选择)的作用,因此主张为防止这一趋势,教授和大学需要竞争学生和声誉。与亚当·斯密的理念不同,洪堡相信在特定条件下,学者们会因为对知识发现的热爱而努力,而要激发学者们的潜能的关键就是设计一种制度,使得追求学问成为大学的精神以及抵御正式组织的官僚化倾向。④

为实现这一目标,洪堡在柏林大学按学科和专业设置讲座(Chair),并极力从欧洲各国聘请一流的学者担任柏林大学的讲座教授,主持管理围绕讲座成立的研究所(Institute)和研讨班(Seminar)。在自然科学称为研究所,在人文科学和社会科学称为研讨班,成为科学研究的基本单位。⑤ 在中世纪大学,四大学部(神学、法学、医学和哲学)由半自治的教授组成,每位教授占据一个讲座,享有巨大的特权,他们中最负盛名的人都拥有与主教同等的地位。柏林大学继承了中世纪大学的讲座模式,并在新的大学理念下对之进行了重塑。⑥ 每一个研究所均由一名讲座教授负责管理,其他人在工作中仅处于从属地位,且这些研究所直

---

① MEYER H. The design of the university: German, American and 'World Class' [M]. New York: Routledge, 2017: 178.

② [美]菲利浦·G·阿特巴赫. 比较高等教育[M]. 符娟明,陈树清,译. 北京: 文化教育出版社,1986: 23 - 36.

③ 冯典. 大学模式变迁研究——知识生产的视角[D]. 厦门: 厦门大学,2009.

④ MEYER H. The design of the university: German, American and 'World Class' [M]. New York: Routledge, 2017: 23 - 50.

⑤ 冯典. 大学模式变迁研究——知识生产的视角[D]. 厦门: 厦门大学,2009: 133.

⑥ 陈洪捷. 德国古典大学观及其对中国的影响[M]. 北京: 北京大学出版社,2006: 1 - 2.

接和政府各部打交道以及获得拨款。①② 随着德国大学的发展和影响，讲座制逐渐成为欧洲大陆高校组织纵向结构中的重要组成部分，大学由讲座/研究所、学部和大学三级权力组织构成，而大学与学部因无人事、资金、实验室的控制权，故权力整体掌握在讲座教授的手中。③④

许多学者分析了讲座制对 19 世纪德国大学发展的影响。历史学家查尔斯·麦克莱兰(Charles McClelland)在《1700—1914 年间的德国国家、社会与大学》⑤一书中，系统论述了 18、19 世纪德国大学的发展史以及跻身世界一流大学的历程，在该书中，麦克莱兰认为讲座制赋予教授极大的学术权威和权力，最大程度捍卫了教授的学术自由和学术自治，有力地促进了德国 19 世纪的科研发展。伯顿·克拉克也指出，讲座制赋予教授的权威保证了个人研究时的创造自由和个人的教学自由。⑥ 社会学家约瑟夫·本—戴维(Joseph Ben-David)分析认为，讲座制在学科发展的早期促进了德国大学学科分化和专业化的需要。在讲座制中，一所大学的一个学科方向只设立一名教授职位。在这种体制下，若某一学科领域的教授饱和时，便会出现学科分化的趋势，从而形成一门新的学科。⑦ 阿特巴赫也认为基于学科而设立的讲座制有助于确定那些正在兴起的科学领域和形成大学的组织结构。⑧ 由此可见，学者们普遍认可讲座制对于 19 世纪德国大学发展的重要推动作用，主要体现在两个方面，一是保障了教授的学术自治和学术自由，二是激励了教授们向新的学科领域发展，从而推进了现代学科分支体系的建设。

---

① [美]菲利浦·G·阿特巴赫. 比较高等教育[M]. 符娟明，陈树清，译. 北京：文化教育出版社，1986：31.
② [美]伯顿·克拉克. 高等教育系统——学术组织的跨国研究[M]. 王承绪，等，译. 杭州：杭州大学出版社，1994：124 - 125.
③ [美]伯顿·克拉克. 探究的场所——现代大学的科研和研究生教育[M]. 王承绪，译. 杭州：浙江教育出版社，2001：29 - 42.
④ [英]阿什比. 科技发达时代的大学教育[M]. 滕大春，滕大生，译. 北京：人民教育出版社，1983：7.
⑤ MCCLELLAND C E. State, society, and university in Germany, 1700 - 1914 [M]. London: Cambridge University Press, 1980：2.
⑥ [美]伯顿·克拉克. 高等教育系统——学术组织的跨国研究[M]. 王承绪，等，译. 杭州：杭州大学出版社，1994：124 - 125.
⑦ 约瑟夫·本—戴维. 科学家在社会中的角色[M]. 赵佳苾，译. 成都：四川人民出版社，1988：212.
⑧ [美]菲利普·G·阿特巴赫. 高等教育变革的国际趋势[M]. 蒋凯，译. 北京：北京大学出版社，2009：72.

此外,特许任教资格制(Habilitation)和编外讲师制(Privatdozenten)也被认为是德国模式的重要组成部分。[1][2] 从 19 世纪至今,德国大学的博士毕业生要想获得教授职位,必须要先完成一篇教授资格论文,展现高水平的科研能力并通过学术委员会的答辩,才能获得特许任教资格,同时进入编外讲师系列。正教授是国家公务员,受政府任命,享有职业终身制,而编外讲师可以在大学中独立授课,但他们未获得政府的任命,是大学非正式的员工,也不能获得政府支付的固定薪水。待其他高校有教授职位空缺时,编外讲师通过与其他候选人竞争获得教授职务聘任。[3][4]

本一戴维在比较 19 世纪欧洲三个领先国家的学者准入机制时发现,在英国,从事学术研究被认为是业余活动,只有经济状况良好的人才有闲暇和财力从事学术。在法国,要从事学术研究必须通过特定考试。而在德国,学术研究已经成为一项职业,而要从事这项职业必须经过学术训练并完成学术论文。有基于此,他认为,与英、法两国相比,19 世纪的德国在学术人才的选拔制度上具有较大的优越性。[5] 弗莱克斯纳认为编外讲师代表的是纯粹的学者,其职业选择体现了一种理想主义的生活态度,是大学的真正精神之所在——以极崇高的方式将学者引入崇高的职业。[6] 张雪也分析认为,编外讲师制保证了德国大学对应聘者进行更为严格的遴选,为 19 世纪的德国大学储备了一流师资,且最大效度发挥了他们的学术潜能。编外讲师要晋升为教授必须开展科学研究,这使得德国的大学教师必须不断从事科学研究,从而保证了大学的科研水平。[7] 陈洪捷一方面肯定了特许任教资格制度和编外讲师制度在 19 世纪对于推动新型学术人才成长、新的大学教师角色的形成以及教学与科研的密切结合的积极作用,另

---

① ［美］菲利普·G·阿特巴赫. 高等教育变革的国际趋势［M］. 蒋凯,译. 北京: 北京大学出版社,2009: 72.

② 冯典. 大学模式变迁研究——知识生产的视角［D］. 厦门: 厦门大学,2009: 132.

③ WAAIJER C. The coming of age of the academic career: Differentiation and professionalization of German academic positions from the 19th century to the present ［J］. Minerva, 2015(53): 43 - 67.

④ FUMASOLI T, GOASTELLEC G, KEHM BM. Academic work and careers in Europe: Trends, challenges, perspectives. Springer: Cham, Switzerland, 2015: 201 - 214.

⑤ 约瑟夫·本一戴维. 科学家在社会中的角色［M］. 赵佳苦,译. 成都: 四川人民出版社,1988: 212.

⑥ ［美］亚伯拉罕·弗莱克斯纳. 现代大学论——美英德大学研究［M］. 徐辉,陈晓菲,译. 杭州: 浙江教育出版社,2002: 233.

⑦ 张雪. 19 世纪德国现代大学及其与社会、国家关系研究［D］. 武汉: 华中师范大学,2012: 84 - 85.

一方面也指出编外讲师制体现了德国大学鲜明的卡里斯玛特征,是非理性的表现。① 韦伯则认为该制度是德国大学教授选拔制度上的非理性表现,是一种赌博,编外讲师在得到职位之前,没有任何制度上的晋升程序和保障。②

由洪堡所开启的德国高校改革,不到半个世纪便使得德国大学成为当时"世界科学研究和教育训练的中心"③。在 19 世纪至 20 世纪初,德国在各个科学领域都位居世界领先地位,德国大学模式也赢得了世界大学模式之美誉,为当时世界许多国家所效仿。从 19 世纪末至 20 世纪,德国模式盛行于整个欧洲大陆,并影响到法国和英国两类模式,同时美国、日本、俄罗斯等国的大学也受到德国模式的深远影响。④⑤

二、美国研究型大学对德国模式的继承与创新

在二战以前,美国只有十几所研究型大学,其学术水平和国际声望还很难与德国大学相匹及。而受二战影响,德国作为世界学术中心的地位为美国所取代。⑥⑦ 美国最初的大学是在殖民地时期按照英国学院的模式创办,教师的主要职责是教学而非科研,以教授古典人文主义课程为主。随着德国模式的兴起,自 19 世纪中期开始,美国约有万名青年学生和学者到德国大学深造,他们深受德国学术生活的陶冶,并致力于将德国的大学理念和办学模式移植到美国。⑧⑨

1876 年美国的第一所研究型大学约翰·霍普金斯大学仿照柏林大学建立,将研究生教育和科学研究作为大学最重要的使命。在此之后,霍普金斯大学的

---

① 陈洪捷.德国古典大学观及其对中国的影响[M].北京：北京大学出版社,2006：49-68,123-126.

② [德]马克思·韦伯.学术与政治[M].冯克利,译.北京：生活·读书·新知三联书店,1998：5-6.

③ 李铁林.世界科学中心的转移与一流大学的崛起[D].长沙：湖南师范大学,2009.

④ [美]伯顿·克拉克.高等教育系统——学术组织的跨国研究[M].王承绪,等,译.杭州：杭州大学出版社,1994：52.

⑤ ALTBACH P G. Comparative higher education: Knowledge, the university and development [M]. Hong Kong: University of Hong Kong Press, 1998: 55-80.

⑥ GRAHAM H D, DIAMOND N. The rise of American research universities: Elites and challengers in the postwar era [M]. Baltimore: Johns Hopkins University Press, 1997.

⑦ [美]罗杰·L·盖格.增进知识——美国研究型大学的发展(1900—1940)[M].王海芳,等,译.保定：河北大学出版社,2008：2.

⑧ 贺国庆.近代德国大学对美国的影响[J].比较高等教育,1993(5)：11-14.

⑨ MEYER H. The design of the university: German, American and 'World Class' [M]. New York: Routledge, 2017: 66.

科研成就非常突出,短短四年内所产出的科研成果便相当于前二十年内美国其他大学科研成果的总和。受霍普金斯大学的鼓舞,美国其他大学也纷纷开始转型,涌现了如哈佛、哥伦比亚、耶鲁等第一批研究型大学。这些大学积极汲取德国大学的学术自由精神、科研与教学并重的理念、研讨班教学方法、学生自由选课模式、按学科划分学术工作等。① 然而,正如英国教育家埃里克·阿什比(Eric Ashby)所言,"当一种基因进入新的环境时,形态会发生变化"②。美国研究型大学在借鉴德国模式的同时,也对之进行了创新,主要体现在以下方面:

第一,实行董事会领导下的校长负责制。在德国模式中,大学一般由政府资助建立,国家被视为公共的善,大学与政府之间保持依附关系,而在大学内部,一般以实行"教授治校"的学院式治理模式,通过讲座—学部教授会—大学评议会这样的体制来实施。而在美国,尽管形式有所差异,但无论是公立大学还是私立大学,都实行以校外人士组成的董事会(Board of Trustees 或 Board of Regents)管理下的自治。③④ 美国大学董事会是美国各类高校的法定代表机构和最高权力机关,除了那些被称为"州的机构"的公立高校之外,美国大学和政府具有同等的法律地位。公立大学法人因法律地位不同而受到州政府的影响也各不相同,具有宪法地位的高校被称为与政府平行的第四部门,而根据普通法成立的公立大学需接受州议会、州长和法院等监督和控制。⑤ 董事会最重要的职责是任命校长、制定与实施大学发展规划、掌握所有重大事务的最终决定权。董事会和校长的关系是委托—代理的关系,董事会将行政权力委托给校长,而不同层次的教授会具有相对独立的学术性决策权,从而形成了董事会、校长和教授会共同治理的体系。⑥⑦⑧

第二,在知识生产和社会服务方面,与洪堡所提倡的旨在追求纯粹知识和永

① [美]罗杰·L·盖格.增进知识——美国研究型大学的发展(1900—1940)[M].王海芳,等,译.保定:河北大学出版社,2008:8.

② [英]阿什比.科技发达时代的大学教育[M].滕大春,滕大生,译.北京:人民教育出版社,1983:18.

③ 别敦荣.现代大学制度的典型模式与国家特色[J].中国高教研究,2017(5):43-54.

④ 冯典.大学模式变迁研究——知识生产的视角[D].厦门:厦门大学,2009:162.

⑤ 徐来群.美国公立大学系统治理模式研究[M].上海:上海交通大学出版社,2016:16-19.

⑥ ROSOVSKY H. The university: an owner's manual [M]. Norton & Company, 1991.

⑦ [美]埃伦伯格.美国的大学治理[M].沈文钦,张婷姝,杨晓芳,译.北京:北京大学出版社,2010:258.

⑧ 赵跃宇.世界一流大学内部治理体系研究[M].北京:高等教育出版社,2016:1.

恒真理的理念所不同，①扎根于实用主义土壤的美国研究型大学一开始便将应用研究放在重要位置。康奈尔计划和威斯康星大学思想确立了美国大学服务民主社会需求的理念和传统，在思想上打破了同期欧洲大学的封闭状态，超越了传统欧洲大陆高校的局限，使服务成为大学继教学和科研的第三大职能，美国大学也越来越朝着适应本国经济和社会需要的方向发展。② 此外，一些富有创业精神的研究型大学逐渐突破了传统大学的限制，积极推动科技成果转化，参与社会的产业发展，朝着"创业型大学"（Entrepreneurial Univeristy）的方向转变。③ 美国学者亨利·埃兹科维茨认为，创业型大学可以区分为"美国模式"和"欧洲模式"两种，前者的大学创业活动是作为研究的延伸，比如麻省理工学院、斯坦福大学等，它们主要是从研究型大学发展演变而来，而后者是大学创业活动作为教学的延伸，如瑞典的恰尔莫斯技术大学、荷兰的特文特大学等。④

第三，以学系制取代讲座制并设立跨学科的研究所。许多学者将学系视为美国大学组织的最基层标准单位。⑤⑥ 而迈尔分析认为美国研究型大学在 19 世纪末 20 世纪初借鉴德国模式时之所以采用学系制而未引入讲座制，主要源于根深蒂固的民主观念和美国研究型大学在权力的分享与广泛参与意识的驱动下坚持在基层实施的共同集体治理体系，因而拒绝基于讲座教授半寡头统治的讲座制模式。⑦ 学系由系主任主持行政事务，而学术事务的决定权基本掌握在学系内部众多的教师手中，各教师间地位相对平等、议事程序相对民主。⑧ 事实上，学系作为美国大学唯一的一种基层学术组织仅维持到了 20 世纪中叶，在 20 世

---

① O' BOYLE L. Learning for its own sake: The German university as nineteenth-century model [J]. Comparative Studies in Society and History, 1983, 25(01): 3 - 25.

② 佛雷德里克. E. 博德斯顿. 管理今日大学：为了活力、变革与卓越之战略[M]. 桂林：广西师范大学出版社, 2006：71.

③ ［美］詹姆斯·杜德斯达. 21 世纪的大学[M]. 刘彤, 屈书杰, 刘向荣, 译. 北京：北京大学出版社, 2005：4.

④ ［美］亨利·埃兹科维茨. 麻省理工学院与创业科学的兴起[M]. 北京：清华大学出版社, 2007.

⑤ ［美］伯顿·克拉克. 高等教育系统——学术组织的跨国研究[M]. 王承绪, 等, 译. 杭州：杭州大学出版社, 1994：157.

⑥ ［加］约翰·范德格拉夫. 学术权力——七国高等教育管理体制比较[M]. 王承绪, 等, 译. 杭州：浙江教育出版社, 2001：199 - 206.

⑦ MEYER H. The design of the university: German, American and 'World Class' [M]. New York: Routledge, 2017：178.

⑧ 冯典. 大学模式变迁研究——知识生产的视角[D]. 厦门：厦门大学, 2009：165.

纪 50、60 年代以后,随着综合学科和跨学科的大量涌现,美国研究型大学在学系之外也成立了很多专门的跨学科研究所和研究中心。美国研究型大学的这一转变主要源于在二战以后,以斯坦福大学和麻省理工学院为代表的一批研究型大学凭借承担联邦政府的军工项目获得大量科研拨款,并形成了以"问题为中心、以客户要求为导向"的跨学科知识生产组织模式。①②③

　　第四,在英式学院的基础上,创设研究生院。在 19 世纪,美国学院毕业生仅相当于德国高级文理中学(Gymnasium)毕业生的水平,德国大学主张对大学生进行科研训练的理念在美国的传统学院中很难实行。在此背景下,美国研究型大学既保留了英国学院式的本科生教育,又引入了通过学术训练进行学生培养的研究生教育,设立了独立的研究生院,从而将本科生和研究生教育作为两个连续的教育层次相分离。④⑤⑥ 基于研究生院的美国博士生教育则采取了与德国师徒制迥异的模式。美国博士生教育以研究生院制度、结构化的培养程序以及指导委员会制度为特色。博士生在开始博士论文研究之前需要修读大量课程并参加资格考试。而在德国的"师徒制"模式中,博士生一般都是以科研助手的形式跟着导师在研究所或实验室从事科学研究并撰写博士论文,培养过程中无需修习课程和参加资格考试。⑦⑧⑨

　　第五,设立教师终身教职制度保障学术自由。美国研究型大学没有继承德国模式的特许任教资格制和编外讲师制,主要因为编外讲师不是正式的教职,因而需要一定的经济能力作为保障,而崇尚实用主义的美国大学以正式的"教师"

① [美]詹姆斯·杜德斯达,佛瑞斯·沃马克.美国公立大学的未来[M].刘济良,译.北京:北京大学出版社,2006:133.
② 王雁.创业型大学:美国研究型大学模式变革的研究[M].上海:同济大学出版社,2011:1.
③ LATTUCA L R. Creating interdisciplinarity: interdisciplinary research and teaching among college and university faculty [M]. Nashville, US: Vanderbilt University Press, 2001: 1 – 10.
④ [美]伯顿·克拉克.探究的场所——现代大学的科研和研究生教育[M].王承绪,译.杭州:浙江教育出版社,2001:139 – 169.
⑤ MEYER H. The design of the university: German, American and 'World Class' [M]. New York: Routledge, 2017: 81.
⑥ GEORGE W. Doctoral education in the United States of America [J]. Higher Education in Europe, 2008,33(1): 35 – 43.
⑦ 刘献君.发达国家博士生教育中的创新人才培养[M].武汉:华中科技大学出版社,2012:192.
⑧ 沈文钦,王东芳.从欧洲模式到美国模式:欧洲博士生培养模式改革的趋势[J].外国教育研究,2010(8):69 – 74.
⑨ 张凌云.德国与美国博士生培养模式研究[D].武汉:华中科技大学,2010.

岗位替代编外讲师制。与此同时，为了防止董事会和校长对教师学术自由的干涉，美国逐渐形成了终身教职制度。终身教职制在 1915 年初步确立，1940 年美国大学教授协会（American Association of University Professors，简称 AAUP）发布《关于学术自由与终身教职的原则声明》，标志着终身教职制度在美国的"最终确立"，再到 1972 年，美国最高法院认可"教师经过一定年限的服务就可享有终身教职"，至此，美国终身教职制成为美国现代大学制度中的重要组成部分。①②③

总结而言，美国研究型大学对德国模式的创新主要是使德国模式适应美国本土环境的结果。美国大学极力汲取洪堡关于教学和科研相统一、学术自由和大学自治等理念，如霍普金斯大学最早是希望完全变成一所"洪堡大学"。然而，由于两种文化和环境的差异，德国模式不能完全移植到美国，许多改革的先行者，如约翰·霍普金斯大学校长吉尔曼（D. C. Gilman）、密歇根大学（University of Michigan）的奠基人泰潘（H. P. Tappan）、康奈尔大学（Cornell University）第一任校长怀特（A. D. White）、哈佛大学校长艾略特（C. W. Eliot）等，尝试将德国模式与本土环境和实用主义理念相融合，创设了研究生院、共治的学系、董事会制度、终身教职制度等。随着高等教育大众化和国际化的发展，美国模式相对于德国模式的优势日益显现。

三、美国模式与德国模式的比较

研究型大学的美国模式和德国模式在许多方面存在差异，总结而言主要涉及治理模式（外部治理和内部治理）、组织结构、教师评聘制度、研究生教育以及知识的商业化等方面（见表 2 - 1）。学者们分析认为，美国研究型大学之所以超越德国高校，除了二战、美国联邦科技政策等外部因素的影响外，还得益于美国模式比德国模式更加顺应了时代对大学发展的需求。

---

① ALSTETE J W. Post tenure faculty development：Building a system of faculty improvement and appreciation [M]. Washington, D. C.：George Washington University Press，2000：3.
② [美]亚伯拉罕·弗莱克斯纳. 现代大学论——美英德大学研究[M]. 徐辉，陈晓菲，译. 杭州：浙江教育出版社，2002：233.
③ 别敦荣. 现代大学制度的典型模式与国家特色[J]. 中国高教研究，2017(5)：43 - 54.

表 2-1　美国模式与德国模式的主要差异

维度	德国模式	美国模式	参考文献
外部治理	强调国家对大学的责任；大学受政府直接控制；经费主要来源于政府拨款；教授为国家公务员	市场主导；大学享有独立法人资格；经费来源多元化；教授并非国家公务员	阿特巴赫(1986)；伯顿·克拉克（1994）；Braun & Merrien(2000)；范德格拉夫(2001)；冯典(2009)；王洪才(2012)；别敦荣(2017)；Meyer(2017)等
内部治理	基于大学评议会、学部教授会的学院式治理模式	以董事会、校长和教授为核心的共同治理模式	Rosovsky(1991)；伯顿·克拉克(2001)；范德格拉夫(2001)；冯典(2009)；埃伦伯格（2010）；别敦荣(2017)；Meyer(2017)等
组织结构	基于大学—学部—研究所的三级组织结构；中层行政权力较弱；基层学术组织为基于个人统治的研究所	基于大学—学院—学系的三级组织结构；中层行政权力较强；基层学术组织为基于教师共治的学系	John & Graff(1980)；阿特巴赫(1986)；伯顿·克拉克(2001)；冯典(2009)；王雁(2011)；Lattuca(2011)；查理(2012)；Owens(2015)；别敦荣（2017）；Meyer(2017)等
教师评聘制度	实行特许任教资格制和编外讲师制；学术职称等级分为编外讲师和正教授；学术晋升需经过校级学术委员会评审和政府任命	实行终身教职制；学术职称等级分为助理教授、副教授和教授；学术晋升需经过系、院、校三级评审	本—戴维（1988）；Alstete（2000）；弗莱克斯纳(2002)；阿特巴赫(2009)；冯典(2009)；查理(2012)；张雪（2012）；Fumasoli(2015)；Waaijer(2015)；别敦荣(2017)等
研究生教育	实行师徒制；招生和培养由导师负责；培养过程无需修读课程、无考核；强调教学与科研相统一；博士生身份为大学雇员	实行研究生院制，招生和培养由研究生院统筹；培养过程需修读课程、参考资格考试；博士生身份为学生	伯顿·克拉克(2001)；陈学飞（2002）；Sadlak(2004)；Kehm（2006）；George(2008)；张凌云(2010)；沈文钦 & 王东芳(2010)；秦琳(2012)；刘献君(2012)；Meyer（2017）；卡苏托(2017)等
知识的商业化	受新人文主义影响，追求纯粹知识和学问，排斥应用研究、知识的商业化和校企合作	受实用主义影响，鼓励应用研究、积极推动科技成果转化和校企合作	O'Boyle(1983)；阿特巴赫(1986)；克拉克·克尔（1993）；佛雷德里克(2006)；冯典(2009)等

　　首先，就外部治理而言，大量学者分析认为，美国研究型大学的崛起得益于美国高等教育市场竞争和大学自治这两个重要因素。两者的有效结合使得美国

高等教育系统充满活力,使每所高校都能不断地寻求办学特色来赢得自己的市场地位,从而能够将自己的优势发挥到极致。而欧洲高等教育由于缺乏充分的自治和必要的竞争,使得大学的适应性不强,缺乏创造力。①②③④ 伯顿·克拉克在对主要西方国家高等教育系统进行比较的基础上,区分了国家、市场和学术权威三种权力作为影响高等教育系统的三种势力,并基于此建构了"三角协调模式"⑤。在他看来,美国高校与政府关系最弱,而与市场关系最为紧密,从而成为市场主导的体制,而欧洲大陆高校与政府关系紧密,但也保护了教授的权威,他们极力防止大学与市场的接触,减少大学之间的竞争。布劳恩和梅里恩将 20 世纪 80 年代早期西方国家的治理模式总结为三类:①以英国为代表的共享模式,政府不介入大学学术事务;②寡头—科层模式,以西德、意大利和瑞士等国为代表,大学的实质性自治受到最大程度的限制;③以美国为代表的市场模式。⑥本一戴维同样分析认为,欧洲大陆高校与外部环境之间存在着缓冲机制,这些机制使得欧洲高校能够免于外部一系列压力。相比之下,美国大学则更多地融入进了社会,并且更可能为了资源、声誉和人才展开竞争。⑦

　　与此同时,美国大学相比于欧洲大陆高校享有更大的机构自主权。例如,范德格拉夫(Frans A. Van Vught)在分析大学与政府的关系时,归纳出两种治理模式:"国家控制模式"(the state control model)和"国家监督模式"(the state supervising model)。⑧ 他认为,欧洲大陆国家属于典型的国家控制模式,如法国、德国、俄罗斯等。在此模式中,国家对大学进行直接的管理和控制,大学与社

① BEN-DAVID J. American higher education：Directions old and new [M]. New York：McGraw Hill Book Company，1972.

② GRAHAM H D，DIAMOND N. The rise of American research universities：Elites and challengers in the postwar era [M]. Baltimore：Johns Hopkins University Press，1997.

③ 王洪才. 大学治理的内在逻辑与模式选择[J]. 高等教育研究,2012,33(09)：24 - 29.

④ [美]德里克·博克. 美国高等教育[M].乔佳义,译.北京：北京师范学院出版社,1991：1 - 25.

⑤ [美]伯顿·克拉克.高等教育系统——学术组织的跨国研究[M].王承绪,等,译.杭州：杭州大学出版社,1994：157.

⑥ BRAUN D，MERRIEN F. Towards to a new model of governance for university [M]. London：Falmer Press，2000：253.

⑦ RAMIREZ F O，TIPLIC D. In Pursuit of Excellence? Discursive concerns in European Higher Education Research [J]. Higher Education，2014,67(4)：439 - 455.

⑧ [加]约翰·范德格拉夫.学术权力——七国高等教育管理体制比较[M].王承绪,等,译.杭州：浙江教育出版社,2001：199 - 206.

会之间的直接联系较弱,整体上由政府和教授共享权力,而内部管理人员则处于从属地位。而英美等国则属于国家监督模式,在此模式中,政府对高等教育系统管制程度低,权力由学术共同体与董事会及行政人员共享,政府只是起到远程监督的作用,而不会通过具体的条例来干涉大学的办学。

本一戴维在《美国高等教育:新旧方向》(*American Higher Education: Directions old and new*)一书中也指出,美国大学比德国大学拥有更多的自主权,使得高校更为灵活,主要体现在:第一,在德国,国家承担着高等教育的责任,对大学的目标和价值有统一的要求,而美国大学具有独立法人资格,比德国高校更灵活。第二,在内部管理体制上,德国大学的管理任务由政府承担,决策由政府控制,弱化了大学的管理职能,而美国大学则由专业管理人员承担,具有强有力的中层管理。第三,德国大学的教授是公务员,政府通过立法确定教授的公务员身份,其是政府的雇员而非大学的雇员,德国大学不具有科层组织的特性,更像是一个学者的联合会,因此大学很难调动人力资源。①

就内部治理而言,许多学者指出,传统上,德国大学的权威分布是教授行会和国家官僚的结合,政府官员控制着较高层次,通过行政指令对大学实行统一管理,但允许教授控制较低层次,在教学和科研事务上实行自治。政治干预和讲座教授的霸权造成了以校长为核心的行政权力的虚弱,从而使得大学难以创新、改革和做出调整。而面对激烈的市场竞争,美国大学不得不以一种更加企业化的组织方式来应对外部环境的变迁,以提升大学管理的效率。高度自治的美国私立乃至州立大学,为获得各自的生存和发展,愈发加强了内部的行政力量以应对外部环境的挑战。美国的大学校长能够通过聘任教师、支配经费或设立新项目来决定学校的重要事项。②③④⑤ 马克斯·韦伯早在 20 世纪初访问美国时便观

① BEN-DAVID J. American higher education: Directions old and new [M]. New York: McGraw Hill Book Company, 1972.
② AGHION P, DEWATRIPONT M, HOXBY C, M AS-COLELL A, SAPIR A. Higher aspirations: an agenda for reforming European universities [M]. Bruegel Blueprint Series, 2008.
③ [美]伯顿·克拉克. 探究的场所——现代大学的科研和研究生教育[M]. 王承绪,译. 杭州:浙江教育出版社,2001:48.
④ [加]约翰·范德格拉夫. 学术权力——七国高等教育管理体制比较[M]. 王承绪,等,译. 杭州:浙江教育出版社,2001:199-206.
⑤ MEYER H. The design of the university: German, American and 'World Class' [M]. New York: Routledge, 2017:138-144.

察发现,每所美国高校都有一位具有强有力执政风格的校长,与德国高校形成鲜明对比。① 正由于享有较大的权力,美国高校历史上出现了许多卓越的校长,如霍普金斯大学的吉尔曼、哈佛大学的艾略特、康奈尔大学的怀特等等,他们通过破旧立新,推动了大学的发展。相比之下,德国大学很少有校长的独特领导力能与美国的大学校长相媲美。

除了治理模式,许多学者对德国讲座制和美国学系制也进行了比较。学者们普遍认为,虽然讲座制在 19 世纪曾为德国大学的人才培养和科学发展创造过辉煌,但进入 20 世纪,随着高等教育规模的扩张、现代科学的发展,以教授个人统治为基础的讲座制越来越无法适应大学的发展。根据学者们的分析,讲座制的劣势主要体现在不利于学科交叉、降低组织管理效率以及阻碍青年教师职业发展等方面。就学科而言,在同一所大学中,教授主持的研究所往往各自为政,从而容易形成学科壁垒,越来越不利于学科交叉。相较而言,学系制规模较大、覆盖学科范围较宽、每一个学系有许多同一学科的教授组成,能够拓宽知识的领域,增加教师之间合作的机会;②在组织管理效率方面,随着高等教育的大众化,讲座教授一人负责的研究所往往管理效率低下。③④ 而在学系结构中,有关的行政事务可以由教师们共同承担,从而能够帮助教师节省出更多的时间用于教学和科研;在青年教师的职业发展方面,长期以来,讲座教授对教学、科研、经费分配等事项的垄断使得讲座教授对下属人员拥有绝对的支配权,普通教师在学术事务上的发言权很小,不利于青年教师的引进和发展。相较而言,更加民主和共治的学系更有利于学术新人的发展。⑤⑥⑦

---

① SHILS D. Max Weber on universities: The power of the State and the dignity of the academic calling in imperical Germany [M]. Chicago: University of Chicago Press, 1974.

② 冯典. 大学模式变迁研究——知识生产的视角[D]. 厦门: 厦门大学,2009: 182.

③ [美]伯顿·克拉克. 高等教育系统——学术组织的跨国研究[M]. 王承绪,等,译. 杭州: 杭州大学出版社,1994: 52.

④ [美]伯顿·克拉克. 探究的场所——现代大学的科研和研究生教育[M]. 王承绪,译. 杭州: 浙江教育出版社,2001: 45.

⑤ MEYER H. The design of the university: German, American and 'World Class' [M]. New York: Routledge, 2017: 122 - 124.

⑥ JOHN H, GRAAFF V. Can department structures replace a chair system: Comparative perspectives [J]. Yale Higher Education Research Group Working Paper, 1980: 20 - 21.

⑦ [美]菲利浦·G·阿特巴赫. 比较高等教育[M]. 符娟明,陈树清,译. 北京: 文化教育出版社,1986: 32.

　　在博士生教育方面,学者们认为结构化的美国研究生院模式相比德国师徒制模式更符合新时期的要求。传统的师徒制将博士生培养融入在导师的教学和科研活动当中,导师一方面能够根据博士生的特点对其科研能力进行因材施教,另一方面也能够通过言传身教提升博士生的"缄默的知识",包括规范和标准、价值观和态度、科研风格等。① 然而,随着博士生培养规模的扩大、跨学科的迅速发展以及高等教育国际化的挑战,传统的"师徒制"模式越来越无法应对外部环境的挑战。其弊端主要包括:无法适应大规模博士生的教育、传统封闭的模式难以提供跨学科培养要求、招生和培养过程中缺乏外部监督等。②③④ 在知识经济时代,虽然美国的博士生教育也存在着诸如缺少教学方法训练、软技能重视不够、修业年限延长、经费资助下降、博士供给过剩等问题,但美国博士生培养制度依然为其他国家所赞誉和效仿。⑤⑥ 与师徒制相比,美国模式的核心优势主要体现在:①使博士生的招生录取规则透明化、公开化;②加强了博士生之间的交流,提供一个相互激励的研究环境;③论文指导委员会制有利于学生吸收不同导师的知识和经验,并推动跨学科教育;④为博士生开设了课程,可以使博士生接受系统的学科和方法训练;⑤研究生院提供质量保障与监管。⑦⑧⑨⑩⑪

---

① [美]伯顿·克拉克.探究的场所——现代大学的科研和研究生教育[M].王承绪,译.杭州:浙江教育出版社,2001:269.

② 张帆,王红梅.德国大学博士培养模式的主要问题及变革尝试[J].比较教育研究,2008(11):32-36.

③ European University Association. Doctoral programmes in Europe's universities:Achievements and challenges [R]. Report prepared for European universities and ministers of higher education,2007:9-10.

④ ALEXANDRA B. New challenges in doctoral education in Europe [M]. New York:Routledge,2009:200-210.

⑤ [美]菲利普·G·阿特巴赫.美国博士教育的现状与问题[J].教育研究,2004,6:34-41.

⑥ BARNETT J V,HARRIS R A,MULVANY M J. A comparison of best practices for doctoral training in Europe and North America [J] FEBS Open Bio,2017,7(10):1444-1452.

⑦ KEHM B M. Doctoral education in Europe and North America:A comparative analysis. In U. Teichler (Ed.), The formative years of scholars. London:Portland Press Ltd,2006:105-118.

⑧ 秦琳.从师徒制到研究生院——德国博士研究生培养的结构化改革[J].学位与研究生教育,2012(1):59-64.

⑨ LAPIDUS J B. Graduate Education and Research [M]//Altbach P. Defense of American higher education. Baltimore:The Johns Hopkins University Press,2001:249-276.

⑩ SADLAK J. Doctoral studies and qualifications in Europe and the United States:Status and prospects [C]. Bucharest:UNESCO-CEPES,2004:56.

⑪ 陈学飞.西方怎样培养博士[M].北京:教育科学出版社,2002:32-43.

最后，学者们认为实用主义的知识观使得美国大学更适应知识经济时代发展的需求。德国大学的科学研究是理性主义的产物，从根本上是排斥实用的。[①] 尽管后来也出现了各类工业大学，但在欧洲大陆高校，纯科学研究的地位传统上要高于应用研究，大学和社会保持着一定的距离。美国大学则迥然不同，在实用主义理念的影响下，将应用科学置于重要位置，大学不再是远离社会的象牙塔。[②] 英国知识社会学家吉本斯（Michael Gibbons）在其著作《新知识的生产》[③]一书中，从学术研究与现实社会之间关系的角度比较了大学的两种知识生产模式，也即"模式Ⅰ"和"模式Ⅱ"。模式Ⅰ也被称为"洪堡模式"，是一种强调建构"为知识而知识"的理念、方法、价值以及规范的综合体。在这种模式下，科学研究的目的在于追求真理而非创造财富，以单一学科领域和以学术兴趣为导向，其问题设置和解决是在大学共同体的纯学术情境中进行，无需考虑知识的应用价值。模式Ⅱ也被称为"后洪堡模式"，主要发轫于美国。

在第二次世界大战以后，美国将战时大学与政府间的研究合作伙伴关系与合作机制延续了下来，在大学自治、政府资助与社会需要三方协同的机制下，美国的科学研究更多呈现出一种任务定向的、战略性和产业化的功用特征。随着知识经济的发展，在实用主义思潮的影响下，科学知识生产成为美国国家创新体系的重要组成部分，大学与企业、政府之间正在形成新的契约。但这并非意味着所有的美国研究型大学都同等重视知识的商业化，事实上，克拉克大学和霍普金斯大学比其他大学更多地将追求真理作为目的。[④] 但从整体来看，美国比欧洲的研究型大学更不排斥知识的商业化。

总结而言，20世纪美国研究型大学对德国大学的超越在很大程度上得益于其制度的创新，而这些制度创新是在契合本土环境的背景下，通过高校的长期实践而来，并不断调整以顺应时代的发展，而并非源于政府自上而下的调控。美国

① O'BOYLE L. Learning for its own sake：The German university as nineteenth-century model [J]. Comparative Studies in Society and History，1983，25(01)：3-25.
② 冯典.大学模式变迁研究——知识生产的视角[D].厦门：厦门大学，2009：163-164.
③ GIBBONS M，LIMOGES C，NOWOTNY H，SCHWARTZMAN S，SCOTT P，TROW M. The new production of knowledge：The dynamics of science and research in contemporary societies [M]. London：Sage publications，1994.
④ [美]丽贝卡·洛温.创建冷战大学—斯坦福大学的转型[M].叶赋桂，罗燕，译.北京：清华大学出版社，2007：2.

高等教育所处环境的竞争性以及美国大学的自主性,充分保障了美国大学的开放性制度创新。在大学内部,美国大学实行董事会、校长和教师的共同治理,不仅有利于保障大学作为行动者的更强的应变能力,也有益于在基层学术组织层面营造更加民主、公平和充满活力的学者社区。

第三节　全球化时期美国研究型大学模式的影响

一、二战以后美国模式对德国研究型大学的影响

二战以后的德国经历了两个阶段,一是 1945—1990 年东西德分立时期,二是 1990 年至今的两德统一时期。前一阶段,联邦德国的研究型大学一方面继承洪堡传统,另一方面为了适应国内外经济发展和科技进步的需要,做出了相应改革。而自 1990 年统一以来,德国研究型大学为加强自身的国际竞争力正在进行更为广泛的改革,以适应新时代的需求。

具体而言,二战以后,德国开始重建高等教育,基本保持了洪堡创建的大学特色以及"讲座/研究所—学部—大学"的组织结构,但这种传统大学制度主要为少数精英提供教育,无法满足 20 世纪 60 年代开始的高等教育大众化的需求。[①] 进入 60 年代以后,大学入学人数的激增导致德国大学的实际状况与其制度背后的"精英"理念产生了巨大冲突。为了缓解这一矛盾,德国高等教育开始走上艰难的改革之路,以市场为导向的美国大学体制成为德国借鉴的榜样。[②] 1976 年,德国政府颁布《高等教育总纲法》,赋予大学校长更大的行政权力,执行委员会在大学中的作用被加强,但教授在大学管理中依然拥有很大的权力,各委员会的教授比例占有绝对优势。此外,德国大学还增设新的专业以满足学生和市场需要,但整体而言,德国大学的市场化进程十分缓慢。[③] 部分德国大学以美国大学的学系制度为模板,将传统的五六个学部划分为大量独立的系,形

---

① [法]克里斯托弗·福尔.1945 年以来的德国教育:概览与问题[M].肖辉英,等,译.北京:人民教育出版社,2002:217-220.

② 张帆.德国高等学校的兴衰与等级形成[M].北京:北京师范大学出版集团,2011:94.

③ 肖军.从管控到治理:德国大学管理模式历史变迁研究[J].比较教育研究,2018(12):67-74.

成了"研究所—学系—大学"的结构模式以缓解学生增长的压力，但依然保留了基于讲座制的研究所。① 正教授职位永久性的资源配置制度被废除，更改为定期评估和资源分配。通过这些举措，德国大学学术权力高度集中的状况有所改变，但学术体系依然保持了严格的等级制。

德国统一后，在迈向二十一世纪的进程中，全球化、知识经济和财政危机对德国大学提出新的挑战，效益至上和减少国家干预的新公共管理理念占据主导方向，德国政府开始主导新的改革，主要包括管理、教学和科研三个领域。在管理方面，政府一方面加大了竞争性拨款比例，引入经费拨款的竞争机制，同时鼓励大学向社会筹集经费；另一方面效仿美国高校董事会制度，于 1998 年修改联邦高教法，在高校设立管理委员会，整体上增加了高校的机构自主权。② 在教学方面，随着博洛尼亚进程的推进，德国大学传统的两级学位体系变革为英美的三级体系(学士—硕士—博士)，缩短了学制并积极开设英文授课的课程以吸引国际留学生。此外，德国还废除了 1977 年开始实行的高中生自由进入大学的"开放协议"，增加了大学的招生自主权。③④ 在科研方面，德国于 2005 年开始实施"卓越计划"，集中资源对大学进行投入，并将竞争机制引入高校，旨在提升德国大学的国际竞争力，这一战略打破了德国高校均质化的结构。2002 年，联邦教育部还出台了《高等学校框架法草案》，启动"青年教授制度"，在不触动现行制度的基础上，增设青年教授岗位。特许任教资格也不再作为应聘教授的必要条件，教师们可以通过在高校内外获得同等成就来证明。⑤⑥

整体而言，在新时期，德国研究型大学在保持原有优势的前提下，致力于对部分僵化的高等教育管理体制进行深入改革，努力使德国大学的办学与英美等

① 孔捷. 从基层学术组织变革看德国与美国大学的相互影响[J]. 现代教育管理，2010：108 - 110.

② LIEFNER I, SCHÄTZL L, SCHRÖDER T. Reforms in German higher education: Implementing and adapting Anglo-American organizational and management structures at German universities [J]. Higher Education Policy, 2004,17(1)：23 - 38.

③ 秦琳. 洪堡模式的今日与研究型大学的明天[J]. 比较教育研究，2011(9)：1 - 6.

④ PRITCHARD R. Trends in the restructuring of German universities [J]. Comparative Education Review, 2006,50(1)：90 - 112.

⑤ LIEFNER I, SCHÄTZL L, SCHRÖDER T. Reforms in German higher education: Implementing and adapting Anglo-American organizational and management structures at German universities [J]. Higher Education Policy, 2004,17(1)：23 - 38.

⑥ ENDERS J. A chair system in transition: Appointments, promotions, and gate-keeping in German higher education [J]. Higher Education, 2001,41(1 - 2)：3 - 25.

国的教育制度接轨,并在大学管理方面采用相对灵活的管理机制,以提高其国际竞争力。

二、全球化时代美国模式对新兴研究型大学的影响

全球化时代,学者们普遍观察到世界各国效仿美国模式的趋势。莫尔曼总结了各国精英大学的发展特点,认为这些大学正形成一种以美国研究型大学特征为核心的"全球模式"(Emerging Global Model)①。黄容霞在其博士论文中考察了全球化时代大学变革和转型的特征,也认为美国模式作为大学的榜样正在向全球扩散。② 阿特巴赫也指出,美国研究型大学制度常常被其他国家视为"金本位"制度,受到其他国家学术机构的仿效,被仿效的制度包括学系制、学分制、研究生教育等等。③

近年来许多有关各国研究型大学变革与发展的案例研究则进一步证实了这些学者的观察。例如,白杰瑞(Gerard A. Postiglione)④、牛欣欣和洪成文⑤、朱艳⑥、袁广林⑦等学者对 1991 年建校的香港科技大学的发展进行案例研究,总结香港科技大学实施的办学举措包括:①管理方面,全球招聘校长、实行董事会领导下的校长负责制,引进美国大学高级管理人才,实施"小而精"的战略定位,实行大学自治、学术自由;②经费方面,积极获得企业或私人捐赠、科技成果转化收入;③人才方面,招收大量拥有在美国知名大学工作经验的优秀华人科学家;④科研方面,集中投入培育优势学科、强调英文写作和国际发表;⑤教学方面:使用英文教材、推行通识教育、设计跨学科课程;⑥社会服务方面,注重校企合

① MOHRMAN K, MA W, BAKER D. The research university in transition: The emerging global model [J]. Higher Education Policy,2008,21(1): 5 - 27.

② 黄容霞. 全球化时代的大学变革(1980—2010)[D]. 武汉: 华中科技大学,2012: 11.

③ [美]菲利浦·G·阿特巴赫. 比较高等教育[M]. 符娟明,陈树清,译. 北京: 文化教育出版社,1986: 35.

④ ALTBACH P G, SALMI J. The road to academic excellence [M]. Washington: The World Bank, 2011: 64 - 98.

⑤ 牛欣欣,洪成文. 香港科技大学的成功崛起——"小而精特色战略的实施"[J]. 比较教育研究,2011 (11): 62 - 66.

⑥ 朱艳. 香港科技大学的成功办学之路及其启示——基于战略创新的视角[J]. 大连理工大学学报(社会科学版). 2011,32(03): 71 - 74.

⑦ 袁广林. 香港科技大学何以成就大学传奇——基于后发优势理论的思考[J]. 高教探索,2013(2): 62 - 66.

作、加强国际交流与合作。

安德森（Andersson）和迈耶（Mayer）①，谭伟红②、江小华和程莹③等多位学者对1991年建校的新加坡南洋理工大学（Nanyang Technological University）的发展经验进行研究。改革的举措在管理方面包括2006年实现自主办学，设立董事会下的校长负责制；通过"新加坡国立研究基金会研究员"计划和"南洋助理教授"计划引进了大量国际顶尖人才和青年才俊，并实施美国的终身教职制度；增设了多个人文社科学院、加强学校的科研职能并推动跨学科前沿领域；通过瞄准新加坡科技计划的重点发展领域获取大量政府经费，同时积极寻求第三方经费，积极同工商企业合作，提升科技成果转化率；在学生培养方面，重视创新精神培养、鼓励创业实践、注重国际合作与交流。

陈运超④、林辉⑤、李立国和刘向兵⑥等学者研究1965年成立的英国华威大学（University of Warwick）为何能在短短几十年的时间里发展成为英国最顶尖的大学之一。这些学者一致认为华威大学的成功之道在于面临财政危机时，倡导新型的办学模式，实施创业型战略。一来，华威大学改变英国传统的分权管理模式，积极打造强有力的领导核心；二来，制订研究人才基金计划，吸引一流研究人才，并大力开展科学研究、重视研究生教育，使科学水平大大提升；三来，积极与工商业广泛合作，并开展各种知识转化活动，如创办校办企业、建立科学园区、拓展海外教育市场等，使办学经费显著增长。

李秉植（Byung Shik Rhee）⑦、李明忠⑧、朱炎军和夏人青⑨等学者都对1987

① ANDERSSON B，MAYER T. Singapore and the Nanyang Technological University—A young country with a young university on the move [J]. Biointerphases，2010,5(3)：9-14.
② 谭伟红. 新加坡南洋理工大学的竞争优势研究[J]. 西南交通大学学报，2016,17(03)：91-96.
③ 江小华，程莹. 研究型大学实现跨越式发展的要素分析——以南洋理工大学为例[J]. 复旦教育论坛，2015(2)：80-86.
④ 陈运超. 英国Warwick大学的成功之道及启示[J]. 高等教育研究，2000(6)：105-110.
⑤ 林辉. 创业型大学发展模式研究——以英国华威大学为例[J]. 全球教育展望，2004,33(09)：52-55.
⑥ 李立国，刘向兵. 比较优势，竞争优势与中国研究型大学快速崛起研究[J]. 清华大学教育研究，2005,26(1)：58-63.
⑦ ALTBACH P G，SALMI J. The road to academic excellence [M]. Washington：The World Bank，2011：101-128.
⑧ 李明忠. "小而精"：后发新兴世界一流大学的特色发展战略——以韩国浦项科技大学为例[J]. 中国高教研究，2012(8)：45-49.
⑨ 朱炎军，夏人青. 韩国建设世界一流大学的战略举措——以浦项科技大学为例[J]. 高等工程教育研究，2017(5)：125-129.

年成立的私立大学——韩国浦项科技大学（Pohang University of Science and Technology，POSTECH）的崛起进行了研究。他们认为浦项科技大学能够在短期内取得世界顶尖大学的地位主要得益于浦项制铁公司为该校提供了足够稳定的财政支持，以及政府通过一流大学建设计划对该校的财政支持。学校在创办之初采用"小而精"的特色发展战略，精选特色学科和确定重点领域，鼓励跨学科研究以及与世界一流大学的科研合作；通过重点引进在美国获得博士学位的优秀韩裔学者，并实行美国式的终身教职制度；制定严格的入学标准、用英文作为教学语言、采用跨学科课程体系、重视学生的国际交流与合作；开拓多渠道经费来源以及"产学研"合作的技术创新模式。

Kim[1]研究了韩国首尔国立大学（Seoul National University）在1994—2006年期间快速崛起的历程，总结了促进该校发展的外部因素是政府的大力投入和韩国向知识经济转型的经济发展趋势。而该校内部实行的改革举措包括：实施美国式的终身教职制度，开展各种内部评估；增加外籍教师和学生数量，重点引进在美国获得博士学位的韩裔学者；重视科研、采用英文发表；实施美国式的博士学位制度，为研究生提供充裕的奖学金以及加强国际交流与合作。

杰亚拉姆（Jayaram）[2]、叶赋桂[3]等多位学者对建校于1951年的印度理工学院（Indian Institutes of Technology，IIT）的崛起历程进行考察，认为该校快速崛起的原因包括：印度政府长期的重视和支持，并给予充分的办学自主权；办学模式借鉴麻省理工学院模式；广泛开展国际合作、走国际化的道路、在世界范围内聘请最优秀的教师；积极参与印度国家最重要的科学和技术开发，并进一步扩大和加深与工业界、企业界的联系。伊萨克·弗劳明（Froumin）研究了1992年建立的俄罗斯高等经济学院的迅速崛起，认为促成该校成功的主要因素包括：注重人力资源和研究质量、大力推行创业型大学模式、与国际著名大学的科研合作、将国家重大发展主题作为研究和分析对象、树立卓越的公众形象等。[4] 赫

---

① KIM K S. A great leap forward to excellence in research at Seoul National University，1994 - 2006 [J]. Asia Pacific Education Review，2007,8(1)：1 - 11.

② ALTBACH P G，SALMI J. The road to academic excellence [M]. Washington：The World Bank，2011：161 - 193.

③ 叶赋桂. 印度理工学院的崛起[J]. 清华大学教育研究，2003,24(03)：102 - 108.

④ ALTBACH P G，SALMI J. The road to academic excellence [M]. Washington：The World Bank，2011：293.

纳·慕克吉(Hena Mukherjee)和黄宝金(Poh Kam Wong)通过比较新加坡国立大学(National University of Singapore)和马来亚大学(University of Malaya)的发展历程总结了新加坡国立大学崛起的优势，包括国际化的策略、充裕的经费保障、大学自治和卓越的领导、吸引大量顶尖学者等策略实现了快速发展。[①] 类似的案例研究还有很多，不一而足。

总结而言，这些新兴研究型大学的变革有许多相似之处。就变革的动因而言，都是在全球知识经济时代面对国家经济转型的需要和全球学术市场竞争的巨大压力，致力于通过变革提升自己的声誉，并以提升国家经济实力为目标。在变革举措上，这些大学都积极借鉴美国顶尖大学的办学理念和办学模式。具体举措主要包括：在治理方面，扩大机构自主权和打造强有力的领导核心；在人事制度方面，设立专项计划吸引国际顶尖人才、实行美国式的终身教职制度；在科研方面，重点培育优势学科，强调跨学科前沿领域和英文发表；在经费方面，瞄准国家战略需求获取大量政府竞争性经费的同时也积极拓展非政府经费；在知识的商业化方面，积极推动校企合作和科技成果转化；在教学方面，积极引入英文教材、跨学科课程、通识教育、创业教育和国家交流合作等。

然而，由于所处国家和自身文化和制度等差异，这些大学对美国模式的移植又体现了自身特点。例如，在治理方面，只有少数大学设立了董事会制度；在人才招聘方面，各国青睐引进有留美经历的本国人才；在科学研究方面，不同大学主要聚焦自身的优势学科和国家的重大战略需求；在招生规模上，部分大学借鉴了 MIT 式的"小而精"的战略，而其他大学则保持较大的规模，等等。这些差异表明各国精英大学会根据自身条件有选择性地对美国模式进行移植和转化。

本章小结

学者们普遍认为存在着具有国别差异的大学模式。本章重点比较了研究型大学的德国模式和美国模式，涵盖的维度包括大学理念、大学外部治理、内部治

---

① ALTBACH P G, SALMI J. The road to academic excellence [M]. Washington: The World Bank, 2011: 129 - 163.

理、基层学术组织、教师制度、人才培养制度等。总结而言,德国模式的核心特征包括:在大学职能上,强调教学和科研的统一;在外部治理方面,强调国家对大学的责任;在内部治理模式上,大学各项事务采用学院式治理模式;在组织制度上,实行以讲座教授和研究所为中心的大学体制并给予讲座教授巨大的权力和声誉;在人事制度上,实行特许任教资格制和编外讲师制;在教学方法上实行基于讲座的研讨班和实验室制度等。而 20 世纪的美国研究型大学在继承德国模式的基础上不断创新,实现了对德国模式的超越,其创新主要包括:拓展了大学的社会服务职能,外部治理实现了大学自治,内部治理实行董事会、校长和教授的共治,基层组织实行共治的学系制,教师人事制度实行基于非升即走的终身教职制以及创设研究生院。

从研究型大学发展的历程来看,制度移植和创新始终是研究型大学变革的主线。例如,研究型大学的德国模式是在继承了中世纪大学模式的基础上发展而来,而美国模式是在继承德国大学模式的基础上通过创新而来。全球化时代,越来越多的研究型大学试图通过移植美国模式来实现办学水平的突破。目前学术界虽有不少关于这些大学变革与发展的案例研究,但大多聚焦在实践层面,而较少从制度移植和模式借鉴的角度进行分析,更少反思美国模式如何实现创新和超越的问题。本研究则将对洛桑联邦理工学院的变革进行系统考察,一方面基于新制度主义相关理论分析其变革动因,另一方面也将评估其在六个方面从德国模式转向美国模式的程度和创新之举及其影响。此外,大学变革的过程不仅是新旧制度的更替,也是利益与价值观念的博弈。研究型大学的组织变革很容易引发价值和利益冲突而阻碍大学的变革。然而,已有研究较少关注大学变革中的冲突与挑战。本研究还将借鉴多重制度逻辑理论和变革管理理论来分析案例高校变革引发冲突的原因及领导者领导变革的过程。

第三章
理论基础与研究设计

本章主要介绍本研究所采用的理论和方法。本研究将基于组织分析的新制度主义相关理论以及管理学的变革管理理论深入分析洛桑联邦理工学院变革的动因、内容和过程。而本研究主要采用单案例研究法，通过文本资料、访谈资料和横纵向数据对洛桑联邦理工学院的变革进行系统分析。

第一节　新制度主义和变革管理

一、组织分析的新制度主义相关理论

本书是关于研究型大学的组织变革研究，可以从组织分析的新制度主义理论视角加以探讨。"制度"这一概念在经济学和社会学中有着不同的含义。在新制度经济学中，制度被理解为一种规则或规则体系，是对资源或人们的相关权利关系的一种安排。而组织分析的制度主义学者则拓展了制度的外延。如理查德·斯科特（Richard W. Scott）将制度定义为"包括为社会生活提供稳定性和意义的规制性、规范性和文化—认知性要素，以及相关的活动与安排"。他区分了制度的三大基本要素：规制性（regulative）、规范性（normative）和文化—认知性（cultural-cognitive）要素。规制性要素包括制约与规制行为的法律、宪法以及其他正式规则，规范要素包括关于什么是适当行为的规范性预期，文化—认知要素

是关于这个世界是如何运行的、被视若当然的假定、脚本与图式。① 不同于以"原子化个体或组织"的工具性行动来解释社会现象的行为主义和理性选择等理论,组织分析的制度主义强调正式和非正式的制度在塑造组织和个人行为中所产生的影响。

　　按照时间先后顺序,组织分析的制度主义大致经历了两个阶段的发展:一是以 20 世纪 40、50 年代哥伦比亚学派的塞尔兹尼克(Selznick)为代表的制度主义;二是 20 世纪 70 年代以后以梅耶、斯科特等斯坦福大学的学者为代表的新制度主义。②③④

　　一般认为,组织制度可以分为内部制度和外部制度。内部制度也即组织内部的组织结构和运行机制,而外部制度即保障或制约组织运行的外部政策制度体系。长期以来,制度学者将关注的焦点聚焦于广泛的外部制度结构层面,而很少研究作为一种制度化形式的组织。从 20 世纪 40 年代开始,组织开始受到制度学家的关注。以默顿(Robert K. Merton)为首的哥伦比亚大学组织社会学派非常注重对韦伯所提出的科层制(bureaucracy)的功能研究。在韦伯式的理性组织模式中,组织被认为是技术的集合体,是为了完成某种任务而建立的一个技术体系,这个技术体系有非常严格的规章制度和等级制度,通过规章制度来提高效率,按照效率原则运行。默顿则以结构功能主义作为理论框架来分析韦伯式理性组织的正功能、负功能、显功能和潜功能等,强调"目的行动的意外后果"。

　　塞尔兹尼克在默顿的研究传统上,发展了组织分析的制度学派。他的多项研究发现组织在运作过程中会出现非理性活动,这些活动与组织目标背道而驰,并不符合效率原则。由此,他认为组织不只是一个技术的集合体,而会受到所处环境的影响。在这一意义上,组织是一个"制度化"的组织。所谓"制度化"(institutionalization)是指"超过了组织的具体任务或者技术需要的价值判断渗透、渗入进组织内部的过程"⑤。塞尔兹尼克指出,在研究组织时,要超越所谓的

① [美]理查德·斯科特.制度与组织——思想观念与物质利益[M].姚伟,王黎芳,译.北京:中国人民大学出版社,2008:22.
② 郭建如.社会学组织分析中的新老制度主义与教育研究[J].北京大学教育评论,2008(3):136.
③ [美]约翰·L·坎贝尔.制度变迁与全球化[M].姚伟,译.上海:上海人民出版社,2010:3.
④ [韩]河连燮.制度分析:理论与争议[M].李秀峰,柴宝勇,译.北京:中国人民大学出版社,2014:21-61.
⑤ 周雪光.组织社会学十讲[M].北京:社会科学文献出版社,2003:70.

效率和组织本身，因为组织并不是一个简单的效率机器。关于组织变革，以塞尔兹尼克为代表的制度学派认为，组织的发展演变是一个自然的过程，是在与周围环境相互作用中不断演化的，而不是人为设计的结果。

最早将制度分析引入高校组织发展研究的学者是塞尔兹尼克的学生——高等教育学者伯顿·克拉克。他对高校的研究大多在制度主义的框架下进行，注重分析学校所受到的外部环境和制度的制约，其早期的代表作包括《开放学院》（*The Open Door College*）、《成人教育的转型》（*Adult Education in Transition*）和《特色学院》（*The Distinctive College*）。在《开放学院》①一书中，伯顿·克拉克通过研究发现，社区学院组织特征的形成不是人为设计的结果，不仅与教育当局的控制、定位和所施加压力有关，也受到学区内外公立学校"利益团体"的影响。在《成人教育的转型》②一书中，伯顿·克拉克通过对成人学校的研究发现，成人学校被大量并入社区学院主要因其服务型特征所带来的负功能。《特色学院》③则分析了大学内部"组织传奇与传统"所产生的背景与环境以及整体的变迁与改进。在这些研究中，伯顿·克拉克对组织变迁秉持演化而非设计的观点，将组织面临的环境压力看作制度变迁的首要决定因素。

总结而言，最早阶段组织分析的制度主义的特点包括：区分了理性组织与制度化的组织，前者对应于技术意义，强调手段和目的之间的紧密联系，而后者被赋予价值意义，组织被价值所浸染；将组织的制度化过程作为研究重点，关注组织制度化过程中形成的特征以及组织的制度化的影响等；对制度变迁持演化而非设计的观点，将组织面临的具体环境压力作为制度变迁的首要决定因素。

自 20 世纪 70 年代以来，全球化的影响日益明显，发源于西方的现代组织模式不断在全球范围内扩散，许多学者开始注意到这一现象。以梅耶（Meyer）、罗恩（Rowan）、斯科特（Scott）等为代表的斯坦福大学社会学系的学者开创了组织分析的新制度主义学派，主要聚焦于制度趋同现象。④ 合法性与同构性开始成为组织分析的新制度主义的"经典"理论讨论的核心内容。梅耶和罗恩于 1977

① CLARK B R. The open door college [M]. New York：McGraw-Hill Book Company Inc，1960：158 - 163.
② CLARK B R. Adult education in transition [M]. Arno Press Inc：1980：123 - 130.
③ CLARK B R. The distinctive college [M]. New Jersey：Transaction Publishers，1992：233 - 262.
④ ［美］约翰·L·坎贝尔. 制度变迁与全球化[M]. 姚伟，译. 上海：上海人民出版社，2010：78.

年在《美国社会学杂志》发表《制度化的组织：作为神话和仪式的正式结构》（*Institutional organizations：Formal structure as myth and ceremony*）[①]一文，被誉为组织分析的新制度主义的开山之作。长期以来，效率机制的解释逻辑在制度变迁领域中盛行，即认为观察到的组织现象是组织追求效率的结果。然而，梅耶和罗恩的文章提出了与效率机制迥然不同的"合法性机制"（legitimacy）。所谓合法性机制，是指那些诱使或迫使组织采纳在外部环境中具有合法性的组织结构和行为的制度力量。在他们看来，组织不仅受制于技术环境，也受制于制度环境（institutional environment），即一个组织所处的法律制度、社会规范和文化观念等为人们广为接受的社会事实。

梅耶指出，制度环境常常不是以人为凿刻的形式出现，而是笼罩上一层合法性的神圣，也即理性神话（rationalized myth）。随着全球化的发展，理性在全球扩散，渗透进了生活的方方面面，成为现代生活的神话，其他因素也必须与这种理性化一致以获得合法性。合法性机制一方面使得组织不得不接受制度环境中所建构的具有合法性的形式和做法，而为了与制度环境相匹配，各个组织都采用了类似的结构和做法；另一方面使得组织之间相互模仿学习，以减少组织动荡，因为好的组织模式具有了合法性，不容易受环境的冲击。合法性机制使得现代社会中的组织倾向于采取它们所处环境中主导性的组织模式，因而组织常常在特定环境和时间段上趋同。梅耶也注意到技术环境和制度环境对组织的要求可能会不一样，技术环境要求效率，而制度环境常常要求组织耗费资源去满足合法性，组织为了解决合法性机制和效率机制的冲突所采用的一个重要对策是将内部运作和组织结构分离开来，形成"松散联结"（loose coupling）的组织。

1983 年，美国学者保罗·迪马乔（Paul DiMaggio）和瓦尔特·W·鲍威尔（Walter W. Powell）在《美国社会学评论》上发表《重临铁笼理论：组织场域中的制度趋同性和集体理性》（*The Iron Cage Revisited：Institutional Isomorphism and Collective Rationality in Organizational Fields*）[②]一文，提出了制度同构（institutional isomorphism）的概念。制度同构是指组织内部结

① MEYER J W, ROWAN B. Institutional organizations：Formal structure as myth and ceremony [J]. American Journal of Sociology, 1977, 83(2)：340 – 363.

② DIMAGGIO P J, POWELL W W. The iron cage revisited：Institutional isomorphism and collective rationality in organizational fields [J]. American Sociological Review, 1983, 48(2)：147 – 160.

构、组织行为的相似性。虽然同样是基于合法性机制解释制度的趋同性，但与梅耶和罗恩的宏观观念文化角度相比，迪马乔和鲍威尔从组织间关系和组织场域的层次进一步探讨了组织趋同性的根源。组织场域是一个组织彼此关联或互动的场所，是高度情境化的空间，在其中，不同组织关联在一起，努力形成对于它们的场域水平的活动具有重要意义的事情的集体理解。他们指出制度同构主要存在三种机制：①强制性同构（coercive），即制度环境通过政府法令或法律制度迫使各个组织接受有关的制度和管制；②模仿性同构（mimetic），即各个组织模仿同领域中成功组织的行为和做法以应对环境的不确定性，包括竞争性同构和制度性同构；③规范性同构（normative），即专业规范对组织或个人所扮演的角色或行为规范的约束作用，如通过大学等专业教育机构和专家团体，使专业人员之间形成共享观念。正因这些机制的作用，同一制度环境中的组织往往在内部结构、过程和行为方面有趋同的趋势。与梅耶和罗恩的大制度环境相比，迪马乔和鲍威尔的分析层次更为具体，也更容易让人理解，更类似于一种中层理论。

维拉（Vaira）基于组织分析的新制度主义分析了全球化的制度环境对高等教育的影响，认为自 20 世纪 80 年代以来，以企业化、小政府主义以及知识社会为核心内容和主要制度结构特征的全球化理性神话一直在重塑各国的高等教育系统。这一影响主要体现在五个方面：①政府缩减对高等教育的预算开支，也就意味着大学要用更少的资源办更多的事；②政府减少对高校治理的干预，加强对它们的问责，也就意味着使高校拥有更大的机构自主和财政独立，这一变化也使得中央集权的系统更加放权（如法国、德国），而分权的系统则更加收紧（如英美国家）；③对高校战略性活动方面提升质量、绩效、效率的要求增大；④要求高校无论是在社会层面、政治层面还是经济层面，都要对学生培养负责；⑤促进创新知识生产，提升经济竞争力。这些新的特征要求大学面向市场，采用企业化的管理模式。①

维拉认为这个过程并非一个机械的过程，而是通过扮演"制度传送者"的联合国教科文组织（United Nations Educationnel，Scientific and Cultural Organization，简称 UNESCO）、经济合作与发展组织（Organization for

---

① VAIRA M. Globalization and higher education organizational change：A framework for analysis [J]. Higher Education the International Journal of Higher Education & Educational Planning，2004，48 (4)：483－510.

Economic Co-operation and Development,简称 OECD)、欧盟(European Union,简称 EU)、国际货币基金组织(International Monetary Fund,简称 IMF)等超国家机构施加强制性、规范性或模仿性的同构压力得以延续的过程。[①] 这些机构通过两种方式作用,其一是通过融合、定义、合法化和传播更广泛的合理化理念,开发一个通用和共同的框架确定当今高等教育机构必须运作的新背景、必要性、目的和手段。换言之,它们定义了在全球化时代高等教育合理(有效和高效的)和合法化的形式,深刻地改变了世界范围内高等教育的发展模式;其二,作为全球范围内的传播机构,它们也有助于建构一个去本土化的全球高等教育场域,国家高等教育政策和大学组织都不得不在该场域中行动。基于同构理论,为了应对来自全球不断增加的压力和挑战,无论是发达国家还是欠发达国家的研究型大学,都会吸收更优的组织标准和制度实践,来进行变革和重组。

组织分析的新制度主义所提出的同构理论丰富了制度理论的内涵,能够用于解释全球化背景下研究型大学制度趋同的制度动力。然而,该理论的缺陷在于只能解释组织在主导逻辑下为获得合法性而呈现的同质化,而无法解释同一场域中组织行为的多样性和异质性。为了解释特定制度情境下组织行为的多样性,20 世纪 90 年代,组织分析的新制度主义学者开始建构制度逻辑理论(institutional logic),[②]用以解释制度变迁、制度冲突或制度矛盾。所谓"制度逻辑",是指一套控制着特定组织场域中各种行为的信念系统,为组织场域的参与者提供了有关他们应该如何开展行动的指南,[③]亦被理解为某一场域中稳定存在的制度安排和相应的行动机制。[④] 与同构理论不同,制度逻辑理论认为在同一个场域内,组织所处的制度环境是多元的,组织受多元化的制度逻辑影响,从而呈现出不同的行为和策略。

多重制度逻辑最早由弗利南德(Friedland)和阿尔弗德(Alford)提出,他们

① VAIRA M. Globalization and higher education organizational change: A framework for analysis [J]. Higher Education the International Journal of Higher Education & Educational Planning, 2004,48 (4): 483 - 510.

② 申超. 边缘学术组织的成长逻辑: S 大学对外汉语机构组织变迁的个案研究[M]. 广州: 广东高等教育出版社,2017: 59.

③ POWELL W W, DIMAGGIO P J. The new institutionalism in organizational analysis [M]. Chicago: University of Chicago Press, 1991: 232 - 267.

④ 周雪光,艾云. 多重逻辑下的制度变迁: 一个分析框架[J]. 中国社会科学,2010(4): 132 - 150.

认为社会是由多重的制度秩序所构建的，这些制度秩序受到不同的制度逻辑主导。他们还区分了西方社会存在的若干重要的制度逻辑——家庭、宗教、市场和国家等，并指出每个制度层面都有自己一套独特的逻辑，深深地影响着行动者的思想观念和行动。① 桑顿（Thornton）等学者将制度逻辑引入场域的层面，研究的关注点开始在场域的层次，组织场域被视为是在社会制度秩序下自身相互嵌套的逻辑集合体。② 有些学者认为，在相同场域内的多重制度逻辑是相互竞争或相互争斗的，而也有研究表明，一个场域内的组织可以同时容纳多个逻辑而没有相互竞争或冲突。

在分析多重制度逻辑与制度变迁的关系方面，坎贝尔（John L. Campbell）指出制度是多维度的实体，是由不同的制度逻辑所构成，不同的制度逻辑之间存在矛盾，这样的矛盾可能导致行动者寻求新的制度安排。③ 周雪光和艾云通过对一场采用新兴制度的村庄选举的研究发现，制度变迁是由占据不同利益的个人和群体之间相互作用而推动和约束的，而不同群体和个人的行为受其所处场域的制度逻辑所制约，因此制度变迁的轨迹和方向取决于参与其中的多重制度逻辑及其相互作用。

弗利南德和阿尔弗德还分析了制度逻辑对微观行动者的影响机制，认为多重制度逻辑对行动者同时具有限制性和促动性。一方面，制度逻辑作为社会层面的规则、信仰和文化，能够影响微观实践行动者的认知和价值观，让行动者形成特定的个人偏好和利益追求。行动者的兴趣、理念和价值观嵌入制度逻辑之中，其利益和行动结构受制度逻辑的约束。而不同的制度逻辑强调不同的理念和原则，行动者会根据嵌入各个制度逻辑的程度来决定接受制度逻辑的程度，嵌入得越深，制度逻辑对其约束力就越强。另一方面，不同的制度逻辑之间可能相互抵触和冲突，这种矛盾会为制度企业家提供发挥能动性的机会。所谓"制度企业家"，是在制度变迁中承担领导角色的活动者。制度企业家能够打破原来的制

① FRIEDLAND R，ALFORD R. Bringing society back in：Symbols，practices，and institutional contradictions. In Powell W W，DiMaggio P J. The new institutionalism in organizational analysis [M]. Chicago：University of Chicago Press，1991：232 - 263.

② THORNTON P H，OCASIO W. Institutional logics and the historical contingency of power in organizations：executive succession in the higher education publishing industry，1958 - 1990［J］. American Journal of Sociology，1999,105(3)：801 - 844.

③ ［美］约翰·L·坎贝尔. 制度变迁与全球化［M］. 姚伟，译. 上海：上海人民出版社，2010：73.

度安排,进行制度创新或推动制度变迁。由于制度逻辑是抽象和模糊的,恰好为微观行动者提供了行动的空间和机会。正是微观行动者不同的接收、转译、动员,导致不同的组织形式的出现,从而能够解释在相同的同构压力下组织的异质性。

虽然梅耶等学者强调全球力量会导致制度的同构,但很多学者发现,制度从一个地方向另一个地方扩散时,常常会发生转化,主要因为制度变迁是在多重制度逻辑的相互作用下发生的,不会朝着完全一致的方向进行。根据坎贝尔在《制度变迁与全球化》①一书中的分析,影响制度转化的因素有几个重要方面:其一,本土制度环境。受所处制度环境的制约,制度企业家往往需要将新的思想和旧的当地实践相结合,才能确保新思想的实施,因而制度移植很少会与过去的实践完全决裂;其二,制度企业家的政治动员能力。制度企业家从利益集团以及领导者那里动员资源的能力越强,外来制度就越有可能被完整地转化到当地实践中去;其三,组织特性。若组织本身拥有支持这种新实践的财政、行政资源和实施能力,那么更有可能移植新制度。

近年来,许多学者也开始采用多重制度逻辑的理论视角分析高等教育机构的制度变迁。例如,王富伟运用多重制度逻辑的理论框架分析了中国独立学院的发展,研究认为在社会转型的制度背景下,政府、市场、家庭和教育等多重制度逻辑的动态变迁及其相互作用导致了独立学院的制度化困境。② 申超在其博士论文《边缘学术组织的成长逻辑》中基于多重制度逻辑分析了 S 大学对外汉语机构的组织变迁,申超认为影响 S 大学对外汉语教学机构诞生和变革的制度逻辑主要包括四个方面:国家逻辑、科层制逻辑、学业和学科逻辑以及市场逻辑。正是这四重逻辑之间的冲突与协调推动了案例组织的变革与演化。③ 陈敏和李瑾则基于多重制度逻辑的框架分析了 30 年来中国工程教育模式改革的背景,认为工程教育的改革是在国家逻辑、院校逻辑和个人逻辑的相互作用之下所形塑的结果。④

---

① [美]约翰·L·坎贝尔.制度变迁与全球化[M].姚伟,译.上海:上海人民出版社,2010:83.

② 王富伟.组织形式的创立及制度化困境[D].北京:北京大学,2013:21-53.

③ 申超.边缘学术组织的成长逻辑:S 大学对外汉语机构组织变迁的个案研究[M].广州:广东高等教育出版社,2017:59.

④ 陈敏,李瑾.30 年来中国工程教育模式改革背景研究——基于多重制度逻辑的分析[J].高等工程教育研究,2012:59-67.

总结而言，组织分析的同构理论和多重制度逻辑理论为分析当下研究型大学变革的趋势以及背后的推动因素提供了很好的分析视角，能够用于分析由全球化所形成的制度性和竞争压力是如何通过相关国际组织、国家政策以及高等教育系统重塑研究型大学，并在多重制度逻辑下对制度原型进行转化从而形成"同质异形"的组织模式。

二、变革管理理论

虽然组织分析的新制度主义能够在宏观和中观层面解释制度扩散和转化的动因和机制问题，却过于强调制度结构的重要性，而相对忽视了微观层面的行动者及其能动性，无法解释制度企业家推动组织变革的过程。因此，本研究还将基于变革管理理论考察变革行动者推动组织变革的具体过程。要了解变革管理理论，首先需要了解组织变革的内容。组织变革（Organizational Change）是组织发展过程中的一种经常性活动，不同学者对组织变革有不同的理解。例如，韦伯（Webber）认为组织变革是经由改进组织的政策结构或是改变人们的态度或行为，以增进组织绩效。德斯勒（Dessler）将组织变革定义为"旨在增进组织效能而改变组织的结构、技术或人员的方法"。达夫特（Daft）认为，组织变革是指组织采用新的思维或行为模式的过程，在组织变革过程中成员的态度和行为的变化是最为关键的。[①] 我国学者马作宽认为，组织变革是组织为了获得生存和发展，而在人员、结构或技术上做的一系列巨变，目的是提高组织适应环境变化的能力。[②] 孟范祥等学者认为，组织变革的概念及内涵一方面随技术进步和外部环境变化而发展，另一方面，变革的思想、过程及方法也会随着管理实践与研究的不断深入而更加丰富。[③]

随着 20 世纪 70、80 年代的经济衰退席卷西方各国，人们发现传统的管理办法，如裁员、缩小规模等已经无法帮助企业应对变化，许多企业家大胆尝试变革，以寻求走出困境的方法。虽然不乏成功者，但多数企业并没有由此获得新生，反

---

① 孟范祥,张文杰,杨春河.西方企业组织变革理论综述[J].北京交通大学学报（社会科学版）,2008,7(2):89-92.
② 马作宽.组织变革[M].北京:中国经济出版社,2009:2.
③ 孟范祥,张文杰,杨春河.西方企业组织变革理论综述[J].北京交通大学学报（社会科学版）,2008,7(2):89-92.

而加速了失败,其中一个重要原因是领导者对变革的管理不善。正是在此背景下,管理变革和研究变革得到了企业界和学术界的普遍重视,学界从不同角度提出了各种组织变革理论。

　　许多管理学学者观察发现,大量的组织变革都会失败,造成变革失败的一个主要原因是来自组织成员的抵制。[1] 例如,一项对 500 名企业高管的调查和一项对 400 个组织的调查均发现,变革抵制是导致组织变革失败最主要的原因。[2] 组织成员对变革的抵制是多维度的,既可能体现在情感层面,如沮丧、愤怒、焦虑等,也可能体现在认知层面,如怀疑、不认同、负面评价等,还可能体现在行为层面,如抱怨、罢工、偷懒等。[3] 导致组织成员抵制变革的因素大致包括:①个性特征。每个人都有抵制组织变革的倾向,而这种倾向的大小受性格特征的影响明显。[4] 实证研究表明,风险承受能力[5]、心理弹性和开放性[6]、控制欲[7]、应对新环境的自信心[8]等因素都会影响个体对变革的接受意向;②领导和成员关系。组织成员抵制变革还可能是出于他们对领导能力的不信任或对领导者风格的不满。[9] 一些实证研究也证实了组织成员对变革的态度取决于他们是否信

① SELF D R, SCHRAEDER M. Enhancing the success of organizational change: Matching readiness strategies with sources of resistance [J]. Leadership and Organization Development Journal, 2009,30 (2): 167 - 182.

② SCHIEMANN W. Why change fails [J]. Across the Board, 1992,29(4): 53 - 54.

③ PIDERIT S K. Rethinking resistance and recognizing ambivalence: A multidimensional view of attitudes toward an organizational change [J]. Academy of Management Review, 2000,25(4): 783 - 794.

④ OREG S. Resistance to change: Developing an individual differences measure [J]. Journal of Applied Psychology, 2003,88(4): 680 - 693.

⑤ JUDGE T A, THORESEN C J, PUCIK V, WELBOURNE T M. Managerial coping with organizational change: A dispositional perspective [J]. Journal of Applied Psychology, 1999,84(1): 107 - 22.

⑥ WANBERG C, BANAS J. Predictors and outcomes of openness to changes in a reorganizing workplace [J]. Journal of Applied Psychology, 2000,85(1): 132 - 42.

⑦ LAU C, WOODMAN R C. Understanding organizational change: A schematic perspective [J]. Academy of Management Journal, 1995(38): 537 - 554.

⑧ CHREIM S. Postscript to change: Survivors' retrospective views of organizational changes [J]. Personnel Review, 2006,35(3): 315 - 335.

⑨ SELF D R, SCHRAEDER M. Enhancing the success of organizational change: Matching readiness strategies with sources of resistance [J]. Leadership and Organization Development Journal, 2009,30 (2): 167 - 182.

任管理者①②；③对变革结果的担忧。组织成员抵制变革很大程度是因为他们担心变革会损害自身利益（如资源、权威、权力、地位、职业安全感等）或组织利益③；④对变革过程的不满。实证研究表明，沟通与组织成员对变革的态度之间有显著的相关性。④⑤ 也有学者认为，员工抵制的强弱与信息多少之间并没有严格的线性关系，而更多取决于获得信息的沟通方式和信息内容，沟通方式不合理会引起员工的抵制，而负面信息越多则抵制越强⑥；⑤组织因素。组织的历史、权力结构、文化以及组织类型等也会影响组织成员对变革的接受程度。⑦ 例如，若组织在过去有过成功变革的经验，则组织成员对当前的变革可能会更有信心。此外，在历史较长的组织中，组织文化会形成一种组织惰性，阻碍组织成员接受变革。⑧

　　学者们认为领导者要顺利推行变革，必须对组织变革过程进行管理。而将实施变革作为一个过程来研究始于美国社会心理学家库尔特·卢因（Kurt Lewin），他是变革管理理论的创始人。在卢因看来，组织受到两股力量的作用：支持变革的驱动力和抵制变革的阻力。当两种力量势均力敌时，组织处于均衡状态。而当驱动力与阻力失衡时，变革就容易发生。组织变革要顺利实施，必须

① OREG S. Personality, context, and resistance to organizational change [J]. European Journal of Work and Organizational Psychology, 2006,15(1)：73 - 101.
STANLEY D J, MEYER J P, TOPOLNYTSKY L. Employee cynicism and resistance to organizational change [J]. Journal of Business and Psychology, 2005,19(4)：429 - 459.
② SZABLA D B. A multidimensional view of resistance to organizational change：Exploring cognitive, emotional, and intentional responses to planned change across perceived leadership strategies [J]. Human Resource Development Quarterly, 2007,18(4)：525 - 558.
③ SELF D R, SCHRAEDER M. Enhancing the success of organizational change：Matching readiness strategies with sources of resistance [J]. Leadership and Organization Development Journal, 2009,30 (2)：167 - 182.
④ LINES R. Influence of participation in strategic change：Resistance, organizational commitment and change goal achievement [J]. Journal of Change Management, 2004,4(3)：193 - 215.
⑤ WANBERG C, BANAS J. Predictors and outcomes of openness to changes in a reorganizing workplace [J]. Journal of Applied Psychology, 2000,85(1)：132 - 42.
⑥ OREG S. Personality, context, and resistance to organizational change [J]. European Journal of Work and Organizational Psychology, 2006,15(1)：73 - 101.
⑦ SELF D R, SCHRAEDER M. Enhancing the success of organizational change：Matching readiness strategies with sources of resistance [J]. Leadership and Organization Development Journal, 2009,30 (2)：167 - 182.
⑧ [美]伯顿·克拉克.高等教育系统——学术组织的跨国研究[M].王承绪,等,译.杭州：杭州大学出版社,1994：203.

增加变革的驱动力并减少变革的阻力。由此,他在1947年发展出第一个有关变革过程的理论模式,也即三阶段变革模型,被认为是最具影响力的变革过程模型之一。

卢因认为成功的组织变革需要经过"解冻(unfreezing)""变革(changing)""再结冻(refreezing)"三个阶段(见图3-

图3-1 卢因的三阶段变革模型

1)。① 在他看来,人在组织变革中具有重要作用,因此要实行有效的组织变革,首先必须改变组织成员的态度,组织成员态度发展的一般过程反映了组织变革的基本过程。在"解冻"阶段,组织应催生组织变革的动机,激发员工对现状的不满,转变组织成员的观念,使成员认识到变革的需要,并愿意接受变革;在"变革"阶段,组织通过实施相应的变革措施,使员工改变原有的行为模式和工作态度,形成新的态度和行为;在"再结冻"阶段,组织利用必要的强化手段固定新行为,使之成为组织文化的一部分,巩固新的态度和行为。

卢因的三阶段模型被认为是组织变革阶段理论的鼻祖,许多学者在此基础上也提出了自己的变革过程模型,并将其扩充为四阶段、五阶段、六阶段、七阶段、八阶段模型②(见表3-1),其中最具影响力的是哈佛大学教授约翰·科特(John P. Kotter)的八阶段模型,其被广为引用并被应用到分析企业及其他组织的变革过程当中。③④ 科特在研究企业变革案例时,发现70%的变革以失败告终,只有10%的变革能够大获成功。在研究这10%的成功案例之后,科特发现了它们的共同规律,并将此规律总结为八个阶段,其成为解决变革阻力、实现成功领导的重要法则。八个阶段包括:①建立危机意识,增强变革的紧迫感:通过分析内外部的机遇和挑战,激起多数成员的紧迫感;②建立强有力的领导联盟:组织一个足以领导变革的群体来领导变革;③建构愿景规划:在企业中构建愿

① LEWIN K. Group decision and social change [J]. Readings in social psychology,1947(3):197 - 211.

② BULLOCK R J, BATTEN D. It's just a phase we're going through:A review and synthesis of OD phase analysis [J]. Group and Organization Studies,1985,10:383 - 412.

③ MENTO A, JONES R, DIRNDORFER W. A change management process:Grounded in both theory and practice [J]. Journal of Change Management,2002,3(1):45 - 59.

④ APPELBAUM S, HABASHY S, MALO J, HISHAM, S. Back to the future:Revisiting Kotter's 1996 change model [J]. Journal of Management Development,2010,31(8):764 - 782.

景规划帮助指导变革；④沟通变革愿景和战略：通过各种媒介持续传播新的愿景和战略；⑤授权他人实施这种愿景规划：企业要设法帮助员工扫清变革中的障碍；⑥赢得短期效益：短期绩效可以加深员工对变革的认同；⑦巩固已有成果：利用日益提高的信誉，改变与愿景不一致的体制、结构和政策；⑧使变革根植于组织文化：将变革融入文化，形成新的组织文化。科特模型的重点在于领导，他着重强调了高层管理人员的变革领导作用是实现组织变革目标的关键。① 总结而言，组织变革过程模型分析了组织变革成功需要遵从的一般顺序，虽然不同模型的阶段和表述有所不同，但其思想内容基本相同。其一，都强调分析变革的需求，实施变革计划，巩固新状态三个核心步骤；其二，都强调变革的连续性和长期性，并将变革步骤视为是线性的；其三，都是基于领导者的应然行动，具有较好的推广性。

表 3 - 1　组织变革的过程模型(部分阶段)

变革阶段	变革阶段的内容	作者
三阶段	①解冻；②变革；③再结冻	Lewin(1947)
五阶段	①分析和计划变革；②向组织成员沟通变革；③取得组织成员对新行为的认可；④从现有地位转向目标状态；⑤固定和制度化新状态	Judson(1991)
	①认识到变革的需要；②设计变革的愿景；③制定变革的计划；④按计划实施变革；⑤巩固变革的成果	Hayes(2010)
六阶段	①确定变革的需要；②获得顶层领导的支持；③制定实施战略；④获得内部支持；⑤发展支持性的人力资源和经费资源；⑥变革的制度化	Peterson (2010)
	①诊断；②确定目标；③确定过渡状态；④改变策略；⑤评估；⑥稳定变革	Beckhard & Harris(1977)
七阶段	①发展变革需求；②建立变革关系；③澄清问题；④审查目标和替代方案；⑤实施变革努力；⑥稳定变革；⑦终止关系	Lippitt, et al.(1958)
八阶段	①建立危机意识；②成立领导团队；③提出愿景；④沟通愿景；⑤授权员工参与；⑥创造短期成果；⑦巩固成果并深化改革；⑧制度化以使变革深植企业文化中	Kotter(1995)

———————————

① KOTTER J P. Leading change：Why transformation efforts fail [J]. Harvard Business Review，1995：59 - 67.

大学组织变革是指"大学内部结构和组织制度的变革"①。布鲁斯·约翰斯通(Bruce Johnstone)认为大学组织层面发生的改革不是真正的改革,只有组成大学的人的行为发生了变化,才是真正意义上的改革。② 大学作为一个组织化了的社会机构,不仅具有一般组织的共同特征,还具备自身独特的个性特征。根据变革的动力,大学变革可分为诱致性变革和强制性变革。诱致性变革是指在各种主客观因素的影响下,大学基层萌生了自我改革的意愿,并自主决定变革的内容、方式和途径。而强制性变革是指政府以制度供给者的身份,将其对学校变革的规划、设想借助于行政命令或法律手段加诸大学。③ 根据变革实施的速度和范围,大学变革又可分为渐进式变革和激进式变革。渐进式变革是指组织依靠持续的、小幅度变革来达到目标。采用这种变革方式对组织产生的震动比较小,有利于维持组织的稳定性。但这种变革方式也会产生路径依赖,致使组织很难摆脱传统机制的束缚。与之相反,激进式变革能以较快的速度达到变革的目标。采用这种变革方式往往会使组织产生重大的乃至根本性的变革,它容易使组织成员丧失已形成的安全感,甚至会引起员工对于变革的强烈反对。④⑤

虽然对组织变革的过程研究缘起于企业,但很多案例研究表明,成功的大学变革同样需要遵从类似的变革过程以克服变革阻力。例如,麦戈文(McGovern)校长通过一系列步骤成功领导了美国费舍尔学院(Fisher College)的组织变革,包括:①增加变革紧迫感;②获得董事会的支持;③设立愿景并沟通愿景和战略;④联合领导团队(聘用有相同想法的人);⑤获得更多的财政投入和聘用更优秀的教师。⑥ 卡比·戈德西(Kirby Godsey)校长推动莫瑟尔大学(Mercer University)变革的做法包括:①设立一个清晰的愿景;②推动共同治理;③提高期望;④采取创新举措;⑤尊重并管理异己;⑥获得政府支持;⑦建立良好的外部

---

① 周光礼,黄容霞,郝瑜.大学组织变革研究及其新进展[J].高等工程教育研究,2012(4):67-74.

② 布鲁斯·约翰斯通.全球大学的变革方向[N].中国教育报,2002-08-10.

③ 沈亚芳.学校组织变革及其路径选择的新制度经济学解释[J].教育发展研究,2013(24):27-31.

④ 马作宽.组织变革[M].北京:中国经济出版社,2009:29.

⑤ KEZAR A. Understanding and facilitating organizational change in the 21st century: Recent research and conceptualization [J]. ASHE-ERIC Higher Education Report, 2001,28(4):1-147.

⑥ COOK M A. A case study of organizational change in a small, private junior college [D]. Boston: Northeastern University, 2015:3-15.

关系。① 詹姆斯·加拉格尔（James Gallagher）校长推动费城大学（Philadelphia University）变革的过程包括：①设立愿景；②向董事会沟通愿景和计划，赢得他们的支持；③重新组建自己的行政管理团队（替换50人中的45人）；④设立项目使一批老教师提前退休；⑤实施变革。② 本研究将深入分析洛桑联邦理工学院校长领导变革的过程，并将其与科特的八步骤模型进行对比，以考察变革管理模型是否同样适用于研究型大学的组织变革。

第二节 研究设计及研究过程

本研究采用案例研究法分析一所研究型大学在全球化时代通过组织变革实现快速发展的过程。案例研究能够被用于考察复杂的问题，特别适用于对具体组织情境进行系统而深入的分析。案例研究的一个重要优势在于它比任何一种单一方法更能提供事件和问题的丰富图景。

一、案例的选取和介绍

案例研究的抽样遵循的是理论抽样原则，目标是"选择最有可能拓展理论的典型案例"③。本研究选择瑞士洛桑联邦理工学院作为案例研究对象，主要源于两方面的原因：其一，作为欧洲大陆高校的洛桑联邦理工学院历史上受德国模式影响深远，在德国模式的合法性日益受到质疑、欧洲大陆高校普遍进步乏力的情况下，该校通过借鉴美国模式克服了德国模式的弊端，以高质量的科研水平和国际声誉跻身世界一流大学行列，其模式转型更具个案意义；其二，洛桑联邦理工学院主要在全球化的背景下实现变革与发展，且在短期内实现了学术水平的提升，其变革经验对于当下世界一流大学建设更具实践启示。

---

① NELSON L C. A case study of strategies employed by Mercer University leadership during its transformation from a liberal arts institution into a comprehensive university [D]. Minnesota：Capella University，2011：6-21.

② GARVEY J C. Philadelphia University：The role of presidential leadership in market adaption and evolution of mission [D]. Philadelphia University，2007：17-51.

③ EISENHARDT K M. Better stories and better constructs：The case for rigor and comparative logic [J]. Academy of Management Review，1991,16(3)：620-627.

洛桑联邦理工学院(École polytechnique Fédérale de Lausanne,简称EPFL)是瑞士的两所联邦理工大学之一,位于瑞士的法语区,初建于 1853 年。在当时,瑞士法语区城市洛桑的工业家受法国专门学院声誉的鼓舞,在当地创设了一个私立的"洛桑专门学院"(École Spéciale de Lausanne),重点教授数学和工程学,其成立的初衷是为瑞士培养高技能的建筑工人,第一届学生只有 11 人,办学经费主要来源于学生的学费。随着洛桑市政府的财政支持不断增大,该校于 1869 年被并入到洛桑的一所地方公立大学——洛桑大学,成为洛桑大学(University of Lausanne)的工学系。1946 年,洛桑大学工学系升格为"洛桑大学工学部"(Ecole Polytechnique Universitaire de Lausanne,EPUL),开设土木、机械、电气、化学和建筑工程等学科,招生数量达到 1,000 人。1969 年,洛桑大学工学部从洛桑大学独立出来,成为一所由联邦政府直接管辖的大学,并改为现名。

洛桑联邦理工学院的独立缘起于联邦政府对本国经济发展和地区平衡的考量。经过战后十几年的恢复调整和加速发展,20 世纪 60、70 年代各国经济进入了普遍繁荣的阶段,而欧洲在科研和创新方面逐渐落后于美国,且面临着严重的人才流失。据统计,在 1949—1961 年之间,有近 43 000 名工程人才离开欧洲流向美国。[①] 自然资源稀缺的瑞士意识到必须通过培养优秀人才和提供高质量的产品与服务来弥补自身的不足。在当时,瑞士每年需要培养至少 900 名工程师,而实际培养却不到 600 人,且其中相当一部分人员会移民到美国。瑞士彼时仅有的一所理工大学,也即苏黎世联邦理工学院(Swiss Federal Institute of Technology Zurich,简称 ETHZ),远远无法满足瑞士对工程人才的需求。[②]

此外,瑞士在资源分配的过程中往往需要保持区域均衡,否则很容易引发政治敏感。瑞士由多个语区构成,其中最大的是德语区和法语区,不同语区之间常常保持一种竞争关系。瑞士的大学均由国家创办,在 20 世纪 60 年代之前,位于德语区的苏黎世联邦理工学院办学经费由联邦政府拨付,其他大学均由各州负担。苏黎世联邦理工学院早已成为欧洲最著名的理工大学之一,并享受来自联邦政府大量的财政资助,而法语区却一直没有类似的高校。随着法语区对工程

① ALTBACH P, REISBERG L, SALMI J, FROUMIN I. Accelerated universities: Ideas and money combine to build academic excellence [M]. Boston and Rotterdam: Brill Publishers, 2018: 9.
② EPFL. History of EPFL [EB/OL]. [2015 - 09 - 20]. http://information. EPFL. ch/history.

人才需求的增长，建设理工类高校的愿望日益迫切，而法语区的州政府自觉无力支持一所理工大学的发展。因此，1966 年，管辖洛桑市的沃州政府（Vaud Canton）向联邦政府提出正式请求，希望能将洛桑大学的工学院独立成一所联邦大学。

　　1968 年，瑞士的国家行政机关——联邦委员会（Federal Council）一致通过了新的"联邦理工学院法案"，也即后来的联邦理工学院及研究所联合体法案，确立在洛桑成立第二所联邦理工学院，也即洛桑联邦理工学院。① 该校成立的使命是为瑞士培养工程技术人才，开设的工科教育完全从本地区实际需求出发。② 1969 年的联邦化给予了洛桑联邦理工学院崭新的发展机遇，该校在随后的 30 年里获得了来自联邦政府充裕的财政拨款，国内地位也得以显著提升。瑞士联邦政府对于洛桑联邦理工学院的支持非常慷慨，一方面给予它充裕经费以改善教师的薪酬和科研设施，另一方面给予其 19 世纪德国大学那样的教授自治权利。在这一时期，洛桑联邦理工学院的办学模式整体沿袭了洛桑大学，而后者遵循德国模式。联邦化以后的洛桑联邦理工学院保留了彼此独立的系所结构，包括机械、土木、电气、化学工程以及建筑等五个系。每个系的内部设立了许多由讲座教授主持的研究所，这些研究所不仅从事有关基础理论的研究，同时也注重应用技术方面的研究。

　　自联邦化至 2000 年，该校共历经三任校长，包括首任校长莫里斯·科萨德（Maurice Cosandey），第二任校长伯纳德·维托兹（Bernard Vittoz），第三任校长让—克洛德·巴杜（Jean-Claude Badoux）。莫里斯·科萨德校长（1963—1978）是洛桑联邦理工学院联邦化之前的学部主任，也是该校联邦化之后的首任校长，正是在他的努力下，洛桑联邦理工学院完成了独立之后的整体建设。科萨德校长在任期内新增了三个系，包括数学系、物理系和化学系。③ 1978 年，伯纳德·维托兹（1978—1992）开始担任洛桑联邦理工学院的第二任校长。在当时，瑞士

————————

① EPFL. History of EPFL [EB/OL]. [2015 - 09 - 20]. http://information. EPFL. ch/history.

② EPFL. Development Plan 2012 - 2016 [EB/OL]. [2015 - 08 - 01]. http://direction. EPFL. ch/files/content/sites/direction/files/EPFL%20Development%20plan%202012-2016%20310811%20fin. pdf.

③ Fixed-Plan Films Association. Maurice Cosandey [EB/OL]. [2015 - 03 - 49]. http://www. plansfixes. ch/films/maurice-cosandey/.

的传统行业遭遇困境,而微电子行业开始兴起。[①]维托兹校长抓住时机,将微工程引入洛桑联邦理工学院,并大力发展该领域。截至1992年维托兹校长的任期结束,洛桑联邦理工学院在该领域共设立了27个相关研究所。此外,在1981年,计算机科学在电气工程系设立,于1987年又独立成为新的学系,并相继聘用了10多个讲座教授。巴杜校长(1992—2000)在其任期内开始从美国招收愿意回国的科学家,成功引进了部分顶尖科学家回国。此外,随着瑞士联邦政府缩减了联邦高校的人员经费,包括教授的科研经费,洛桑联邦理工学院不得不加强与企业的合作来增加收入。因此,巴杜校长还在其任期内致力于推动学校与工业界的合作。[②③]三任校长虽然都为洛桑联邦理工学院的发展做出了重要贡献,然而,在2000年以前,该校所受全球化的制度压力并不明显,洛桑联邦理工学院一直是一所国内公认的优秀工科院校,但声誉也仅限于国内及周边国家。

　　21世纪伊始,随着第四任校长帕特里克·埃比舍(Patrick Aebischer)上任,该校首次提出了建设世界一流大学的目标,并在之后的16年中实施了革命性的变革,逐渐从一所国际上默默无闻的大学变成一所世界顶尖的理工类高校。[④]坎贝尔指出,确定时间范围对于研究组织变革尤为重要,"只有明确了时间范围,才能确定组织变革的发生状态、程度和性质"[⑤]。本研究主要聚焦于洛桑联邦理工学院通过组织变革成为世界顶尖大学的过程,因而将以埃比舍校长的任期(2000—2016年)为时间窗口,剖析该校在世纪之交变革的制度动力、从德国模式转向美国模式的过程和效果,分析在此过程中所遇到的挑战与克服途径,并对该校模式移植和激进式变革的合理性进行反思。

---

① PONT M. Chronique de l'EPFL 1978 – 2000: l'âge d'or de l'ingénierie [M]. Lausanne: Presses Polytechniques et Universitaires Romandes, 2011: 43.

② DELAYE F. Patrick Aebisher [M]. Lausanne: Favre, 2015: 55.

③ DUCRET J, AUDETAT D. Patrick Aebisher, 15 years of success, 2 years of succession [EB/OL]. [2015 – 02 – 19]. http://www. 24heures. ch/vaud-regions/patrick-Aebisher-quinze-ans-succes-deux-ans-succession/story/19891988. https://www. srf. ch/kultur/wissen/wie-patrick-Aebisher-der-eth-lausanne-zu-weltrang-verhalf.

④ BIBER P. As Patrick Aebisher of the Swiss Federal Institute of Technology (ETH) Lausanne helped to achieve world rank [EB/OL]. [2015 – 02 – 19]. https://www. srf. ch/kultur/wissen/wie-patrick-Aebisher-der-eth-lausanne-zu-weltrang-verhalf.

⑤ [美]约翰·L·坎贝尔. 制度变迁与全球化[M]. 姚伟,译. 上海:上海人民出版社,2010: 43 - 44.

二、研究框架和资料收集

本研究主要基于大学模式的分析、组织分析的新制度主义相关理论和变革管理理论，对洛桑联邦理工学院的组织变革进行系统分析。分析的维度包括变革动因、变革内容、变革效果、变革的挑战和应对以及对变革的反思（见表3-2）。

表3-2 分析框架

维度	研究重点	理论
变革动因	EPFL组织变革的制度动力和目标是什么？	新制度主义的同构理论
变革内容	EPFL如何从德国模式转变为美国模式？	研究型大学的模式分析和制度逻辑理论
变革效果	EPFL组织变革的效果如何？	萨尔米的世界一流大学要素框架
变革的挑战与应对	EPFL的变革遇到哪些困难与挑战？校长如何领导EPFL的组织变革？	变革管理理论
变革反思	EPFL的变革有哪些合理与不足之处？	

本研究主要关注洛桑联邦理工学院的组织变革，以收集到的种种不同系列材料（包括定量数据和定性资料）为基础，对其进行深入研究。主要根据分析框架收集能够反映案例高校变革动因、变革内容、变革过程、变革效果等方面的相关资料。本研究的主要资料来源包括文件档案、数据资料和访谈资料，这些大量的证据汇集起来构成一个证据链，支持本书的研究过程和结论。

（一）文本和数据资料

研究者通过搜集、梳理文献以及对文献加以研究，形成了对洛桑联邦理工学院变革背景和发展历程的整体了解，这些资料也构成了探究该校组织变革的重要证据来源。本研究主要通过以下三种渠道搜集文本资料：①通过学校网站和受访者提供获得该校的各类内部文档资料，包括年度报告、内部简讯、校长演讲稿、进展报告、教师手册、晋升考核材料以及其他内部文件;②通过图书馆和档案馆获取该校的历史资料,包括两本校史和一本校长传记;③通过网络、大众媒体获取媒体对学校的相关报道等(见表3-3)。本研究所考察的文档大部分是洛桑联邦理工学院的公开信息以及通过熟知的关键信息提供者获得。为了减少资料选择的片面性,本研究尽可能全面收集有关该校的资料文档。相关法文资料,研究者主要通过谷歌翻译软件(Google Translator)逐一翻译后整理。

表3-3 文本资料来源

资料类型	主要内容	资料来源
内部文档	年度报告、内部简讯、校长演讲稿、进展报告、教师手册、晋升考核材料以及其他内部文件	学校网站、受访者提供
历史资料	学校历史书籍(2本,法文)、校长传记(1本,法文)、历史文件、战略规划文本(2008—2011年;2012—2016年)	图书馆、档案馆
媒体资料	关于学校、校长或其他利益相关者的新闻报道和大众传媒中的其他文章(63篇,法文),洛桑联邦理工学院杂志(法文)	报纸、网络、电视

为了考察洛桑联邦理工学院的变革效果,研究者系统收集了①有关该校的排名数据;②该校自1982年以来的学生人数、教师人数、经费情况、国际化情况等纵向数据;③全球近200所研究型大学历年的教师数、科研经费数和研究生人数等横向比较数据。这些数据进一步佐证了洛桑联邦理工学院近年来的快速发展以及相关变革的效果(见表3-4)。

表3-4 数据资料来源

资料类型	主要内容	资料来源
发展标志	在主要国际排名上的名次;与苏黎世联邦理工学院的相对地位	国际排名机构的官方网站
数据	1982—2016年期间的学生人数、教师人数、经费情况、国际化情况;全球近200所研究型大学历年的教师数、科研经费数和研究生人数	官网数据库、各国统计局官网、各校年度报告

(二) 访谈资料

2016 年 9 月至 2017 年 2 月期间，笔者通过国家公派留学项目赴瑞士洛桑联邦理工学院进行了为期 6 个月的实地调研，其间对当时在任的校长、副校长、院长、各部门主要负责人和教师等 45 人进行了半结构化访谈，深入了解了不同利益主体对该校变革与发展的认知与感受。

在确定访谈对象和人数方面，本研究主要遵循"最大差异信息饱和法"，选取能够代表不同视角的利益相关者。所谓最大信息差异饱和法，是指依据信息的丰富性程度来"选择"合适的对象，而不是定量调查中那种依据人头的人口社会特征而进行的"抽样"。① 由于不同利益相关者所处的位置不同，他们对高校变革所主要关注的内容和感受存在差异，且同一视角选择了不同的信息提供者，以便相互印证。本研究的访谈对象主要为对学校的变革过程较为了解、掌握着丰富相关信息的人员，包括推动或参与了变革过程的学校领导、关键部门的负责人以及入职时间较长或者有留美经历的教师等。

根据以上原则，研究者通过邮件邀请、半结构化访谈的方式，最终访谈了三类受访者共 45 人，包括：①校层领导和管理者共 18 人（编号 L1—L18），其中校长 1 人，副校长 4 人，主管科研、教学、国际合作、科技成果转化、校园建设等事务的负责人 13 人；②学术单位负责人共 10 人（编号 D1—D10），包括 6 名当时在任和前任院长，4 名当时在任和前任系主任；③没有担任行政职务的大学教师 17 人（编号 P1—P17），这些教授来自不同学院，入职洛桑联邦理工学院的时间有所不同，但都在 5 年以上（见附录 1）。

研究者主要通过邮件邀请受访对象，若未收到回复，则认为邀请对象对参与本研究没有兴趣。部分受邀对象拒绝参与访谈的原因是太忙或出差。在每一个访谈开始，受访者均阅读和签署了知情协议书，研究者确保会保护受访者的个人信息不被公开，因而受访者在回答问题时没有表现出犹豫的态度。在具体的访谈过程中，研究者使用了访谈提纲以帮助回溯问题，访谈提纲使针对不同受访者的访谈更加系统（见附录 2）。访谈问题主要涉及受访者对洛桑联邦理工学院组织变革的动因、过程、冲突、效果的认知和感知等。针对不同类别的受访者，访谈

---

① 潘绥铭，姚星亮，黄盈盈. 论定性调查的人数问题：是"代表性"还是"代表什么"的问题——"最大差异的信息饱和法"及其方法论意义[J]. 社会科学研究，2010(4)：108 - 115.

问题也有所不同。在访谈过程中,研究者也根据受访者的回答灵活改变了访谈问题的顺序,以充分利用访谈时间。

经受访者同意,研究者对所有的访谈都进行了录音,并在访谈后 24 小时内将录音转录成文字,每个访谈持续 60~120 分钟。本研究对 45 个访谈录音共4,050 分钟进行了逐字整理,共转录 211,548 字英文。所有的访谈资料、编码分析文件和最终报告都是用代号来指向受访者。访谈资料保存在研究者个人的电脑上,并将被保存 5 年。

三、资料分析

本研究根据已有的文献和相关理论提出了一个初步的分析框架,以帮助指导资料的收集和作为核心编码的参考。研究者在编码过程中保持了相当的开放性,因为在没有进行数据收集和分析之前,研究者无法确定分析框架的准确性。研究者尽量采用灵活的编码和数据分析方式,以确保研究资料中呈现未曾预见的关键因素,这也是研究者的研究目标之一。如后面几章所示,很多受访者提出了一些并非研究者之前所考虑的重点概念和类属,这些自然呈现的关键概念能够弥补和修正分析框架。

本研究使用了 Nvivo 11.0 软件对访谈资料和文本资料进行编码与分析,并采用三级编码方法对受访者的访谈资料进行一一编码。研究者先编码一位受访者的访谈资料,然后再编码第二位,以此类推,对后一位受访者的编码过程会影响和修正前面的编码。在对资料进行开放编码之前,研究者对资料认真阅读了至少两遍,并努力把自己有关的前设和价值判断悬置起来,让资料自己说话。在开放编码的环节,研究者再次逐句认真阅读了访谈文本和其他资料文本,对原始资料的意义单元采用自由节点(free nodes)来编码,这一步骤相当于开放性编码。

本研究主要采用两种方式来进行开放性编码:①尽量采用原始资料中的本土概念进行编码。例如,在文中,受访者对校长性格特征的描述"埃比舍校长是一个富有远见的人,能够准确地判断哪些领域对于学校的发展至关重要""埃比舍校长看问题喜欢把眼光放长远,看 10 年以后学校会怎么样,而不仅仅关注于当前",等等,这些语句均被编码成"富有远见"(visionary);②根据原始资料反映的现象提取概念进行编码。例如,"埃比舍校长跟我说我可以负责新学院的创建,这令我非常兴奋,我当时认定这是一次宝贵的机会,这样的机会是很难得的,只有少数人才可能获得……"(D5)。这段文字描述的是一位教授入职洛桑联邦理工学院的原因,本研究将之编码为"激励人心的发展愿景和机会"。

在完成开放性编码之后,研究者将相关编码进行合并归纳,在归纳的过程中不断去除冗余编码,建立类属关系,并形成主轴编码。最后根据分析框架,确定核心类属。研究者在每一次编码的过程中,都会对前一阶段的编码进行验证(见图3-2)。

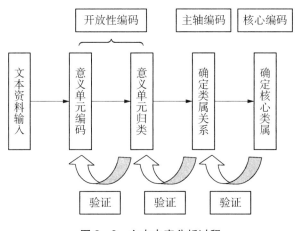

图3-2　文本内容分析过程

四、研究效度

任何形式的研究一般都会考虑到研究的可靠性、有效性、互证型和普适性。为确保研究结果的效度,本研究在数据收集、分析和解释的过程中运用了多项技术:①用理论指导案例研究,如借鉴了研究型大学的模式分析、新制度主义的同构理论和制度逻辑理论、变革管理的科特模型等用以分析案例高校变革的动因、内容和过程;②采用多元的证据来源,通过整合访谈、文本分析、横纵向数据等各种证据对同一问题进行相互交叉印证,以消除由于仅仅依赖一种资料收集而产生的偏见;③在编码和分析的过程中尽量采用受访者的本土语言描述相关观点或现象;④请受访者对访谈资料进行检查核实以及请多位同行对本书进行审阅和讨论;⑤与其他相关研究文献结果进行对比,考察研究结论的相似点和差异。与此同时,研究者通过详细记录和说明研究过程以提升信度。

第四章
洛桑联邦理工学院变革之动因

传统上，研究型大学主要受到国家、市场和学术权威三股力量的相互协调和影响，各国在相对稳定的制度环境下形成了各具特色的差异化大学组织结构和制度模式。① 然而，自从 20 世纪 80 年代以来，随着全球化进程的不断加快，研究型大学所处的外部环境已经发生了深刻的变化，主要体现在两个方面：其一，随着知识经济时代的到来和知识生产模式的转变，研究型大学在社会中的位置已经从边缘迈向中心，成为迈入 21 世纪知识经济大门的钥匙，各国政府寄希望于发展研究型大学来推动具有国际竞争力的创新经济体系；其二，高等教育国际化的加快使得全球研究型大学之间对国际人才、资源和声誉的竞争也不断加剧。这些新的变化使得研究型大学不再仅仅受制于国家内部的政府和市场，而是被置于国际组织、本国政府和全球市场等更加广阔的场域内，并且被施加了越来越高的期待。

第一节　全球化背景下欧洲高等教育的改革

新制度主义认为，制度变迁总是始于旧制度的合法性危机，该危机可能源自于原制度内部结构的张力，也可能由外部环境中某些因素的变化而产生。② 研

---

① ［美］伯顿·克拉克. 高等教育系统——学术组织的跨国研究［M］. 王承绪，等，译. 杭州：杭州大学出版社，1994：124.
② 罗燕，叶赋桂. 2003 年北大人事制度改革：新制度主义社会学分析［J］. 教育学报，2005，1(6)：14-22.

究型大学的德国模式长期以来受到欧洲大陆国家的肯定和推崇，并形成了一种强大的传统。例如，在二战以后，哲学家雅思贝尔斯（Karl Jaspers）呼吁从根本上重建德国的大学，并坚定地支持洪堡大学思想和建校原则，指出基于科学和自治的大学之任务是寻求真理，其成员只能是"知识贵族制"下的少数精英。① 而伯顿·克拉克指出，"二战以后，作为德国大学回归的一部分，讲座—研究所这一模式也回归到它长期存在的卓越地位。讲座主持人再次成为大学特定领域仅有的高级教授和研究所的唯一首脑"②。

然而，随着教育全球化浪潮的冲击，在过去曾鼓舞人心的德国模式早已失去昔日风采。承袭德国模式的欧洲大陆高校在科学与技术领域、吸引国际顶尖人才、获得诺贝尔奖、推动知识经济发展以及国际性排名等方面都已明显落后于美国高校。以排名为例，上海交通大学 2003 年发布的世界大学排名中，前 20 名中有 15 所为美国大学，而欧洲大陆没有一所大学进入前 20。在世界排名前 50 名的大学中，美国有 35 所，占 70%，而欧洲大陆仅有 5 所。③ 一份题为《更高的抱负：改革欧洲大学的议程》的权威研究报告则将欧洲大学落后于美国的现实主要归因于高等教育经费不足、大学治理不佳、自治权缺乏和激励性不足等原因。④ 这些现实都极大地挑战了曾令世界各国称羡的德国模式，引发了德国模式在欧洲的合法性危机，迫使欧洲大陆国家开始对高等教育进行系统的改革。⑤⑥

自 20 世纪 80 年代初以来，欧洲的政策明确地转向"知识经济"，更加重视新

① ［德］雅思贝尔斯. 大学之理念［M］. 邱立波，译. 上海：上海人民出版社，2007：182-183.
② ［美］伯顿·克拉克. 探究的场所——现代大学的科研和研究生教育［M］. 王承绪，译. 杭州：浙江教育出版社，2001：42.
③ HAZELKORN E, RYAN M. The impact of university rankings on higher education policy in Europe: A challenge to perceived wisdom and a stimulus for change ［M］//ZGAGAP, TEICHLER U, BRENNAN J. The globalization challenge for European higher education: Convergence and diversity, centers and peripheries. Frankfurt, Peter Lang.
④ AGHION P, DEWATRIPONT M, HOXBY C, MAS-COLELL A, SAPIR A. Why reform Europe's universities? ［R］. Belgium: Bruegel, 2007: 1-8.
⑤ PRITCHARD R. Trends in the restructuring of German universities ［J］. Comparative Education Review, 2006, 50(1): 90-112.
⑥ LIEFNER I, SCHÄTZL L, SCHRÖDER T. Reforms in German higher education: Implementing and adapting Anglo-American organizational and management structures at German universities ［J］. Higher Education Policy, 2004, 17(1): 23-38.

知识的生产和管理,将其作为经济增长的核心。欧洲大陆不仅陆续加大了对研发的投入,同时也实施了一系列的高等教育系统改革,这些改革既有欧洲层面的,也有国家层面的。在欧洲层面,欧盟和欧洲委员会是高等教育政策的制定者,它们非常重视高等教育与经济、社会之间的联系,发挥高等教育在经济增长中的作用。在 20 世纪 90 年代末,欧洲意识到由于学位体系原因,自身对国际留学生的吸引力不如英美等国。1998 年,英、德、法、意四国的教育部长发表《索邦宣言》(*Sorbonne Declaration*),号召协调学位结构,由此触发了博洛尼亚进程。1999 年,29 个欧洲国家在意大利博洛尼亚联合发布《博洛尼亚宣言》(*Bologna Declaration*)①,旨在整合欧盟的高教资源,建成欧洲高等教育区,从而实现欧洲高教和科技一体化,使之更具国际竞争力。《博洛尼亚宣言》的内容主要包括:①建立本科和硕士两级的高等教育学位体系,使欧洲高校的学位体系具有可比性;②建立欧洲学分转换体系;③推动师生和科研人员的流动;④保障欧洲高等教育的质量;⑤加强欧洲各国高等教育的合作。

另一项重要的改革是由欧盟委员会在 2000 年启动的《里斯本战略》(*Lisbon strategy*),该战略旨在使欧洲成为世界上最具活力和竞争力的知识型经济体。在高等教育方面,它特别关注加强科研创新以促进知识型经济发展。里斯本战略确认了大学作为知识经济引擎的重要地位,并倡议对欧洲大学进行改革,倡议的内容主要包括:提升欧洲高校的国际竞争力、加强大学的自主性并加强对大学的问责、为校企合作以及知识的商业化提供激励、缩小资金缺口并使经费更集中有效地利用等。② 欧盟又在其政策运作工具包里加入了一些新的工具和手段,其中令人瞩目的举措就是加强了对研究、创新与卓越的投资,成立了欧洲研究委员会(European Research Council,简称 ERC),以此来资助创新以及开创性的基础研究。欧盟和欧洲委员会也成为促进欧洲改革的"制度传送者",对欧洲各国的高等教育和大学改革施加压力。

在国家层面,许多国家的高等教育治理结构越来越凸显美国化的痕迹。阿

---

① WITTE J, WENDE M V, HUISMAN J. Blurring boundaries: How the bologna process changes the relationship between university and non-university higher education in Germany, the Netherlands and France [J]. Studies in Higher Education,2008,33(3): 217 - 237.

② European Commission. Delivering on the modernization agenda for universities: education, research and innovation COM 208 [R]. European Commission, 2006. http://ec. europa. eu/education/policies/2010/lisbon_en. html.

什比在 20 世纪 80 年代便观察发现，在一个世纪前汹涌地越过大西洋的德国大学的影响洪流，而今正在向欧洲回流。[①] 顾建民也认为，从 20 世纪中后期开始，欧洲大学治理结构开始转向美国模式，并且在排名的刺激下加快了变革步伐。[②] 在新自由主义和新公共管理理念下，欧洲许多国家减少了政府对大学事务的直接干涉，强调以市场力量来治理高等教育，而政府主要通过经费和质量保障，来控制高等教育机构。例如，多国政府加大了竞争性拨款以及以结果评价为手段的问责。多国政府制定了创建世界一流大学或发展精英大学的战略，力图通过集中资源发展少数高校来改变本国研究型大学所处的弱势地位。这一策略标志着欧洲大陆国家资助政策的转变。传统上，在法国、德国、西班牙、瑞士等欧洲大陆国家，所有公立大学被认为同等出色，科研资源相对公平分配，而卓越计划使这些国家的高校从强调平等主义转向竞争和等级分化。[③]

　　此外，在全球化的竞争压力下，欧洲大陆国家也开始意识到大学自治的重要性，因而通过各类改革赋予了高校更多的自治权，以使高校能够灵活应对外部环境。在校长任命方面，许多欧洲大陆高校的校长不再通过选举产生，而是由理事会或董事会任命，院系负责人也从选举产生变革为由校长任命。政府的财政拨款也不再直接划拨给基层教授，而是由校长负责分配。[④] 在博士生培养制度方面，自 20 世纪 80 年代开始，德国、法国、英国、丹麦、荷兰等遵循德国模式的欧洲大陆国家陆续设立类似美国研究生院的制度，以减少对于单一导师制的依赖。[⑤][⑥][⑦] 同时，在知识的商业化方面，20 世纪后期，以斯坦福大学、麻省理工学院为代表的美国创业型大学的成功经验也吸引了欧洲大陆高校效仿。各国政府

① ［英］阿什比. 科技发达时代的大学教育[M]. 滕大春，滕大生，译. 北京：人民教育出版社，1983：18.
② 顾建民. 大学治理模式及其形成机理[M]. 杭州：浙江大学出版社，2013：4.
③ FERLIE E，MUSSELIN C，ANDRESANI G. The steering of higher education systems：A public management perspective [J]. Higher Education，2008，56(3)：325‐348.
④ 阎光才. 西方大学自治与学术自由的悖论及其当下况况[J]. 教育研究，2016(6)：142‐147.
⑤ 沈文钦，王东芳. 从欧洲模式到美国模式：欧洲博士生培养模式改革的趋势[J]. 外国教育研究，2010，37(242)：69‐74.
⑥ 秦琳. 从师徒制到研究生院——德国博士研究生培养的结构化改革[J]. 学位与研究生教育，2012(1)：59‐64.
⑦ European University Association. Doctoral programmes in Europe's universities：Achievements and challenges [R]. Report prepared for European universities and ministers of higher education，2007. 9‐10.

出台各种举措推动大学、学者与社会和产业界的互动。①②③

第二节　全球化背景下瑞士高等教育的改革

瑞士是较早对本国高等教育系统进行改革的欧洲大陆国家之一。瑞士共有12 所研究型大学,包括 10 所州立大学和 2 所联邦理工大学。自 1848 年瑞士联邦政府成立以来,联邦宪法规定州立大学归属各州管理,联邦大学则由联邦政府拨款和管理。④ 在这种分治模式下,一直到 20 世纪 80 年代,瑞士的高等教育系统相对稳定,联邦政府和州政府各司其职,仅仅通过一项关于联邦政府资助州立大学的法案(LAU)和一些组织相互协调,而瑞士高校基本上实行的是一种政府行政管理和高校学术事务上的广泛自治相结合的方式。⑤ 20 世纪 90 年代以来,面对世界经济一体化、全球市场竞争加剧的浪潮,瑞士联邦政府和州政府都意识到必须提升研究型大学的质量,以保持瑞士在教育、科研和创新方面的全球领先地位,并推动国家创新型经济的发展。

与其他欧洲国家类似,瑞士联邦政府也受到新自由主义和新公共管理理念的影响,为使大学的办学目标与国家整体目标相一致,在限制高校预算拨款增长的同时,采取绩效经费和竞争性财政拨款机制,加强对高校的问责。与此同时,瑞士政府通过修订联邦和州的相关法律赋予了高校更大的自治权以增加大学自身的组织战略决策能力、发挥大学自身的主动性。例如,联邦议会在 1991 年修订了《联邦理工学院及研究所联合体法案》(*The Federal Act on the Federal Institutes of Technology*,简称《ETH 联合体法案》),赋予了两所联邦理工大学

① [美]菲利普·G·阿特巴赫. 高等教育变革的国际趋势[M]. 蒋凯,译. 北京:北京大学出版社,2009:3.

② 王雁. 创业型大学:美国研究型大学模式变革的研究[M]. 上海:同济大学出版社,2011:110.

③ ETZKOWITZ H, WEBSTER A, GEBHARDT C. The future of the university and the university of the future: Evolution of ivory tower to entrepreneurial paradigm [J]. Research Policy, 2000,29(2):313 - 330.

④ ETH Board. Overview of the ETH board [EB/OL]. [2017 - 03 - 28]. https://www. ethrat. ch/en/eth-board/overview.

⑤ PERELLON J. The governance of higher education in a federal system: The case of Switzerland [J]. Tertiary Education and Management,2001,7(2):211 - 24.

独立法人地位，并规定联邦理工学院及研究所董事会（成立于 1968 年，下文简称 ETH 董事会）为 ETH 联合体的战略管理机构。ETH 联合体在 2003 年之前仅包括苏黎世联邦理工学院和洛桑联邦理工学院，2003 年增加了 4 个独立的研究所，包括保罗谢尔研究所，瑞士联邦森林、雪和景观研究院，瑞士材料科学和技术研究院以及瑞士联邦水科学和技术研究院。①

在全国层面，瑞士联邦政府致力于推进高等教育战略规划，于 1999 年出台了新的《大学资助法案》，明确了大学组织的战略原则为"竞争与合作"，确定了四个基本方向：国家高等教育系统整体发展、政府教育经费框架和大学提供的服务相一致、政策制定结构一致化以及瑞士大学委员会在一定领域具有决策权。②③ 1999 年和 2000 年，瑞士又出台了由各州政府共同签署的《大学政策合作州际协定》和州与联邦政府共建的《有关大学事务的合作协议》。这些改革一方面加强了瑞士大学之间的竞争，加大了高校的自主性，另一方面又强调高校之间的合作和整体性发展。

虽然瑞士政府与其他欧洲大陆国家一样采用了新公共管理主义的理念，然而，与德国、法国等周边国家大多采用集中资源、阶段性投入的方式对研究型大学进行经费资助不同，瑞士联邦政府自始至终都没有实施重点大学建设计划，这与瑞士本国的制度环境有关。如前文所述，瑞士是一个由多语区组成的联邦制国家，在资源分配的过程中往往需要保持区域均衡，否则很容易引发政治敏感。而瑞士的大学均为公立大学，联邦政府和州政府各司其职，这些因素使得"卓越计划"一类的项目很难在瑞士获得合法性。此外，虽然集中资助的方式可以使研究型大学在短期内获得大量的经费，但也使得高校可能面临经费可持续性的挑战。由于瑞士经济相对发达，瑞士联邦政府长期以来对两所联邦高校的经费资助保持在较高水平，这也保障了经费的稳定性和可持续性，以使高校免受财政缩减的冲击。

由此可见，虽然以"新自由主义"为核心的全球理性神话对民族国家形成了

---

① ETH Board. The Federal Act on the Federal Institutes of Technology [EB/OL]. [2018 - 05 - 06]. https://www.admin.ch/opc/en/classified-compilation/19910256/201501010000/414.110.pdf.

② LEPORI B. Research in non-university higher education institutions: The case of the Swiss universities of applied sciences [J]. Higher Education, 2008, 56(1): 45 - 58.

③ PERELLON J. The governance of higher education in a federal system: The case of Switzerland [J]. Tertiary Education and Management, 2001, 7(2): 211 - 24.

同构压力,迫使政府将新公共管理理念融入相关领域的政策和治理结构中去,但地方性因素面对世界社会中的理性化趋势和强大的全球制度变迁的压力,并不会被简单地消解掉。由于历史、文化和体制方面的差异,欧洲不同国家在应对全球化的过程中对高等教育的改革并不完全相同,而是根据自身的特殊性去理解、适应、调整全球压力,并将之体现在国家的高等教育改革和大学的组织变革当中。面对相同的全球化压力,虽然瑞士与欧洲其他国家一样都想提升大学的国际竞争力,都试图增加竞争性经费、加强问责、给予高校更大的办学自主权等,但瑞士政府结合本国国情,对之进行了本土化的回应,也更加注重推动高等教育系统整体的提升。

第三节　洛桑联邦理工学院校长的遴选与变革战略的确立

自 1969 年联邦化至世纪之交,在联邦政府的扶持下,洛桑联邦理工学院已逐渐发展成为国内一所优秀的工科大学,在享受着稳定联邦预算的同时,也积极为当地的企业培养人才。然而,面对全球竞争和国家促进科技创新的需求,联邦政府不得不对洛桑联邦理工学院的办学定位进行调整。而作为一所联邦大学,洛桑联邦理工学院也必须通过服务于国家的战略需求来证明自身的合法性。为此,ETH 董事会最终决定调整洛桑联邦理工学院在过去 30 年来所一直坚持的办学使命,致力于将其从一所主要为地区服务的国家型大学转变为一所面向全球的世界顶尖高校。

一、遴选校长作为推动 EPFL 变革的制度企业家

组织分析的新制度主义认为,外部的制度变迁动因必须通过制度企业家作为中间桥梁才能推动制度变革,而制度企业家并不会直接"出场",而是需要场域内外动因的推动。根据罗伯特·伯达尔(Robert Berdahal)的研究,大学自治有两种类型,一种是实质性自治(substantive autonomy),指的是大学作为独立法人并完全拥有确定自己的使命、目标以及相关程序的权力。另一种是程序性自治(procedural autonomy),也即大学的使命与发展目标是由国家以法律的形式

来予以明确，而如何完成使命以及达成目标的方法则由大学自主决定。① 作为一所联邦大学，洛桑联邦理工学院的发展定位一直由 ETH 董事会根据国家的发展需要确定，《ETH 联合体法案》则赋予了该校程序性自治的权利。这也就意味着联邦政府和 ETH 董事会不能作为 EPFL 内部制度变革的直接推动者，而必须通过遴选新校长和批准该校的发展规划来发挥作用。

根据《ETH 联合体法案》，ETH 董事会成员由联邦委员会直接任命，包括一名主席和 10 名成员，每届任期 4 年，可连任。② 而两所联邦理工大学的校长由联邦委员会根据 ETH 董事会的提名进行任命，每届任期也为 4 年，可连任。校长全权负责联邦理工大学的管理，但需要对 ETH 董事会负责。为了提名合适的校长候选人，ETH 董事会主席负责在校长任期届满之际成立一个临时的遴选委员会，在对候选人进行全面评估的基础上向联邦委员会推荐合意的人选，而联邦委员会最终任命校长，并确定校长的任期以及聘用条件。

1998 年，随着巴杜校长的 8 年任期即将届满，ETH 董事会主席瓦德沃格（Waldvogel）组建了一个由 5 人组成的遴选委员会，目标是寻找能够帮助洛桑联邦理工学院实现卓越的下一任校长。截至 1998 年年底，遴选委员会共接收到 40 份应聘者的简历，虽然最终确定了 3 位候选人，但瓦德沃格主席对他们都并不满意。③ 在他看来，这些候选人不过延续了巴杜校长的治校理念：

"1995 年我被任命为 ETH 董事会主席后，召集了 6 位联邦研究机构的校长或所长，请他们谈一谈对各自机构未来发展的打算。洛桑联邦理工学院的巴杜校长回答我说，他想维持该校作为一所工科学校的传统，并保持学校目前的预算状况。虽然他有权这么做，但这根本就不是面向未来的战略。我承认巴杜非常热爱这所学校，但他不知道，洛桑联邦理工学院在德语区被戏称为一所技术大学（die goldene Fachhochschule），他一点都没有变革的意愿，而我对洛桑联邦理工的期望是它能够成为一所世界顶尖的理工类大学。"④

① 阎光才. 西方大学自治与学术自由的悖论及其当下境况[J]. 教育研究,2016(6)：142 - 147.
② ETH Board. The Federal Act on the Federal Institutes of Technology [EB/OL]. [2018 - 05 - 06]. https://www.admin.ch/opc/en/classified-compilation/19910256/201501010000/414.110.pdf.
③ DELAYE F. Patrick Aebisher [M]. Lausanne：Favre, 2015：26.
④ DELAYE F. Patrick Aebisher [M]. Lausanne：Favre, 2015：26.

2000 年初,经过长达 1 年的甄选,ETH 董事会最终敲定了巴杜的继任人选帕特里克·埃比舍。埃比舍于 1954 年出生在瑞士的一个艺术家庭,1980 年在瑞士日内瓦大学完成医学硕士学位后在瑞士弗里堡大学继续深造,1984 年完成神经生物学博士学位后赴美国布朗大学(Brown University)工作长达 9 年。他不仅获得该校的终身教职,还成为布朗大学历史上最年轻的系主任。① 埃比舍在美国成长为一名顶尖科学家,其科研成果的被引次数高达 14,000 次,多篇论文还成为本领域的高被引论文。1992 年秋,埃比舍回到瑞士并成为沃州大学中心医院(Centre Hospitalier Universitaire Vaudois,简称 CHUV)外科研究和基因治疗团队的教授和负责人。②

据埃比舍回忆,他成为洛桑联邦理工学院的新校长源于一次意外的美国之行。1998 年,刚刚担任瑞士教育与研究国务秘书的查尔斯·克莱伯(Charles Kleiber)首度访问美国。由于不会英文,为了避免交流的不便,克莱伯邀请了 ETH 董事会主席瓦德沃格以及曾在沃州大学中心医院的同事埃比舍一起随访。在美国访问期间,埃比舍富有魅力的个性特征及其提出的关于瑞士高校发展的见解,让一直苦苦寻觅洛桑联邦理工学院新任校长的瓦德沃格主席眼前一亮,他萌生了让埃比舍担任该校校长的想法。回到瑞士以后,他立即向遴选委员会建议考虑将埃比舍作为洛桑联邦理工学院校长的候选人,并说服埃比舍接受任命。③④⑤

埃比舍之所以被选中不仅因为他富有魅力的性格特征和卓越的学术履历,更主要因为他为洛桑联邦理工学院勾勒的愿景和发展战略获得了 ETH 董事会的青睐。与其他校长候选人"保守型"的领导风格相比,埃比舍同时拥有多年的美国和欧洲高校工作经历,既熟悉美国的学术制度逻辑,也熟悉欧洲的学术制度逻辑。与此同时,埃比舍创立了多家企业,既深谙市场逻辑,又对高校逻辑非常

---

① KAPP J. Our graduates find a job [EB/OL]. [2015 - 01 - 12]. https://www. nzz. ch/wirtschaft/unsere-studenten-sollen-einen-job-finden-1. 18308676.

② DUCRET J, AUDETAT D. Patrick Aebisher, 15 years of success, 2 years of succession [EB/OL]. [2015 - 02 - 19]. http://www. 24heures. ch/vaud-regions/patrick-Aebisher-quinze-ans-succes-deux-ans-succession/story/19891988.

③ WALTER M. What have you done with your ten years? [EB/OL]. [2016 - 02 - 30]. http://www. tagesanzeiger. ch/wissen/technik/Wir-brauchen-die-Besten/story/10285846.

④ DELAYE F. Patrick Aebisher [M]. Lausanne:Favre, 2015:21.

⑤ DELAYE F. Patrick Aebisher [M]. Lausanne:Favre, 2015:27.

熟悉。由于处于不同的制度场域和网络中,能够选择的制度要素更加多样,因而埃比舍相比其他竞争者拥有更具革命性的变革理念,更倾向于采取革命性与创造性而非演化性的制度变革。正因如此,ETH 董事会主席瓦德沃格、联邦委员露特·德莱富斯(Ruth Dreifuss)以及多位遴选委员会成员相信,埃比舍能够带领洛桑联邦理工学院成功变革。①② 教育与科研国务秘书查尔斯·克莱伯同样是埃比舍的坚定支持者:

> "我曾在沃州大学中心医院担任过院长,与帕特里克·埃比舍共事多年,对他的能力非常了解。洛桑联邦理工学院是时候需要一位有远见的领航者了,我觉得埃比舍会是一个理想的候选人,他为洛桑联邦理工学院提出了很有远见的发展战略,我相信他能够实施他的战略。我唯一遗憾的是我不是第一个推荐他的人……"③④

二、模仿性同构：埃比舍校长的变革战略

作为一所联邦大学,洛桑联邦理工学院自成立至 2000 年的使命一直是为地区服务。由于国内环境相对稳定,洛桑联邦理工学院的使命和发展模式都未发生太大变化。虽然首任校长科萨德和第二任校长维托兹都是著名的科学家,但都没有太多的国际经验,其视野以及对学校的发展定位主要聚焦在国内,尽管第三任校长巴杜从美国理海大学(Lehigh University)获得博士学位回国,有更多的国际经验,并有意识地从国外引进一些人才回国,但该校长并没有致力于将学校的发展目标拓展至国际,而是希望维护学校长期以来为地方服务的使命和作为工科大学的传统。与前几任校长的经历和理念不同,埃比舍从美国布朗大学获得终身教职回国,他的愿景是将洛桑联邦理工学院建成一所世界顶尖的理工

---

① ［美］约翰·L·坎贝尔. 制度变迁与全球化［M］. 姚伟,译. 上海：上海人民出版社,2010：73.

② CHOLLETA A. Patrick Aebisher, irreplacable? ［EB/OL］. ［2015 - 05 - 24］. https://sociopublique. wordpress. com/2015/05/24/patrick-Aebisher-irremplacable/.

③ DELAYE F. Patrick Aebisher ［M］. Lausanne：Favre, 2015：28.

④ DUCRET J, AUDETAT D. Patrick Aebisher, 15 years of success, 2 years of succession ［EB/OL］. ［2015 - 02 - 19］. http://www. 24heures. ch/vaud-regions/patrick-Aebisher-quinze-ans-succes-deux-ans-succession/story/19891988.

类高校。他坦言：

"作为一名校长，你必须为学校制定目标蓝图，要能够清晰而有力地表达学校的雄心壮志，这也是我在担任 EPFL 校长之后所做的。之前学校一直被认为是二流的，但我这一代的科学家从美国回来，我们并不认为自己是二流的。我想将这所工程学校变成一所世界一流的理工类大学。"①

虽然埃比舍明确了建设世界一流大学的目标，但如何在竞争激烈的环境中实现这一目标却是模糊不清的。组织分析的新制度主义认为，当一个组织的目标模糊或环境的影响不确定时，该组织可能以其他组织作为参照模型来建立自己的制度结构。组织倾向于模仿那些在其所处领域中看上去更为成功或更具合法性的类似组织以降低环境不确定性所带来的风险，②这也是为何许多国家的研究型大学会模仿美国模式的原因。虽然没有直接参与高校高层管理的经验，但在欧洲大陆高校多年的工作经历和在美国布朗大学近 10 年的科研生涯使埃比舍深刻认识到以德国模式为核心的欧洲大陆高校的劣势和美国模式的优势。为此，他提出要重点借鉴和融合美国的管理体制和发展模式来提升洛桑联邦理工学院的全球竞争力。

在众多的美国顶尖高校中，埃比舍尤其青睐斯坦福大学的创业型大学办学模式，并致力于将其作为洛桑联邦理工学院组织变革的模板，这主要因为斯坦福大学不仅拥有世界顶尖的学术声誉，还拥有卓越的学术创新和科技成果转化能力，而这正是联邦政府对洛桑联邦理工学院的期待。埃比舍决定实施的主要变革包括：①改革组织结构以提升学校的管理效率；②扩大学科范围并促进跨学科研究；③设置美国式的终身教职制度以吸引人才；④设置博士生院以提升生源和培养质量；⑤进一步强化与企业的合作，推动科技成果转化。③ 这些变革战略

---

① FISCH F. Competition is inherent to science [EB/OL]. [2015 - 07 - 03]. http://www.labtimes.org/i50/i_06.lasso.

② DIMAGGIO P J, POWELL W W. The iron cage revisited: Institutional isomorphism and collective rationality in organizational fields [J]. American Sociological Review, 1983,48(2): 147 - 160.

③ BIBER P. As Patrick Aebisher of the Swiss Federal Institute of Technology (ETH) Lausanne helped to achieve world rank [EB/OL]. [2015 - 02 - 19]. https://www.srf.ch/kultur/wissen/wie-patrick-Aebisher-der-eth-lausanne-zu-weltrang-verhalf.

的核心是将洛桑联邦理工学院从德国模式转向美国模式，使该校成为欧洲较早"美国化"的高校之一。

根据新制度主义的观点，行动者所嵌入的制度会限制他们所能想到的以及所能进行创新的范围。事实上，美国顶尖高校的制度非常丰富，而埃比舍之所以选择以上制度而非其他制度进行移植，不仅受其理性选择的影响，也受制于其所嵌入的制度环境。埃比舍必须对所处环境进行评估以确认何种新制度和原则对学校的发展有利以及能转化进本地环境。例如，由于瑞士是一个福利国家，大学均为公立大学。受制本国法律，即便面对学术资本主义的同构压力，洛桑联邦理工学院依然实行开放的本科生招生和低学费制度，而没有像美国的公立研究型大学那样提高学费。

本章小结

新制度主义认为，任何组织都是制度化的组织，会受到所处制度环境的影响。自20世纪80年代以来，随着知识经济的兴起和国际竞争的加剧，强调"自由、竞争和市场"的新自由主义理性神话一直在重塑各国的高等教育系统，并深刻影响着研究型大学的变革。全球制度动力通过联合国教科文组织、世界银行、经济合作与发展组织等各类"制度传送者"向欧洲各国国家层面不断施加同构压力，迫使这些国家将新公共管理理念融入到相关的高等教育治理结构和政策当中，促使欧洲各国的高等教育系统朝着同质化的方向发展。面对外部制度环境的变化，瑞士联邦政府通过授予洛桑联邦理工学院公法人资格、调整其办学定位和预算拨款模式以及任命新校长等规制性举措，对洛桑联邦理工学院施加影响。而为了应对来自国际国内的竞争性与制度性压力，承担着"制度企业家"角色的埃比舍校长做出了对美国研究型大学的组织标准和制度实践进行模仿性同构的战略选择。

第五章
洛桑联邦理工学院之模式转型

在埃比舍校长任期的 16 年中,洛桑联邦理工学院在治理模式、组织结构、教师评聘、博士生教育以及校企合作五个方面均不同程度地实现了从德国模式向美国模式的转型。然而,正如坎贝尔所言,"由于路径依赖的作用,组织的变革和制度创新很少是从完全废除旧制度开始,新制度要素常常被裁剪并与地方制度混合,而不是完全取代地方制度"①。在市场逻辑、国家逻辑、大学管理逻辑和学术逻辑等多重制度逻辑的相互影响和作用下,洛桑联邦理工学院在移植美国模式的过程中也融合了本国的部分传统,以使新制度能够更好地与本土环境相适应。

第一节　治理模式的转型

学者们一般将大学的治理分为外部治理和内部治理两个维度。大学外部治理的核心是大学与政府关系的调整,而内部治理主要指如何协调各种权力主体之间的关系,核心是行政权力与学术权力之间的平衡。② 洛桑联邦理工学院治理模式的转型也包括这两个方面:就外部治理而言,该校早在 1991 年便通过立法获得公法人(public-law institution)资格,法律保障了其更充分的机构自治

---

① 胡建华,等.大学制度改革论[M].南京:南京师范大学出版社,2006:64.
② 徐来群.美国公立大学系统治理模式研究[M].上海:上海交通大学出版社,2016:196-274.

权,联邦政府与洛桑联邦理工学院的关系从范德格拉夫所说的"国家控制模式"向"国家监督模式"转变;就内部治理而言,该校从"教授治校"模式向"校长治校"模式转变,前者是指以教授为主体和主导来治理大学,而后者意味着校长在高校管理中拥有相应的决策权,处于领导地位。①

自 1969 年联邦化以后,洛桑联邦理工学院并不具有法人身份,而是作为联邦政府的附属机构存在,与联邦政府保持密切关系,主要体现在三个方面:一是联邦政府对其进行直接管理与控制,不仅掌握着该校重大战略、人事管理和经费使用的最终决定权,还通过各种法律法规对高校进行细节干预;二是维持洛桑联邦理工学院正常运转的经费主要由联邦政府承担;三是联邦政府任命洛桑联邦理工学院的教授为国家公务员,保障其学术自由和职业稳定性,整体上采取"国家管理与大学教授联姻"②的治理模式。随着国际竞争的加剧,为了提升大学应对外部环境的动态能力,促进大学的市场化和竞争力,瑞士联邦议会于 1991 年修订《ETH 联合体法案》,规定两所联邦理工学院是获得公法人资格的联邦机构,在《ETH 联合体法案》的框架下享有管理自身事务的自主权以及教学和科研的自由。但这并不意味着联邦政府完全放权,而是调整了联邦政府与两所联邦理工大学的关系以及政府的监控方式,由微观的直接管理转向宏观调控,加强问责。

《ETH 联合体法案》明确了联邦委员会、ETH 董事会和 ETH 联合体各自的权责。其中,联邦委员会的主要职责包括:①制定四年一次的 ETH 联合体委任书(performance mandate),确定 ETH 联合体整体优先事项、战略目标和评估程序与标准,并根据委任书确定财政拨款和评估绩效,保持充裕的经费拨款;②任命 ETH 董事会成员和两所联邦大学校长并确定聘用条件;③审批 ETH 董事会的年度报告。③ 而 ETH 董事会主要负责在委任书的框架下制定 ETH 联合体的整体发展战略、代表 ETH 联合体与联邦政府机构对话、提名校长和任命副校长和教授、制定财政控制的规章制度并分配经费、为两所联邦高校提名聘用教授、批准联邦高校的具体发展计划并监督执行以及向联邦委员会提交 ETH 联

---

① 眭依凡. 教授治校:大学校长民主管理学校的理念与意义[J]. 比较教育研究,2002,(1):1-6.
② 顾建民. 大学治理模式及其形成机理[M]. 杭州:浙江大学出版社,2013:85.
③ ETH Board. The Federal Act on the Federal Institutes of Technology [EB/OL]. [2018-05-06]. https://www.admin.ch/opc/en/classified-compilation/19910256/201501010000/414.110.pdf.

合体年度报告(包括财政使用和目标实现情况)等。① ETH 董事会拥有 11 位固定成员席位,由政界、高校负责人、商界和学者组成,包括:1 名主席(一般由前联邦委员担任)、1 名副主席、2 位联邦理工大学校长、1 名研究所负责人、1 名由两所联邦高校学术评议会推选的成员以及 5 名其他成员(一般来自企业和社会人士)。② 而联邦高校的具体战略和内部管理由校长全权负责,并向 ETH 董事会汇报。

由此可见,自 1991 年以来,洛桑联邦理工学院与联邦政府的关系发生了实质性变化。联邦政府转变了职能,不再对该校进行微观干预,但依然承担对大学的责任,通过"目标协定""绩效拨款""战略管理""任命校长"等方式对该校进行宏观调控。洛桑联邦理工学院较之以往依法获得了更多的办学自主权,如自主支配办学经费、自主聘任教师、自主设置或取消教学与科研单位等等。《ETH 联合体法案》在保障大学自治的同时,也要求其全面接受来自政府和社会的监督。这一方式有效杜绝了政府力量对联邦高校的直接干预,同时也能实现对大学办学行为和教育质量的监管。③ 然而,与享有实质性大学自治的美国私立研究型大学不同,洛桑联邦理工学院的外部治理更像是依据普通法所设立的美国公立研究型大学。④ 该校的发展定位由 ETH 董事会确定,具体发展规划也需要获得ETH 董事会的批准,ETH 董事会的成员完全由联邦政府任命,机构性质是政府权力的延伸,而非独立于政府的监护人。此外,虽然《ETH 联合体法案》鼓励洛桑联邦理工学院积极获取第三方经费,且在过去 30 年中,联邦政府预算拨款占比从 87.8% 减少到 71.6%(见图 6 - 1),但联邦政府经费一直是该校的主要经费来源,而美国研究型大学的经费来源中政府拨款绝大多数不足 50%。⑤⑥ 此外,联邦政府依然保留了该校教授的公务员身份,以此保障教授的学术自由和职业

---

① ETH Board. The Federal Act on the Federal Institutes of Technology[EB/OL]. [2018 - 05 - 06]. https://www. admin. ch/opc/en/classified-compilation/19910256/201501010000/414. 110. pdf.

② 瑞士联邦理工学院及研究所董事会. 瑞士联邦理工学院及研究所联合体概览[EB/OL]. [2017 - 01 - 09]. https://www. ethrat. ch/sites/default/files/The%20ETH%20Domain%20in%20brief%202011_Mandarin%20version. pdf.

③ 顾建民. 大学治理模式及其形成机理[M]. 杭州:浙江大学出版社,2013:85.

④ 徐来群. 美国公立大学系统治理模式研究[M]. 上海:上海交通大学出版社,2016:42.

⑤ 严全治,杨红旻. 美国研究型大学的投入与产出分析[J]. 比较教育研究,2004(4):47 - 52.

⑥ 由由,吴红斌,闵维方. 高校经费水平、结构与科研产出——基于美国 20 所世界一流大学数据的分析[J]. 高等教育研究,2016,37(4):31 - 40.

稳定性。

洛桑联邦理工学院的内部治理也发生了明显变化。鲍德里奇(Baldridge)分析认为，现代大学的内部治理形成了奇特的二重性，大学里同时存在两种治理模式，一种是等级森严的科层管理模式，另一种是联盟式的"学者俱乐部"。^① 前者体现的行政权力的基础是上级对活动的控制与协调，而后者体现的学术权力的基础是自主性和个人的知识，两种权力的来源不同，且相互对立。追溯大学治理的历史可知，中世纪大学诞生于行会制度，完全是学者自主自治的团体，大学内部没有形成独立的管理人员群体，完全采取学院式治理模式（collegial governance），其基本特征是教授治校，学术同行掌握有各项权力，不必顾忌外部的领导权力。而随着现代大学的扩张性发展，大学的行政管理逐渐成为专门的活动领域，出现了有别于教学或科研人员的管理人员阶层，并形成了独特的科层结构。由于政治、社会和文化等背景差异，不同国家大学的两种权力之间的关系存在差异。大学内部的科层管理和行政权力在欧洲大陆高校发展缓慢，但在美国发展迅速，主要因为欧洲大陆高校的内部权力掌握在教授手中，而以校长为代表的行政权力人员的权力较弱。而美国的大学通过强化的科层组织体系来应对外部环境的变迁，以提升大学管理的效率，因而拥有较强的行政管理中层。^②

传统上，作为学校代表的洛桑联邦理工学院校长由大学内部选举推荐并由联邦政府任命，系主任则由系内教授轮流担任。学校层级的决策由学校评议会（School Assembly）作出，校长担任评议会主席，教授代表是评议会的主体，学校大多数决策由校长和教授达成一致作出，而非通过行政命令。学系层面的决策也由全体教授所组成的系务委员会决定，学校整体上实施以教授为主导的学院式治理模式。尽管1991年的法人化在法律层面加强了校长的领导权，但由教师从学校推举的巴杜校长更愿意与系主任及教授代表所组成的评议会一起决策，维持洛桑联邦理工学院的学院式治理模式(L13)。

学院式治理模式是一种自下而上的协商模式，建立在平等讨论的基础上，能

① BALDRIDGE J V. Power and conflict in the university：Research in the sociology of complex organizations [M]. New York：John Wiley & Sons Inc, 1971：238.

② [美]伯顿·克拉克. 探究的场所——现代大学的科研和研究生教育[M]. 王承绪，译. 杭州：浙江教育出版社,2001：48.

够保护内部的大学利益和维护大学的学术传统,但其劣势在于对外部利益关注不足,容易导致教授形成一个顽固的利益集团,倾向于维护既得利益而拒绝变革。[1] 肩负变革使命和实现新战略目标的埃比舍上任以后,在联邦政府的支持下,大力调整了学校的内部权力。一方面,校长权力得以集中,不仅掌握了战略制定、预算分配和人事管理的实权,还获得了向联邦政府提名副校长和院长的权力;另一方面,学校层面的决策权从大学评议会转移到由校长和副校长所组成的执行委员会(Executive Board),而学校中层的决策权也从系务委员会转移到院长手中。大学评议会和系务委员会的决策权旁落,仅拥有对校长和院长的建议权和咨询权,而教师委员会(Council of Teachers)主要负责监督。[2] 由此,洛桑联邦理工学院在学校层面形成了"校长决策—执行委员会执行—评议会咨询—教师委员会监督"的垂直管理模式。

总结而言,在治理模式方面,洛桑联邦理工学院一方面积极向美国模式靠拢,通过获得法人地位而拥有更大的机构自主权并加强了以校长为代表的行政管理的权力,以提升学校应对外部环境的动态能力和提高内部管理效率[3];另一方面,学校还必须在联邦政府的战略框架下行动,服务于国家需求并接受国家监督,经费也主要来源于政府预算拨款。而正是为了尽快实现联邦政府所期望的发展目标,埃比舍及其领导团队大力缩减教授决策权和降低教授决策地位以提升决策效率,致使学校共治文化式微和学术权力的失落,这与美国研究型大学大多遵循的共同治理原则大相径庭。

第二节 组织结构的转型

根据伯顿·克拉克的研究,大学的内部组织结构是一种以单位与学科相组合的独特结构,单位按照科层制构建,学科按照学术组织构建,两者的融合通过

---

① 王洪才. 大学治理的内在逻辑与模式选择[J]. 高等教育研究,2012,33(09):24-29.

② EPFL. Governance [EB/OL]. [2019-04-21]. https://www.epfl.ch/about/overview/fr/presentation/gouvernance/.

③ MEYER H. The design of the university: German, American and 'World Class'[M]. New York: Routledge,2017:138-144.

单位中的学术权力和行政权力的运作实现。① 洛桑联邦理工学院内部治理模式的转型很大程度是通过变革组织结构得以实现的，一方面通过并系建院和任命专业院长而实现行政集权和加强科层化管理，另一方面通过组建共治的研究所和实验室改革保障了教师在基层的学术自治。具体的变革涉及三个维度：①在大学中层层面，将基于单一学科、各自为政的学系整合为联系更为紧密的学院，并增设了多个新学院，为每个学院任命一位专职院长；②在作为基层学术组织的研究所层面，将由单一教授垄断的研究所转变为由教师们共治、更加强调民主和跨学科的研究所；③在实验室层面，将规模庞大的实验室转变为规模较小的实验室。

一、并系建院

（一）学系重组为学院

在大学层级之下，欧洲大陆高校传统上实行的是学部制（faculty），类似于美国的学院（college 或 school），但与学院不同的是，学部是讲座的集合体，有关学部的决策由讲座教授所组成的教授会所作出。学部名义上的行政官员——学部主任由全体正教授选举产生，是荣誉性质的，负责处理日常行政事务，很少享有实权，而美国负责学院层次管理的院长却有较大的权力。② 洛桑联邦理工学院由洛桑大学的工学部发展而来，洛桑大学是典型的欧洲大陆高校，实行的是大学、教授共治的学部以及教授个人统治的研究所三层组织结构。洛桑联邦理工学院独立后，保留了教授个人统治的研究所，将学科方向相近的研究所联合在一起组成学系，取代了传统意义上规模庞大的学部。13 个学系包括化学工程、电子工程、计算机科学等，各自为政，基本上属于"自给自足"的单位。而作为中层管理者的系主任由学系内部教授轮流担任，每届任期两年，学系层面的决策是由教授组成的系务委员会共同作出。

---

① ［美］伯顿·克拉克.高等教育系统——学术组织的跨国研究［M］.王承绪，等，译.杭州：杭州大学出版社，1994：45.
② ［美］埃伦伯格.美国的大学治理［M］.沈文钦，张婷姝，杨晓芳，译.北京：北京大学出版社，2010：51 - 100.

　　美国学者维克(Karl E. Weick)将这一组织特征称为"松散联合"①,其反映了子单位之间的独立自主、低度联结的工作状态或组合方式。这种松散结构的优势在于能够方便同一组织内不同文化和价值体系的共存和发展,也便于大学各子单位保持其独立应对外部环境的灵活性和个性。然而,当外部环境发生变化时,松散联合的组织结构会降低系统作为整体的调控能力。在学校和学系层面的决策过程中,教授所组成的委员会往往奉行"讨论理性标准",也即倾向于对某一问题进行细致入微的讨论和分析,尊重每位教授的意见,这一模式会使得学校整体的决策体系非常松散,难以产生有效应对外部环境的组织协调性。② 此外,在知识经济时代,学术创新越来越有赖于不同学科的交叉融合和不同领域的知识互动,③而按照单一学科逻辑所组建的研究所和系科结构虽然有利于知识向纵深和高精尖方向发展,但也使得彼此之间存在着严重的学科、专业壁垒,使得知识范围变得狭窄,越来越难以取得重大理论突破和创新,也难以解释复杂的社会问题。

　　为了突破已有组织结构所形成的组织惰性以及打破不同学系之间存在着的学科壁垒,埃比舍上任之后所做的第一项变革便是对中层组织结构的再造——"并系建院"。他将13个彼此独立的学系归并为4个学院(包括基础科学学院,工程学院,计算机通讯学院,建筑与环境工程学院),与此同时设立了生命科学学院、人文学院和技术管理学院,从而形成了7个大学院,并为每个学院任命了一名院长负责学院的经费和师资管理(见图5-1)。

　　洛桑联邦理工学院通过并系建院大大加强了院长的职权。埃比舍取消了教授轮流担任院长的惯例,取而代之的是从校内外为每个学院遴选一名专业院长,推荐至ETH董事会进行任命。这些院长候选人均为各领域最顶尖的科学家,每届任期为4年,一般可连任。院长的主要职责除了帮助校长推动变革之外,还被授予一定的自主权来负责本院的发展,主要包括预算管理和人才招聘。埃比

---

① WEICK K E. Educational organizations as loosely coupled systems [J]. Administrative Science Quarterly, 1972(17): 1-25.

② 陈运超. 组织惰性超越与大学校长治校[J]. 教育发展研究,2009(12): 1-4.

③ ALVES J, MARQUES M J, SAUR I, MARQUES P. Creativity and innovation through multidisciplinary and multisectoral cooperation [J]. Creativity and Innovation Management, 2007,16(1): 27-34.

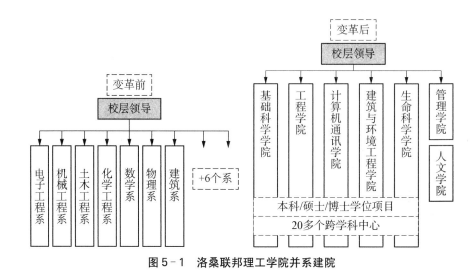

图 5-1　洛桑联邦理工学院并系建院

舍要求每位院长发挥"猎头"作用,为各自学院引进最顶尖的人才。院长 D1 描述了自己在人才招聘中的职责所在:

"我负责组织遴选委员会,并担任委员会主席,我们会邀请候选人来做一场报告,我和其他十几名教授会讨论是否要推荐他。意见达成一致后,我就要发挥重要的作用了,我要打电话告知候选人录用通知,同时还要尽力邀请他们再次来学校,并请他们吃饭,总之尽力说服他们接受我们的录用……"

许多受访者认为,正是在院长的努力下,洛桑联邦理工学院从国外顶尖高校延揽了大量顶尖人才和杰出青年人才,提升了学校的人才质量(详细分析见第七章)。例如,P11 表示,生命科学学院的首任院长将人才引进作为自己的使命,并从美国聘用了大量卓越人才。同样,来自计算机学院的 P12 也认为在过去十年中,该学院的院长投入了大量精力用于延揽人才,并取得卓越成效:

"前院长是将计算机学院从一个平庸的学院发展为世界前列的关键人物,在他任期的 12 年内,他将引进人才视为自己的主要职责,聘用了大量卓越的资深教授和年轻人才。我觉得他作为院长没有做其他的事情,就是招聘人才……"

韦伯认为,理想类型的科层制是完美的高效率组织结构,是法理型权威的代表,以实现组织的最大效率为目标。科层管理对于现代大学的运营必不可少,主要源于现代大学管理的日益复杂和高度专业化。也正是通过加强科层管理,洛桑联邦理工学院整体的管理效率得以提高。然而,科层管理强调行政等级、约束、效率的行政规范,与学术组织注重学术自由、民主治校的传统价值之间存在冲突。① 洛桑联邦理工学院在加强院长权力的同时,也剥夺了教师们参与学院决策的机会,加强了教授们的无权感,引发了教师们强烈的不满。例如,生命科学学院的 P11 表示,其所在学院的前院长对学院的预算和教育项目干涉过多,除学术晋升委员会和博士生遴选委员会的决策之外,学院内的决策很少会经投票决定;工程学院的教授 P8 也表示,其所在学院虽然有定期教师会议,但教师们没有太多的发言权;而计算机学院的情况亦是如此,P6 表示,并系建院之前他曾经担任系主任,学系所有的决策都由教授们集体投票决定,为推行一项政策,他需要做大量的沟通工作来获得教师们的支持,而现在几乎是院长的一言堂:

"我们院长就像个小国王一样,什么都是他说了算。我记得有次开教师会议,所有教师都反对院长的一项提议,最后他说'我都不用听你们说什么,我还是会这样做',之后大家都不愿意参加教师会议了,估计有一半的人都不来了……我觉得我们应该要有更多的投票,以前大家都会为学院整体考虑,想要一同推动学院的发展,也愿意去表达他们的想法,但现在没有人再关心了,我觉得这是非常糟糕的事情……"(P6)

(二)设立新学院

为拓宽洛桑联邦理工学院的学科范围,埃比舍及其领导团队为该校新增设了三个学院,包括生命科学学院、技术管理学院和人文学院。在 20 世纪末,随着科学仪器的发展和应用,人们对生命科学领域有了更直观和深刻的了解,该领域开始焕发勃勃生机。作为一名神经生物学家,埃比舍认定生命科学对理工类大学的发展至关重要。② 多位受访者表示,在 21 世纪初,美国顶尖大学已经开始

---

① 马廷奇.大学转型:以制度建设为中心[M].北京:社会科学文献出版社,2007:127-163.

② EPFL. Development Plan 2012-2016 [EB/OL]. [2015-08-01]. http://direction. EPFL. ch/files/content/sites/direction/files/EPFL%20Development%20plan%202012-2016%20310811%20fin. pdf.

发展综合了纳米技术、生物技术、信息技术和认知科学的会聚技术(Nano-Bio-Info-Cogno,简称NBIC),而会聚技术在当时的欧洲高校还不多见。此外,根据斯劳特(Slaughter)和莱斯利(Leslie)的观察,20世纪80年代以前,生物学整体在美国是一门基础科学,但自20世纪80年代中期以后,许多生物学家开始创设衍生公司,生物学的市场应用前景非常广泛。① 正是基于该领域的学科发展前景和应用前景,埃比舍在联邦政府的支持下,于2002年开始重点创建生命科学学院,并加强生命科学与已有优势学科如工程学、计算机学科的合作,推进学校会聚技术的发展。

　　而生命科学学院的创设是以合并洛桑的一所医学研究机构——瑞士癌症临床研究中心(Swiss Institute for Experimental Cancer Research,简称ISREC)为基础。该研究机构共有12～13名教授,由于经费状况欠佳,机构负责人欣然同意并入洛桑联邦理工学院。在此基础上,学院从全球大力延揽了具有跨学科背景的优秀人才,并为教师提供一流的科研设施。在创院之初,埃比舍及其领导团队对生命科学学院的定位是结合已有学科优势,打造一个跨学科学院,以解决生命科学领域的前沿议题。他们还特意聘请了一个由外部专家所构成的咨询团队来帮助其识别有前景的跨学科领域进行重点投入(D5)。生命科学学院最终设立了4个聚焦国际前沿领域的跨学科研究所,包括生物工程研究所、实验肿瘤研究所、全球卫生研究所以及神经科学—脑心研究所。

　　在绝大多数受访者看来,生命科学的引入对洛桑联邦理工学院的发展意义非凡,彻底改变了该校作为一所工科学校的定位,并推动了学校整体声誉的提升。埃比舍通过自己在生命科学领域的声誉和广泛的学术网络,为该学院延揽了多位世界顶尖科学家,如国际顶尖神经科学家亨利·马克莱姆(Henry Marcram)。这些顶尖科学家成功申请到包括"人脑计划"(Human Brain Project)在内的多项国际重大科研项目。除此之外,生命科学学院在竞争欧盟经费方面也发挥了巨大优势,几乎三分之二的教师都获得了ERC项目,极大夯实了学校的学科基础,也为学校赢得了广泛的学术声誉。在建院之后短短的数年内,生命科学学院便取得了巨大发展,生命科学由此成为洛桑联邦理工学院的

---

① [美]希拉·斯劳特,拉里·莱利斯.学术资本主义[M].梁骁,黎丽,译.北京:北京大学出版社,2008:
　　1.

优势领域之一。除了提升学术声誉之外,生命科学学院还为洛桑联邦理工学院的不同学科打开了合作的大门,生命科学的跨学科项目覆盖学校的各个领域,产生了诸多的创新发明。例如,物理学家从事着激光治疗术的研究、工程师则研发手术机器人等。多数受访者认为,在众多的跨学科合作领域中,生物工程最为成功,不仅产出了大量高被引论文,其创新发明也在国际上产生了重大影响力。

除生命科学学院之外,洛桑联邦理工学院在2004年还创立了人文学院和科技管理学院。但与学校将生命科学学院作为重点发展对象不同,埃比舍及其领导团队对两所新学院的定位是为学校的通识教育和创业教育服务。而两所学院的院长和教师们则更希望能够在本学科领域取得成功,拒绝承担大量额外的教学和服务工作,从而与校领导的定位产生冲突。研究者分析认为,造成这一矛盾的根源在于校领导层没有认识到学术职业和学术组织的特殊性。一般的职业群体,如企业工人、公司员工等往往只需忠诚于自己所在的单位和岗位。而从事学术职业的大学教师具有"双重忠诚"的特性,既忠诚于所任职的学术单位,又忠诚于自己所致力的学科领域,其中大学教师对学科的忠诚度往往要高于对大学院校的忠诚度。[①]

正如伯克特·霍尔兹纳(Burkart Holzner)和约翰·马克斯(John H. Marx)所指出,"很少有哪些现代机构能像学科那样显著地和顺利地赢得成员坚贞不二的忠诚和持久不衰的努力"[②]。这是因为主宰大学教师学术生活的力量是学科而非所在组织。被学术同行接受和认可是大学教师学术职业生活的最高追求,这种学科追求成就了学科忠诚度的原动力。大学教师在学科中的地位越高,就越能在学科中体验成就和尊重,对学科的忠诚度就越高。而大学教师对所在学术单位的忠诚主要源于院校提供了他们从事科研和教学活动所需的基本保障,为教师提供了组织归属感。然而,当学科忠诚与组织忠诚相冲突时,大学教师往往会坚持学科而放弃后者。[③] 这也是为何技术管理学院和人文学院的教师们会坚持自己的学术追求而放弃对学校的服务职能的原因。如D4所言:

①　[美]伯顿·克拉克.高等教育系统——学术组织的跨国研究[M].王承绪,等,译.杭州:杭州大学出版社,1994:45.
②　[英]阿什比.科技发达时代的大学教育[M].滕大春,滕大生,译.北京:人民教育出版社,1983:137.
③　[英]阿什比.科技发达时代的大学教育[M].滕大春,滕大生,译.北京:人民教育出版社,1983:137.

"我们想要聘用更有学术水平的教师，实际上也是这么做的，但校领导团队似乎并不满意。埃比舍跟我们说要承担更多的教学任务，不要在研究上花费太多时间，他不能理解我们是在国际上与同行竞争，作为学者，我们不能放弃自己的学术发展，否则我们很难获得声誉。"

此外，尽管大学存在科层组织的特征，但严格来说并不属于完全科层化的组织。大学教师拥有学术自主性，主要因为学术职业从事的是高深知识的生产和传递，其知识体系已高度专业化并十分深奥，以至于外行很难挑战专业人员的判断，这也使得学术人员获得了学术自治的合法性。正是基于这种自主性，教师们极其不欢迎校领导层对自己所属的专业领域指手画脚。① 然而，由于埃比舍控制着学校的预算分配和人事权，在"违背"校领导对其战略定位的情况下，两所学院很难获得足够的经费投入和资源支持，因而一度沦为学校的边缘学院，发展前景并不乐观。这一状况在人才招聘方面体现得尤为明显。在人才招聘的程序上，埃比舍会亲自面试每个学院推荐的候选人，从整体层面对他们进行考察和把关，并做出最终是否向 ETH 董事会提名的决定，而 ETH 董事会从未否决过埃比舍的提名。在多数情况下，埃比舍同样信任各学院的推荐。例如，D2、D9、P2等受访者均表示校长从未否决过他们的推荐。然而，埃比舍却连续 6 次否决了技术管理学院的推荐。原因在于技术管理学院的教授倾向于招聘科研人才，而埃比舍希望该学院能够聘用更多教学型人才，为全校的教学和技术管理服务。技术管理学院院长 D1 对此非常愤懑：

"简直不可理喻，埃比舍在过去 8 年否决了我的 6 次推荐，比如去年，那位候选人被埃比舍否决了，否决的原因是她有点害羞，而事实上她的学术能力非常优秀。我感觉校长面试应聘者的这个程序太荒唐了，真的很不公平。在美国很多顶尖大学，都是院长说了算，而这里还得经过校长同意，我真的很反感这一点……"

---

① ［美］罗伯特·伯恩鲍姆. 大学运行模式［M］. 别敦荣，译. 青岛：中国海洋大学出版社，2003：11－15.

二、研究所的变革

传统上，欧洲大陆高校和美国研究型大学的基层学术组织模式存在很大的差异。欧洲大陆高校普遍实行的是以讲座教授为中心建立的研究所。相较之下，美国的学系结构具有社团性质，权力分散在教授手中。[①] 基于讲座教授的研究所组织模式以"强制性研究任务"为中心，把研究和教学统一在正教授身上，加强了他们作为研究所负责人的领导地位和在大学管理方面作为决策者的重要影响。[②] 在这种模式中，教授是一个独立学科或专业的负责人，独立决定研究所的财务管理、资源分配以及人员聘用。而教授职位之下的非教授人员（编外讲师、科研助理、博士后及学生等）都处于正教授的领导之下，犹如教授的助理，没有科研独立性，所能获得的资源和机会也非常有限。而讲座教授在学校内与校长和系主任是平等的同事关系，后者仅协调工作，不干预和介入教授的教学和科研活动。教授层次之上的唯一权威是联邦政府，但它与教授相距甚远，不能监督教授日常的学术活动。[③④] 由此，便形成了一个以教授为中心的封闭学术体系，其容易无视环境的变化，不能适应不断加快的科学变革的步伐，往往牺牲了组织的灵活性和跨学科的创造性。

虽然欧洲大陆的许多大学在 20 世纪 70 年代进行过行政改革，仿照美国模式设立了学系，但并没有取代研究所，而是将其作为第二个管理层次代替了若干难以控制的学部，依然完好无损地保留了教授个人统治的研究所。因而，即便在80 年代后期，以正教授为首的传统的研究所依然显而易见。[⑤⑥] 长期以来，洛桑联邦理工学院的基层研究所保持着教授的个人统治，每个研究所代表一个分支

---

① ［加］约翰·范德格拉夫.学术权力——七国高等教育管理体制比较［M］.王承绪，等，译.杭州：浙江教育出版社,2001：23 - 42.

② ［美］伯顿·克拉克.高等教育系统——学术组织的跨国研究［M］.王承绪，等，译.杭州：杭州大学出版社,1994：124.

③ ［美］伯顿·克拉克.探究的场所——现代大学的科研和研究生教育［M］.王承绪，译.杭州：浙江教育出版社,2001：48.

④ ENDERS J. A chair system in transition：Appointments, promotions, and gate-keeping in German higher education［J］. Higher Education，2001,41(1 - 2)：3 - 25.

⑤ ［美］伯顿·克拉克.探究的场所——现代大学的科研和研究生教育［M］.王承绪，译.杭州：浙江教育出版社,2001：43.

⑥ 孔捷.从基层学术组织变革看德国与美国大学的相互影响［J］.现代教育管理,2010：108 - 110.

学科，且是独立的教学和科研单位。与美国基层学系强调集体决策、基于学科认同的方式集体商议教学和科研管理事务不同，洛桑联邦理工学院的教授们在研究所层面更多通过个人统治来管理研究所教学和科研事务。

学系是美国研究型大学最主要的基层学术单位，每一个学系基本上都代表着本学科的一个分支，这些分支构成了更大的学科集群，学系组织的基本逻辑是学科逻辑。而除了学系之外，美国顶尖的研究型大学还成立了很多专门的"以问题为中心"的跨学科研究组织，这类组织大多涉及多个学科，主要因为学系的单一学科性无法实现跨学科或综合性问题的研究。[①] 埃比舍及其领导团队在并系建院的过程中，在学院下一层完全仿照美国新兴的跨学科组织设立跨学科研究所，试图取代之前由教授垄断的研究所，提供较为宽泛的研究范围和来自不同学科的教师队伍。埃比舍及其领导团队将原来同系的教师及其实验室按研究主题重新分类以组建研究所，共设立了 20 多个跨学科研究所，拥有多学科背景的教师可以同时隶属于不同的研究所。例如，洛桑联邦理工学院此前拥有 4 个与工程学科相关的学系，在并系建院以后，这 4 个工程学系被重组为 5 个研究所。其中，原来机械工程系的 15 名教师被拆分到了 4 个不同的研究所，涵盖不同的研究领域。此外，学校重新设立教学部（teaching section），与研究所相独立，研究所主要负责科研，而教学部负责跨学科教学，从而形成了一个交叉的矩阵结构。

埃比舍及其领导团队的这一变革引发了教师们的强烈不满。许多受访者表示并不赞同将同一学科的不同教师拆分进跨学科研究所以及将教学和科研分离的安排。虽然无需改变原来的研究方向，但较之以前的学系，教师们对研究所的归属感明显下降，对教学的积极性也大幅降低。正如 D8 所言：

> "我被分到了系统工程研究所，我的研究经费和学术网络现在主要来自这个所，但我又要与其他所的同事一起负责教学……我不喜欢这样分裂的结构，我想我大部分的同事也不喜欢，我不认为它很成功……我理解通过设立一些跨学科研究中心来促进跨学科的逻辑，比如能源中心、机器人中心等，但我并不认为有必要将传统学科以及教学与科研分开，我相信它们是需要统一的，这也是为什么自古以来大学都是这么组建的……"

① 郑晓齐，王绽蕊. 试析美国研究型大学基层学术组织模式[J]. 高等教育研究，2008，28(12)：104－109.

教师与行政管理的这一冲突可以从学科制度化的视角来加以解释。学科通常有三层涵义,一是知识意义上的学科,是一种系统化的知识存在形态,拥有特定的研究对象、研究方法和概念体系;二是社会学意义上的学科,认为学科是一种社会规训制度,学科构成了话语生产的一个控制体系,正如福柯(Michel Foucalt)所言,"在任何社会里,话语一旦产生,即刻就受到若干程序的控制、筛选、组织和再分配"①;第三种涵义则是组织学意义上的学科,强调学科是联系学科成员的组织方式。学科形成了内部的知识交流、评价制度、人员晋升制度并建构出学科外在组织建制,如大学讲座、学部、院(系)、研究所等,使得不同学科之间的交流与合作形成壁垒。②③ 同一学科的知识内在一致性、不同学科文化的差异性以及组织建制建构出牢固的学科围墙,使得拆分学科而组建跨学科组织的行动很难成功。④ 这也是为何经过一段时期的博弈之后,该校除了少数学科边界不太坚固的新兴跨学科研究所之外,绝大多数传统学科重新结合在一起的原因。例如,化学系在被拆分两年之后又重新合并为一个研究所;机械工程研究所在 2008 年重新设立,既负责机械工程领域的学术研究,也负责本科教学。

由此可见,作为"松散联合的系统",大学基于学科的组织结构一旦形成,便具有一定的稳定性,大学内部也会形成维持这种稳定方式的组织惰性。事实上,美国研究型大学大多是在维持院系组织的基础上,另行设立跨学科研究组织,⑤不仅因为传统学科的领地和等级很难突破,更在于学科是跨学科发展的基础和前提,两者并非非此即彼的关系。交叉和综合学科的产生与发展是建立在学科发展成熟的基础之上,跨学科的建设需要拥有诸多相关的、高度专业化的学科作为支撑。

三、实验室的改革

传统上,洛桑联邦理工学院的研究所是以实验室为核心所建立的,只有研究

---

① MICHEL FOUCAULT. The archaeology of knowledge and discourse on language [M]. New York: Pantheon, 1972: 216 - 224.

② OECD. Interdisciplinary: Problems of teaching and research in universities [M]. Paris: Organization for Economic Cooperation and Development Publications, 1972: 25.

③ [英]托尼·比彻,保罗·特罗勒尔. 学术部落及其领地:知识探索与学科文化[M]. 唐跃勤,等,译. 北京:北京大学出版社,2015: 10.

④ 李立国. 大学教师职业特性探析[J]. 清华大学教育研究,2012(1): 66 - 71.

⑤ 文少保,杨连生. 美国大学跨学科研究组织变迁的路径依赖[J]. 科学学研究,2010(4): 535 - 565.

所的负责人才拥有独立的实验室及其研究团队。在变革以前，该校由一百多个独立的研究所（实验室）构成（教授人数为 100 余人），每个研究所（实验室）的人员规模都非常庞大，研究所由一名教授独立负责，围绕着他的是若干个副教授、助理教授、科研助理以及多名博士后、几十名博士生和硕士生。这种实验室结构的弊端在于教授的管理负担过重，资源使用效率低下。与此同时，实验室中的等级结构呈现出一个等级鲜明的金字塔形，教授如同传统行会组织中的师傅，其他教师、助教和学生犹如徒弟，帮助教授完成科研和教学任务。作为实验室负责人的教授拥有一切，也可以决定实验室的一切，即便年轻教师要开一个讲座，也需要获得他们的准允（P7、P9、P15）。此外，研究生的招生和培养完全由各个实验室独立负责，只有教授才有带博士生的资格，而由于博士生人数众多，导师与学生之间的联系并不紧密。各实验室独立运行管理，不会重复设置，学校也不会对实验室的管理进行任何干预。

　　为了改变这一状况，洛桑联邦理工学院领导层在实验室层面仿照美国模式，实行了一项重大变革。该校规定助理教授和副教授不再附属于老教授的实验室，而让每位有正式职称的教师都能拥有独立的实验室①②（更多分析见第五章第三节）。变革之后，每个实验室都能在经费、人员和设备等方面享有完全的自治，而不会受到校方的干涉。例如，与德国高校严格的经费报销制度不同，洛桑联邦理工学院给予了教师经费使用的最大自主权，校方不会对教师经费的使用进行干预，前提是教师不能将科研经费挪为私用。为防止这一点，洛桑联邦理工学院为每个实验室都配备专门的秘书来负责科研经费的具体操作。再如，教师可以根据自己的经费情况自主决定是招收博士生还是博士后，如处于助理教授阶段的 P1 和 P17 表示自己更倾向于聘用博士后，因为他们的能力更强，无需花费太多时间指导便可开展工作。而已经获得终身教职的 P8 和 P10 则表示自己更多聘用博士，因为博士合同期更长，能够更好地开展实验。

---

① DENEEF A L, GOODWIN C D. The academic's handbook (3rd ed.) [M]. Durham: Duke University Press, 2007: 176-202.

② LAWHORN T, ENNIS-COLE D, ENNIS III W. Illuminating the path to promotion and tenure: Advice for new professors [J]. The Journal of Faculty Development, 2004,19(3): 153-160.

与美国研究型大学通常一次性给予新入职教师一笔科研启动经费不同①②，洛桑联邦理工学院每年均会给予每位教师一笔基础预算（annual budget），确保每人每年至少能够招聘 3 名博士生或博士后以及购买实验设备。拥有纽约大学任教经历的 D1 表示，洛桑联邦理工学院给予教师的年度预算非常丰厚，是纽约大学预算经费的 10 倍左右。基于学校所提供的科研经费，洛桑联邦理工学院的每位教师都能够组建自己的实验室（学术团队），但若要扩大实验室规模，教师则必须积极争取第三方科研经费。基于学校所提供的年度科研经费，洛桑联邦理工学院的教师们能够从事一些更有创新性的跨学科研究项目，在申请 ERC 项目和瑞士自然科学基金（SNSF）方面比其他高校更有优势。

通过这一改革，除若干大型合作项目外，洛桑联邦理工学院曾经庞大的实验室逐渐由规模较小的实验室所取代，其一般由 1 名正式教师负责，招聘若干博士后和博士生以及一名行政人员，规模一般小于 10 人。许多受访者认为，相比于大实验室团队，小规模的实验室团队与美国高校更为接近，给予了年轻教师更多的灵活性和自主性，他们无需像欧洲其他高校的同行那样听从正教授的安排，而是能够在科研生涯的早期便获得科研独立性。此外，由于实验室的规模更小，教师能够为学生提供相对更多的资源和指导：

"我会为我的学生提供参加国际会议的机会，让他们去认识不同的人，尽量给他们实现自我的渠道，我觉得这是激励他们的最好方法……我想对他们友好些，因为这些人将来也会在学术界，以后可能还会成为教授，我希望能够成就他们，也同时成就我自己……"（P1）

四、小结

总结而言，洛桑联邦理工学院的组织结构发生了重大调整（见表 5-1）。在学院层面，该校借鉴美国模式将原来各自为政的 13 个学系合并整合为联系更为

①　LUCAS C J, MURRAY J W. New faculty: A practical guide for academic beginners [M]. New York: Palgrave, 2002.

②　王雁. 创业型大学: 美国研究型大学模式变革的研究[M]. 上海: 同济大学出版社, 2011: 110.

紧密的学院,并设立了若干新的学院,每个学院由专职院长负责协调和管理,一定程度提高了管理效率,但也限制了教师在学院层面的决策参与权以及忽视了人文社科的发展。在研究所层面,该校尝试突破美国模式中系科组织的壁垒,以完全组建跨学科研究所和将教学和科研系统分离的举措来推动跨学科研究和教学。虽然这一组织形态有利于生物工程等新兴学科的发展,但降低了传统学科教师的组织忠诚度和教学热情。在实验室层面,洛桑联邦理工学院借鉴美国模式将青年教师从教授的实验室独立出来,给予他们独立的实验室、充裕的科研资源和完全的科研自主性,激发了年轻教师的活力。但与美国高校经费紧缺的状况所不同的是,由于洛桑联邦理工学院享有充裕的联邦政府拨款,因而得以每年给予教师一笔基础经费,保障了教师们能够从事更具冒险性的研究。

表 5-1　变革前后的组织结构

变革内容	变革前	变革后
组织结构层次	大学—学系—研究所(大实验室)	大学—学院—跨学科研究所—小实验室
学系/学院	科层化程度低,系主任由教授轮流担任,权力弱	科层化程度高,院长由校长任命,权力大
研究所	教授个人统治、单一学科;教学与科研统一	教师共治、跨学科;教学与科研分离
实验室	由教授垄断,年轻教师依附于教授	每位教师有独立经费、自主性

第三节　教师评聘制度的转型

一、人才招聘制度的变革

(一) 人才定位的变化

与欧洲其他国家相比,瑞士在招聘国际人才方面有着得天独厚的优势。首先,瑞士位处欧洲的中心,与法国、德国、奥地利、意大利等多个国家接壤,优越的地理位置和发达的社会经济水平使瑞士对国际人才具有较强的吸引力。其次,发达的经济基础能够确保联邦政府有能力对联邦高校进行慷慨资助,其提供的充裕基础经费使高校能够为教师支付令人满意的薪酬和提供良好的基础设施。然而,尽管这些优势一直存在,洛桑联邦理工学院传统上一直以招聘会法语的教师为主,一来可以更好地履行为法语区培养人才的使命,二来也可以与当地工业界建立广泛的联系。

直至 20 世纪 90 年代,随着全球化进程的加快,拥有美国留学经历的巴杜校长才开始从其他国家引进人才,但力度有限。埃比舍校长及其领导团队上任以后,开始大力引进国际人才,并以麻省理工学院、斯坦福大学等顶尖大学的人才为标准,同时尽力避免近亲繁殖。① 20 世纪下半叶,美国的研究型大学取得了飞速发展,吸引着来自世界各地的顶尖学子和学术英才。与美国研究型大学相比,欧洲大陆高校因其僵化的体制、有吸引力的学术岗位的缺乏以及论资排辈的现象,不仅丧失了昔日的光彩,也流失了大量精英学子。② 虽然这些欧洲学者或科学家在美国取得了辉煌的学术成就,但埃比舍校长及其领导团队根据自身经历认定,由于文化的亲缘性,大部分学者依然想要回归欧洲,因而他们所采取的战略是重点引进拥有美国留学或工作经历的卓越欧洲人才。③ 例如,埃比舍在受访时表示:

"我在美国布朗大学待了 10 年,麻省理工学院曾给我发出过工作邀请,但我想回欧洲,因为我热爱欧洲,我爱这里的文化。我知道有很多教授跟我一样,欧洲的食物和生活方式都是我们所喜欢的,但我们并不想,也不会考虑去一些没有同样科研条件的地方。如果你是一名在哈佛、斯坦福或加州理工大学工作的教授,你回到欧洲肯定希望既有同样的工作条件,又能享受欧洲的生活方式。因此,我的战略是吸引这些国外顶尖大学的欧洲人过来……"

---

① JEANNET A. My dream is to promote the emergence in Switzerland of a company of the importance of Google [EB/OL]. [2016-09-11]. http://www.hebdo.ch/hebdo/cadrages/detail/patrick-Aebisher-EPFL-systeme-de-formation-projets.

② LIEFNER I, SCHÄTZL L, SCHRÖDER T. Reforms in German higher education: Implementing and adapting Anglo-American organizational and management structures at German universities [J]. Higher Education Policy, 2004,17(1): 23-38.

③ JEANNET A. My dream is to promote the emergence in Switzerland of a company of the importance of Google [EB/OL]. [2016-09-11]. http://www.hebdo.ch/hebdo/cadrages/detail/patrick-Aebisher-EPFL-systeme-de-formation-projets.

　　根据知识复合理论(knowledge recombination theory)，学习环境的迁移会促进知识的迁移，从遥远国度获得知识并与本土知识融合的人才，可能比仅拥有本土知识的人才更具创造力。① 而社会资本理论认为拥有留学经历的人员拥有更多的国际合作资源，使其学术创新能力高于本国人才，且实证研究证明海归教师拥有广泛的国际合作资源，这会对其发表高水平论文产生显著正向影响。② 而本研究发现，洛桑联邦理工学院倾向于招收拥有留美经历的欧洲人才的原因还在于，在该校的校领导看来，与美国顶尖高校相比，欧洲大陆高校普遍缺乏竞争力，人才水平参差不齐。而从美国顶尖高校招聘的人才有着更广阔的学术视野，也更具追求卓越的意识，他们入职洛桑联邦理工学院后更有利于卓越文化的形成。例如，院长 D9 表达了他对洛桑联邦理工学院调整人才定位的看法：

　　"我觉得必须要引进来自不同学术文化背景的教师，我们的教师需要知道其他学术系统是怎么运作的，如果我们只从本地或欧洲引进人才，即便他们对美国的体系有所了解，也很难让他们接受新的制度。以前大部分教师都是从本地招聘的，他们从这里毕业，再做教授的助理，最终拿到教授职称。我上任以后，完全避免了这种现象，有些教授对此很生气，直到今天还生我的气……即便本校的学生比外来的人更优秀，但引进其他人可以带来更多的经验，使学校的学术文化更丰富。你不得不承认，最好的计算机学科在美国，如果你从德国大学招人的话，最后洛桑联邦理工学院会变成一所德国高校……"

　　随着人才定位的转变，洛桑联邦理工学院对官方语言也进行了调整。在埃比舍校长上任之前，洛桑联邦理工学院的官方语言只有法语，主要倾向于招聘会说法语的教师。随着国际人才的大量增加，洛桑联邦理工学院决定将英文增加为第二官方语言，所有的政策文本均有英文和法文两个版本，与此同时，研究生层次的课程全部用英文授课，该举措大大增加了对国际人才的吸引力。此外，洛

① BARUFFALDI S H, LANDONI P. Return mobility and scientific productivity of researchers working abroad：The role of home country linkages [J]. Research Policy, 2012,41(9)：1655-1665.

② JONKERS K, CRUZ-CASTRO L. Research upon return：The effect of international mobility on scientific ties，production and impact [J]. Research Policy，2013,42(8)：1366-1377.

桑联邦理工学院过去一直以引进具有扎实单学科背景的科研人才为主,而变革之后,学校更青睐有创新思维、愿意挑战新领域的多学科背景人才。[①] 在他们看来,随着科学日新月异的发展,这类人才更能够创造突破性成果。

（二）招聘方式的变化

在招聘方式上,洛桑联邦理工学院传统上主要通过公开竞聘的方式招聘教师,人事部门筛选简历后由校长所组建的招聘委员会负责面试,再将面试结果告知应聘者。随着学校发展的需要和对人才要求的提升,这种"守株待兔"的招聘方式不再能够满足学校招聘高水平人才的需求。因此,埃比舍校长上任后,决定采取更积极主动的方式引进人才,并任命了院长重点负责各个学院人才的招聘。院长们大多将招聘人才视为自己最重要的职责,并竭尽全力为学校引进人才。例如,计算机学院的前院长表示自己任职的第一天,便将引进人才视为最重要的职责,而计算机学院的教师也证实了该院长的贡献:

"我刚来的时候其他教师对自己的要求都很低,他们也不认为我能够引进顶尖人才,我记得我最早想要引进的是一对夫妻,那位男教授来自加州大学伯克利分校,女教授来自谷歌,我当时和其他教师讨论,有些人说,'他们不可能会来的,他们对我们来说太优秀了',而实际上他们真的来了……"(D5)

至此之后,学校投入了大量的时间和精力用于人才引进。校长和各位院长所采取的策略是先引进各领域的一些国际顶尖人才,提升学院的学术水平和知名度以后,再大力引进各领域卓越的青年学者。因为年轻人才的引入成本更低,同时他们对洛桑联邦理工学院的忠诚度更强,也更加充满活力。例如,P5 和 P7均表示,他们所在的学院刚开始是尽量引进一些资深学者,而现在则是以引进年轻人才为主,主要因为资深学者的知名度更高,可以帮助学校建立一种新的文化,从而吸引年轻教师。

洛桑联邦理工学院招聘人才的主动性主要体现在联系人才的方式上。与之前主要通过打电话预约面试、一天内完成面试和招聘的形式不同,埃比舍及其领

---

① JEANNET A. My dream is to promote the emergence in Switzerland of a company of the importance of Google [EB/OL]. [2016 - 09 - 11]. http://www. hebdo. ch/hebdo/cadrages/detail/patrick-Aebisher-EPFL-systeme-de-formation-projets.

导团队会采用更主动也更加人性化的方式，充分发挥自己的学术纽带挖掘人才。例如，埃比舍曾多次亲自飞往美国与其想要引进的顶尖人才面谈，劝说其加入洛桑联邦理工学院。各个院长也会与很多在美国的优秀欧洲人才联系，邀请他们携带家属对洛桑联邦理工学院进行长期或短期访问，此过程使他们对彼此有更加充分的了解。例如，受访者 L17 表示，每次有新的教师岗位，学校都会认真分析有哪些知名的美国学者可能对该岗位感兴趣，从而有针对性地联系。D2、P5、P11 等多位受访者则证实自己入职洛桑联邦理工学院是因为前任院长积极联系了自己。

除校长与院长外，洛桑联邦理工学院的每个学院均设有教师遴选委员会，其由全体教授组成并由院长担任主席。遴选委员会主要承担两大职责，一是通过在国外的学术网络邀请优秀的人才应聘，二是对应聘者进行面试并说服他们加入洛桑联邦理工学院。有多位受访者证实，自己得知洛桑联邦理工学院招聘的消息是通过在洛桑联邦理工学院工作的同行或导师介绍：

"我之前在宾夕法尼亚大学工作多年，学术方面也小有成就，但我想看看其他地方是否有新的机会，想要换一个环境工作，我在一次学术会议上认识了洛桑联邦理工学院的一位教授，他告诉我他们学校正在招聘数字健康领域的教授，而恰好我在美国一直从事这方面的研究，所以就联系了该校……"（P2）

"我是我的博士导师联系我的，他当时正在筹建生物工程研究所。我在美国从事博士后期间，我们一直保持着联系，他告诉我洛桑联邦理工学院正在全球招聘人才，我对这个职位非常感兴趣。我导师在加州理工大学工作了 10 年，埃比舍校长说服他加入洛桑联邦理工学院，他是该校生命科学学院成功的关键人物，是他说服我加入洛桑联邦理工学院……"（P4）

就招聘的具体过程而言，洛桑联邦理工学院也有其独特做法。各个学院会邀请应聘者到学校进行多日的访问，并要求应聘者举行一次讲座和接受面试，在面试过程中详细询问应聘者的科研计划与打算，学院所有的教师都会与面试者进行充分的沟通。面试结束后，学校会以较快的速度给应聘者录用与否的通知，这一举措也给许多教师留下好印象。例如，D1、P8 和 P16 都表示，自己面试了多所学校，只有洛桑联邦理工学院很快便给出录用结果，因而决定加入该校。

多位受访的院长强调，自己在招聘过程中一切以候选人的学术水平为重。

虽然洛桑联邦理工学院每年会有一定的招聘名额,但他们不会因为害怕浪费名额而降低对人才的要求,不会为招聘而招聘,相反,他们会积极同校长沟通,遇到真正优秀的人才时可以调整招聘名额。这种灵活的招聘政策确保了院长不会仓促引进人才,也不会错过真正优秀的人才:

"很多学校一旦有了招聘名额便立马想要填补这个空缺,他们担心如果不及时招聘就会失去这些名额。洛桑联邦理工学院则比较灵活,其曾有几年都没有招聘任何人,而在遇到真正优秀的人才时,可能同时招收 2~3 个。我很反对为了招聘不惜降低要求,人才一旦招聘进来是很难辞退的,我们必须保证质量,因此人才招聘需要一定的灵活性,填补空缺是最糟糕的事情……"(D9)

通过大量努力,洛桑联邦理工学院的各个学院在人才引进方面都实现突破。例如,P11 表示,计算机学院在过去十多年来从美国顶尖高校招聘了各种卓越人才,而 P17 也表示,生命科学学院在过去十余年来从加州大学伯克利分校、康奈尔大学、麻省理工学院等高校延揽了众多顶尖人才。总结而言,自 2000 年以来,该校无论是在人才定位上,还是在招聘方式上都有重大革新,以更加积极主动的姿态聘请全球顶尖人才,特别青睐有美国顶尖高校工作背景的欧洲人才。

二、教师晋升制度的变革

教师晋升制度对于研究型大学的发展至关重要。好的制度设计能够吸引人才,并激发学术群体的潜能,使其不断产生创新性成果,而糟糕的制度设计会抑制教师的创造力和活力。埃比舍及其领导团队上任后,积极变革晋升制度,从特许任教资格制和编外讲师制转向美国的基于"非升即走"和多级评审的晋升制度。

(一) 引入美国式的终身教职制度

长期以来,与美国相比,欧洲大陆高校对全球人才,特别是杰出青年人才的吸引力严重不足。[①] 这主要源于两方面的制度性因素:其一,欧洲大陆高校大多沿袭德国大学的讲座制模式,学术职业等级分明,包括享有职业终身制的教授和

---

① PRITCHARD R. Humboldtian values and globalization: Staff and students in German universities [J]. Oxford Review of Education,2004,30(4):509-528.

合同制的学术人员。教授享有极大的特权，负责本讲座或研究所内的所有事务，俨然独立王国的国王，而青年教师往往只能担任教授的助理，在成为教授之前，一般不能从学校获得科研经费、申请独立预算的基金、进行自主研究以及独立招收博士生，也不能拥有自己独立的实验室。[1][2] 这样一来，青年教师的学术自由和创造力在其精力充沛的阶段会因正式或非正式地依附于教授而受到严重的束缚。据《德国联邦科学报告》(*Bundesbericht Wissenschaftlicher Nachwuchs* 2017)显示，在 2017 年，德国依然有 87%的高校科研人员依附于正教授。[3]

其二，欧洲大陆高校大多没有为青年教师提供一条相对稳定和连续的职业晋升通道。在实施编外讲师制的欧洲大陆国家，如德国、瑞士、芬兰、波兰、奥地利等，博士毕业生要成为教授一般需要经过漫长且充满未知数的三个阶段。第一阶段是成为教授的科研助理或博士后(合同制，一般需长达 6～8 年时间)，以便获得特许任教资格，这是竞聘教授所必须获得的资格；第二阶段是在获得特许任教资格之后进入编外讲师职位系列，编外讲师是非正式的岗位；第三阶段，待本校或其他高校老教授退休后有空缺职位时，编外讲师需与其他候选人竞争才能最终获得教授岗位。[4][5] 由于一所高校的一个学科领域往往只任命一位讲座教授，且只有在学科界限划分明确、得到政府认可的情况下才能够开设新的讲座，教授职位异常稀缺，编外讲师"可能会因教授岗位过少而晋升无望，或因某些人为因素而遭遇不公正待遇"[6][7]。很多编外讲师在依据连续的短期合同工作了十几年之后因为没有空余的教授职位而不得不离开，因而其职业生涯具有高度

① BRECHE L, MACHER A, PARK E, ATES G, CAMPBELL D. The rocky road to tenure: Career paths in Academia [M]//FUMASOLI T, GOASTELLEC G, KEHM B M. Academic work and careers in Europe: Trends, challenges and perspective. Netherlands: Springer, 2015: 13 - 40.

② ENDERS J. A chair system in transition: Appointments, promotions, and gate-keeping in German higher education [J]. Higher Education, 2001, 41(1 - 2): 3 - 25.

③ Konsortium Bundesbericht Wissenschaftlicher Nachwuchs. Bundesbericht Wissenschaftlicher Nachwuchs 2017 [EB/OL]. [2018 - 09 - 01]. http://www.buwin.de/dateien/buwin-2017.pdf.

④ ENDERS J. A chair system in transition: Appointments, promotions, and gate-keeping in German higher education [J]. Higher Education, 2001, 41(1 - 2): 3 - 25.

⑤ WAAIJER C. The coming of age of the academic career: Differentiation and professionalization of German academic positions from the 19th century to the president [J]. Minerva, 2015(53): 43 - 67.

⑥ 易红郡. 从编外讲师到终身教授：德国大学学术职业的独特路径[J]. 高等教育研究, 2011, 32(2): 102 - 109.

⑦ PRITCHARD R. Trends in the restructuring of German universities [J]. Comparative Education Review, 2006, 50(1): 90 - 112.

的不可预测性。在该制度下，绝大多数初级研究人员最终沦为教授的科研助理，虽然工资可能随着年龄的增长而增加，但他们通常很难成为教授并获得长期教职。①②

编外讲师制考验着学术人员对学术的热情和信念，只有真正以学术为志业者才能够坚持到最后，因而能够在很大程度上确保大学所招聘人才的质量，降低大学的"组织风险"③。然而，在此制度下，学术人员会付出显著的机会成本，在短期职位上往往耗费了过长的时间，致使教师在获得自主的教授职位时年龄偏大。在美国，青年学者一般在 30 岁左右便能成为独立的科研人员，而在欧洲大陆高校，青年教师平均要到 45 岁左右才能获得独立。④⑤ 马克思·韦伯就曾在《以学术为业》一文中指出，"一个讲师，更不用说助教，能否成为教授，纯粹受着机遇的左右……许多人不该有那样的命运，他们的才能毋庸置疑，却无法在这种遴选制度下获得应有的职位"⑥。欧洲大陆高校这种等级森严且充满不确定性的学术职业设计使得非教授学术人员的工作满意度普遍低下，且迫使大量卓越的年轻学术人才进入企业或外流到其他国家。⑦⑧

受德国模式影响，洛桑联邦理工学院在变革之前也实行特许任教资格和编外讲师制度，青年教师的独立性和晋升机会都无法得到保证。巴杜校长在 1992 年上任后，虽然仿照美国着手设置了一些副教授岗位，但并没有改变年轻人才需要依附于老教授的状况，没有给予副教授职称以下教师科研独立性和职业稳定性。为了彻底改变这种不利于人才引进和发展的状况，埃比舍校长及其领导团

① KRAIS B. Academia as a profession and the hierarchy of the sexes: Paths out of research inGerman universities [J]. Higher Education Quarterly, 2002,56(4): 407.

② FUMASOLI T, GOASTELLEC G, KEHM BM. Academic work and careers in Europe: Trends, challenges, perspectives. Springer: Cham, Switzerland, 2015: 201 - 214.

③ ENDERS J. A chair system in transition: Appointments, promotions, and gate-keeping in German higher education [J]. Higher Education, 2001,41(1 - 2): 3 - 25.

④ 李国祥，张根健. 德国大学教授：教学与科研中的差序平衡蕴意[J]. 当代教师教育,2016(4): 37 - 42.

⑤ BRECHE L, MACHER A, PARK E, ATES G, CAMPBELL D. The rocky road to tenure: Career paths in Academia [M]//FUMASOLI T, GOASTELLEC G, KEHM B M. Academic work and careers in Europe: Trends, challenges and perspective. Netherlands: Springer, 2015: 13 - 40.

⑥ [德]马克思·韦伯. 学术与政治[M]. 冯克利,译. 北京: 生活·读书·新知三联书店. 1998: 5 - 6.

⑦ GRIGOLO M, LIETAERT M, MARIMON R. Shifting from academic 'brain drain' to 'brain gain' in Europe [J]. European Political Science, 2010,9(1): 118 - 130.

⑧ TEICHLER U, HLEEA. The work situation of the Academic profession in Europe: Findings of a survey in twelve countries [M]. Springer Dordrecht, 2013: 286.

队于 2002 年在洛桑联邦理工学院全面实施了美国式的终身教职制度,统一设置终身教职轨助理教授岗位以取代编外讲师系列。美国研究型大学的通行做法是,博士毕业生或博士后受聘于终身轨助理教授岗位后,一般需要经过 7 年的试用期,通过一系列的考核和评审过程(通常包括年度考核、中期考核和终身教职考核)后才能晋升为副教授,同时获得终身教职,否则要另谋高就。[①②] 获得终身教职则意味着获得了一种职业安全和学术自由的保障,同时意味着一种学术成就和资历。[③]

尽管由于财政紧缩、社会问责加强等因素,美国高校近年来的终身教职比例大幅缩减,但这并没有改变终身教职制度在美国研究型大学中所发挥的重要作用。[④] 与德国模式相比,该制度为青年教师提供一条时间阈相对明确、基于绩效的职业晋升途径,使年轻教师从助理教授到教授有一个清晰的晋升阶段。此外,与编外讲师不同,终身教职轨助理教授是正式的教师岗位,他们无需依附其他教授,也不用再等到四五十岁才能获得科研独立性和职业稳定性。[⑤] L13 描述了引入这一制度的目标:

"在我们那个时代,欧洲一个年轻学者如果想要成为教授,要么去美国,要么等着老教授去世或辞职。以前虽然也有很多美国顶尖高校的毕业生想来欧洲工作,但欧洲高校论资排辈的职称体系让他们望而却步。终身教职轨助理教授岗是在科研家的职业生涯早期,给予他们成功的条件,他们是独立的,而不是教授们的打工仔,他们有七年的时间来证明自己可以达到本领域的最顶端,获得同行的充分认可,并获得晋升……"

虽然近年来越来越多的欧洲大陆高校开始改革教师聘任制度,引入美国式

---

① 顾建民. 西方大学终身教职制度的价值分析[J]. 比较教育研究,2006(9)：1 - 6.

② LAWHORN T，ENNIS-COLE D，ENNIS III W. Illuminating the path to promotion and tenure：Advice for new professors [J]. The Journal of Faculty Development，2004,19(3)：153 - 160.

③ ［美］唐纳德·肯尼迪. 学术责任[M]. 阎凤桥,等,译. 北京：新华出版社,2002：166.

④ ［美］菲利浦·G·阿特巴赫. 比较高等教育：知识、大学与发展[M]. 人民教育出版社教育室,译. 北京：人民教育出版社,2000：110.

⑤ RICHARD P C. The questions of tenure [M]. Cambridge：Harvard University Press，2002：131.

的终身教职制,①但根据欧洲研究型大学联盟(League of European Research Universities,简称 LERU)2014 年对其 21 所成员高校的一份调查和本研究中 9 位受访教师的证实,洛桑联邦理工学院是欧洲大陆高校中最早全面实施该制度的高校之一(见表 5-2)。

表 5-2　欧洲研究型大学联盟引入美国式的终身教职制度的情况

国家	学校	实施年份	终身教职轨期限(年)
比利时	鲁汶大学(KU Leuven)	2009	5
芬兰	赫尔辛基大学(Helsinki University)	2010	6～10
德国	弗莱堡大学(Freiburg University)	2009	6
	慕尼黑大学(LMU Munich)	2000	3～6
	海德堡大学(Heidelberg University)	2008	4+2
意大利	米兰大学(Milan University)	2010	3
荷兰	阿姆斯特丹大学(Amsterdam University)	2009	3+2
	莱顿大学(Leiden University)	2007	5+1
	乌得勒支大学(Utrecht University)	2009	≤6
瑞典	隆德大学(Lund University)	2013	2+4
瑞士	日内瓦大学(Genève University)	2008	3+3
	苏黎世大学(Zurich University)	2001	3+3
法国	/	/	/
西班牙	/	/	/
英国	/	/	/

资料来源: Schiewer H J, Jehle C. Tenure and Tenure Track at LERU Universities Models for attractive research careers in Europe [EB/OL]. [2016 - 03 - 19]. https://www. leru. org/files/Tenure-and-Tenure-Track-at-LERU-Universities-Full-paper. pdf.

事实上,埃比舍在引入美国式终身教职制之前,聘请了一个专家顾问团队。在深入研究了包括斯坦福大学、加州大学伯克利分校等在内的十几所美国顶尖

---

① BRECHE L, MACHER A, PARK E, ATES G, CAMPBELL D. The rocky road to tenure: Career paths in Academia [M]//FUMASOLI T, GOASTELLEC G, KEHM B M. Academic work and careers in Europe: Trends, challenges and perspective. Netherlands: Springer, 2015: 13 - 40.

高校的教师手册之后，该团队认为洛桑联邦理工学院不能完全照搬美国的经验，仅能借鉴终身教职制度的核心，包括给予年轻教师独立性和自由以及实施"非升即走"原则。最终，学校尝试将美国的制度和自身的优势和需求相结合。首先，美国的终身教职轨助理教授岗位一般是 6 年，第 7 年实行考核。但顾问团队认为，教师在 6 年的时间内很难产生创新性成果。为了给教师充分的时间，洛桑联邦理工学院将考核期延长至 8 年；其次，美国的助理教授往往需要承担大量的服务性工作，①而洛桑联邦理工学院尽量减少助理教授的服务职责，从而使他们能够在教学和科研方面投入更多的时间。例如，P1 表示自己将 50% 的时间用于科研，45% 的时间用于教学，仅 5% 的时间需要用于服务。P7 表示自己 40% 和 50% 的时间分别用于教学和科研；最后，与美国顶尖高校普遍非常强调竞争和优胜劣汰有所不同的是，洛桑联邦理工学院结合自身校情，在对青年教师的准入进行严格把关的前提下，更加注重对他们的经费投入和培养，为他们提供更加充裕的资源和服务支持(D4、D5、D8、D9、P4、P11)。

绝大多数受访者认为，终身教职制度的引入对于教师的发展具有更积极的作用。在该制度下，助理教授不仅可以拥有自己独立的实验室，追求自己的研究方向，还享有洛桑联邦理工学院所提供的充裕年度经费预算以及支配预算的自主权，他们不再是二等的教师或老教授的下属。虽然近年来很多欧洲高校，包括德国大学也开始设置类似于助理教授(junior professorship)的岗位，但依然没有改变教师之间论资排辈和年轻教师的依附状况，德国大学仍然保留了严格的等级制。② 而洛桑联邦理工学院通过全面设置终身教职轨助理教授岗位真正改变了学术资源完全由教授控制的局面，营造了一个有利于所有教师学术成长和发展的学术环境和科研文化，鼓励教师之间公平和公正的竞争，并为他们提供了一条明确的、基于科研和教学绩效的晋升通道。

终身教职轨助理教授岗的设立对于欧洲的年轻学者，尤其是那些具有学术抱负的学者而言有着极大的吸引力。多位受访者表示自己入职洛桑联邦理工学院的原因是该校设置了终身教职轨助理教授岗位，保障助理教授科研和教学自

① SCHUSTER J H, FINKELSTEIN M J. The American faculty: the restructuring of academic work and careers [M]. The Johns Hopkins University Press, Baltimore, 2006: 78.

② ENDERS J. A chair system in transition: Appointments, promotions, and gate-keeping in German higher education [J]. Higher Education, 2001, 41(1-2): 3-25.

主性的同时,也为他们提供了极为丰厚的条件。例如,从加州理工学院毕业的
P10 坦言自己在求职之初根本没有考虑过洛桑联邦理工学院,直至 2007 年其导
师告诉自己该校在招聘终身教职轨助理教授时,他才产生了兴趣。P13 也表示,
当初在做职位搜索时,他只考虑终身教职轨助理教授岗位,因为只有这样的岗位
才能给教师独立的实验室和经费。P16 也表示选该校的主要原因是该校是欧洲
成立最早,也是为数不多设立了美国式终身教职制度的高校之一。P1 和 P17 则
更详细地解释了该职位的吸引力:

> "在欧洲大陆的绝大多数高校,青年教师实际上是给年长的教授当助理的。
> 青年老师的想法很多时候并不受重视,而洛桑联邦理工学院非常重视我们,它所
> 提供的条件令人很难拒绝。作为助理教授,我们拥有完全的独立性,比如我想使
> 用经费去开发一个游戏,没有人会干涉我。我也可以聘用一名博士生去非洲待
> 两年收集数据,这都不成问题,所以我感觉特别自由,我想除了美国顶尖高校以
> 外,很难再获得同等条件了……"(P1)

> "在其他欧洲高校,你很难确定自己是否能够最终获得固定职位,因为合同
> 大多是短期的,教授岗位真的非常有限。而在洛桑联邦理工学院,你知道自己有
> 很大的机会能够获得终身教职。虽然有些欧洲高校也尝试设立终身教职轨助理
> 教授岗位,但这些教授很难获得独立的研究地位。洛桑联邦理工学院的终身教
> 职轨助理教授岗位则向我们保证,只要达到了一定的绩效要求,我们的机会很
> 大……若无终身教职轨岗位,我想我是不会来的……"(P17)

在洛桑联邦理工学院之前的体系中,青年教师在教授的实验室工作,更多是完成
教授指派的任务,不必对实验室的发展和学生的成就负领导责任。而终身教职轨助
理教授岗的核心一方面在于"非升即走",意味着如果助理教授在入职八年后没有达
到学校规定的晋升要求,则必须要离开;另一方面在于,年轻的助理教授需要对实验
室的发展和学生的成长全权负责,院长和系主任虽然会在需要的时候提供指导,但并
不会过多干涉,这对缺乏管理经验的教师而言是巨大的挑战。由此可见,终身教职轨
岗位在改善青年教师处境的同时,也会给予他们压力使其不断追求卓越。

(二)教师晋升考核程序和标准的变化

随着美式终身教职制度的设立,洛桑联邦理工学院的学术晋升考核的程序

和标准也随之相应改变，在借鉴美国顶尖高校一般实践的基础上，也突出了自身特色。如前文所述，在受德国模式影响的欧洲大陆高校，一所高校的助教或博士后必须获得特许任教资格才能成为编外讲师，而编外讲师需要等老教授退休或有空缺教授席位时才有机会成为教授，成为某一研究所的负责人。要获得特许任教资格，助教或博士后需要在拥有独立的学术成就的基础上撰写一篇教授资格论文(habilitation thesis)，该论文应包含作者在取得博士学位后最初几年的研究成果，然后提交并通过一个学术委员会的答辩。①② 洛桑联邦理工学院在2002 年之前主要采用这种评审模式，③巴杜校长于1992 年上任后增设了一些副教授岗位，卓越的编外讲师能够受聘为副教授并负责独立的实验室，而这些副教授只需要等待三年便能自动成为教授。然而，根据新的学术晋升程序，2002 年以后助理教授和副教授均需像美国高校那样通过正式的多层评审程序才能分别成为副教授和正教授。但与美国高校通常采用系、院、校三级评审制所不同的是，④洛桑联邦理工学院规定无论是助理教授还是副教授的晋升都只需经过学院和学校两个层次的评审，学院评审包括学院学术晋升委员会(Committee of Academic Evaluation)评审和院长评审两个部分，而学校评审也包括学校学术晋升委员会(Committee of Academic Evaluation)和校长评审两个部分。⑤

　　具体而言，准备晋升的助理教授和副教授首先需向学院递交评审材料，由学院学术晋升委员会对申请材料进行评阅、对申请人进行面试并邀请6 名左右本领域国际专家对其评价，最后将委员会达成的意见提交给院长。学院学术晋升委员会由本院的全体教授组成，院长和学校学术评价委员会成员不在其内。与此同时，院长会单独对评审对象进行评价，并将双方的意见递交给学校学术晋升

① WAAIJER C. The coming of age of the academic career: Differentiation and professionalization of German academic positions from the 19th century to the president [J]. Minerva, 2015(53)：43 - 67.

② 柳友荣,龚放. 编外讲师：德国大学学术自由传统的"阿基米德点"[J]. 教师教育研究,2009,21(04)：62 - 65.

③ EPFL. Ordonnance sur l'habilitation à l'Ecole polytechnique fédérale de Lausanne [EB/OL]. [2017 - 10 - 01]. https://www. admin. ch/opc/fr/classified-compilation/20000181/200001010000/414. 142. 32. pdf

④ 由由. 大学教师队伍建设中的筛选机制——以美国五所世界一流大学为例[J]. 北京大学教育评论,2013,11(4)：87 - 97.

⑤ EPFL. Rules and regulations concerning LEX 4. 2. 1 EPFL Tenure-Track Assistant Professors [EB/OL]. [2017 - 03 - 21]. https://polylex. epfl. ch/wp-content/uploads/2019/01/4. 2. 1_r_professeur_tenure_track_en. pdf.

委员会,学校学术晋升委员会由校长选定的来自不同领域的 12 名校内外顶尖教授组成。学校学术晋升委员会综合院长的建议、学院学术晋升委员会的意见以及其他所需的材料,对申请人进行全面评估并将建议递交给校长,最终由校长根据各方意见决定是否通过并向 ETH 董事会提交任命申请。①

在确立了新的晋升考核程序以后,洛桑联邦理工学院也修改了新的晋升标准。在传统的体系中,教授助理或博士后要成为教授必须先获得特许任教资格,而要获得该资格必须完成教授资格论文,并通过答辩,其过程像完成博士论文,但学术水平必须超过博士论文所应达到的水平。特许任教资格制度在 20 世纪90 年代以后饱受批评,要求废止该制度的呼声很高。呼吁者认为获得特许任教资格所需的时间过长,降低了学术职业对年轻科研人员的吸引力。② 埃比舍及其领导团队较早在欧洲大陆高校中设置新的晋升体系,在新的晋升体系中,学术晋升不再需要完成教授资格论文,而是以教学、科研和科技成果转化为考核内容。其中,教学主要考察教师教学活动和指导研究生的质量;科研重点考察学术成果的创新性、跨学科性、国际影响力、获奖情况和获得竞争性经费等情况;在科技成果转化方面,主要考察教师的科技创新成果及其对社会的影响等。与大多数美国高校同时考察教学、科研和社会服务③所不同的是,洛桑联邦理工学院规定除了科研为必须考察的内容之外,教学和科技成果转化只需一项优秀便可。④

在晋升考核的内容中,科研是重中之重。但与很多注重考查论文发表数量的高校不同,⑤洛桑联邦理工学院没有以论文发表数量作为评价指标,而是完全依靠国内和国际同行评议。在该校的领导者和教师看来,不同学科领域论文发表难度的差异很大,同一领域的标准随着时间的推移也会发生变化。有些领域

① EPFL. Rules and regulations concerning LEX 4.2.1 EPFL Tenure-Track Assistant Professors [EB/OL]. [2017 - 03 - 21]. https://polylex. epfl. ch/wp-content/uploads/2019/01/4.2.1_r_professeur_tenure_track_en. pdf.

② 易红郡. 从编外讲师到终身教授:德国大学学术职业的独特路径[J]. 高等教育研究,2011,32(2):102 - 109.

③ SCHIMANSKI L A, ALPERIN J P. The evaluation of scholarship in academic promotion and tenure processes: Past, present, and future [J]. F1000Research, 2018,7:1605.

④ EPFL. Rules and regulations concerning LEX 4.2.1 EPFL Tenure-Track Assistant Professors [EB/OL]. [2017 - 03 - 21]. https://polylex. epfl. ch/wp-content/uploads/2019/01/4.2.1_r_professeur_tenure_track_en. pdf.

⑤ 吴志兰. 荷兰的学术职业——最近十几年的改革与发展[J]. 外国教育研究,2004,31(168):57 - 60.

的论文在《自然》或《科学》杂志上发表的难度很大，但却可能会产生重大的社会效益。根据学校晋升考核文本和多数受访者证实，洛桑联邦理工学院没有具体要求教师需发表多少篇论文或在哪些期刊上发表才能获得晋升，也没有对每年的发表要求进行硬性规定。担任学校晋升委员会成员的 P11 和学院晋升委员会成员的 P13 分别表达了他们的看法：

"如果靠数论文数就能判断教师水平的话，只需要机器就可以了，没必要进行同行评审。我们（校学术晋升委员会）从来不数论文数量，因为每个领域是不一样的，在有些领域，一年可能能发 5 篇论文，而有些领域，三年才能发 1 篇。事实上，每个人的情况也是不一样的，有些人更倾向于做创新性研究，而有些人倾向于做传统研究。我们必须结合不同学科和教师的具体情况，将申请人与国际同行进行比较，才能够做出公正的判断……"（P11）

"学校没有具体规定你需要达到什么要求才能晋升，唯一知道的是你需要完成 1~2 门课程，在科学研究方面能够被国际同行认可，我觉得这是对的，因为科学是很难衡量的。学校可以说要晋升副教授必须发表一篇 Nature，但如果 8 年之后，你发现有一位非常杰出的科学家并没有发表 Nature，而是在稍次的期刊上发表了一篇在科学界广受认可的论文，那你很可能就错过了这位科学家。因此精确评审要求是很危险的……"（P13）

由于该校晋升考核实践的历史不长，为避免人情因素，洛桑联邦理工学院更为注重国际同行评议，要求助理教授必须获得国际同行专家的认可，有成为某一领域顶尖科学家的潜能才能够晋升为副教授，而副教授必须成为某一领域的国际学术领军人才方能晋升为教授。洛桑联邦理工学院在评审过程中会考虑评审对象所在领域最资深和最有知名度的国际学者，如诺贝尔奖获得者的评审意见。担任校学术晋升委员会成员的受访者 P4 解释了获得国际同行认可所代表的内涵：

"比如提到你的时候，国际专家能够将你的名字与某一领域联系起来，或者知道你在该领域有什么重大的成果，这个很重要，如果能够做到这点，那么晋升就很容易。但如果给你的同行专家发邮件，没有人知道你，那就不是一个好信号。他们必须读过你的论文，或者在国际会议上你给他们留下过深刻印象，不然要是他们写下'我不知道这个人,但似乎看起来他做得还不错',那么就非常糟糕了。助理教授晋升为副教授,你不需要已经成为国际顶尖,但需要有这个潜力,而要晋升为教授,你必须得已经在本领域成为国际顶尖……"

许多研究表明,科研成果的重大突破越来越取决于跨学科研究。例如,陈其荣对 1901—2008 年期间所颁发的诺贝尔物理学奖、化学奖、生理学奖进行分时段统计(每 20 年一个时间段),发现随着时间的推移,跨学科奖项所占比例越来越高,从 1901—1920 年期间的 32％增长至 1981—2000 年期间的 61％。① 为了鼓励教师,特别是已经获得终身教职的副教授从事更具冒险性的跨学科研究,洛桑联邦理工学院青睐于晋升从事跨学科研究的教师。由于助理教授最重要的任务是获得终身教职,其往往需要在本领域不断深入才能够获得同行认可,因而学术晋升委员会建议他们更多聚焦于本领域,成为本领域的专家。而副教授已经获得终身教职,没有"非升即走"的压力,因而学术晋升委员会更多地鼓励他们进行跨学科的研究。例如,据学校学术晋升委员会成员 P11 介绍,教师发表更多论文并不意味着更有优势,副教授能否晋升主要取决于教师所做的研究是否真正具有创新性。与一直在同一领域内钻研并发表多篇论文的副教授相比,学术晋升委员会更加青睐于从事着具有颠覆性跨学科研究的教师,这类教师虽然学术产量不高,但往往其成果非常具有创新性。因此,相比于专注于本领域的副教授,能够进行跨学科研究、产生重大创新成果的副教授更容易获得晋升。很多教师表示,自己会尽可能地从事跨学科的研究,例如副教授 P4 表示自己能够在同行中突出的最佳方法是进行跨学科研究:

"当前最容易取得突出成果的做法是进行跨学科研究,这是有别于同行也是最容易获得认可的方法,至少在我的领域是这样。所以我要尽早去做这件事,即便遇到不懂的领域也没有关系,我会聘用一些不同学科背景的人才,取长补短……"(P4)

虽然洛桑联邦理工学院提升了晋升标准,并鼓励跨学科研究和科技成果转

---

① 陈其荣.诺贝尔自然科学奖与跨学科研究[J].上海大学学报(社会科学版),2009,16(05):48-62.

化,但也存在两点明显不足。首先,该校的晋升考核标准过于重视科研,使得教师对教学的重视程度不足。其次,许多受访教师表示,学校没有规定具体的考核要求反而给他们增添了更大的压力和不确定性,他们期望在职业发展过程中获得更多的指导和帮助,减少独立探索的迷茫期(P8、P13、P16)。

(三) 小结

总结而言,在教师评聘制度方面,洛桑联邦理工学院大力借鉴了美国模式(见表5-3)。就人才定位而言,该校由招收法语区人才为主转变为全球招聘,尤其青睐拥有美国顶尖高校求学和任职经历的欧洲人才;设立终身教职轨助理教授岗位,给予青年教师更大的自主性;就晋升程序而言,青年教师要晋升为副教授,无需再撰写教授资格论文并通过答辩,而是通过美国式的校内同行评议以及国际同行评议;就晋升标准而言,评价依据不再根据教授资格论文,而是更加重视科研发表、教学和科技成果转化。然而,洛桑联邦理工学院的教师评聘制度在借鉴美国模式的基础上,也充分发挥了自身的优势和结合了校情需要,包括延长了终身教职轨助理教授岗的年限、减少甚至免除助理教授的行政服务职责、更加注重对助理教授的前期投入和培养、采用二级评审而非三级评审、更加强调发挥国际专家的作用以及更加鼓励跨学科研究和科技成果转化等。教师评聘制度改革的不足主要体现在晋升重科研而轻教学,同时因晋升标准模糊导致助理教授在职业初期容易陷入迷茫状态。

表 5-3　变革前后的教师评聘制度

变革内容	变革前	变革后
主要借鉴模式	德国模式	美国模式
人才定位	区域性人才	全球招聘,青睐拥有留美经历的欧洲人才
官方语言	法文	法文和英文
青年教师自主性	较低	较高
晋升路径	编外讲师—副教授—正教授	助理教授—副教授—教授
晋升考核程序	校长组织学术晋升委员会进行考核	学院学术晋升委员会、院长、学校学术晋升委员会、国际专家、校长

（续表）

变革内容	变革前	变革后
晋升副教授的要求	撰写教授资格论文并通过学校学术委员会的答辩，获得特许任教资格	以科研发表、教学和科技成果转化为标准，获得国际专家认可
晋升教授的要求	等待同领域教授的退休（1992 年之前）；受聘副教授三年后自动转为教授（1992 年之后）	成为国际领军人才、拥有跨学科研究成果

第四节 博士生教育的转型

在博士生的招生与培养方面，洛桑联邦理工学院也有选择性地借鉴了美国模式并结合自身传统和新时代需求进行创新。与许多欧洲大陆高校类似，一直以来洛桑联邦理工学院在博士生教育方面实行的是"师徒制"，博士生的招生和培养主要由教授负责。[①②] 这种培养模式既强调科学研究，也注重培养学生的人品和个人修养，学生既是导师的助手，也是其学术思想的继承人。博士生培养以教授所主持的研究所为培养单位，无需修读课程。[③] 然而，随着外部环境的变化，师徒制越来越难以满足学校所在场域的制度环境的要求。基于访谈，研究者发现洛桑联邦理工学院的博士生招生和培养在改革之前主要面临如下困境：

首先，在招生方面，虽然导师倾向于自己拥有充分的招生自主权，但随着近年来博士生的扩招，博士生导师需要用于招生的时间越来越多，个人负担过重，且招生过程可能充满随意性，难以确保招生质量；其次，在培养环节，虽然师徒制有利于导师对学生的言传身教，但博士生往往在封闭和单一学科的环境中接受培养，且无需修读课程，致使其与实验室以外同行接触和交流的机会有限，也无

---

① ［美］伯顿·克拉克. 探究的场所——现代大学的科研和研究生教育［M］. 王承绪，译. 杭州：浙江教育出版社，2001：48.

② 秦琳. 从师徒制到研究生院——德国博士研究生培养的结构化改革［J］. 学位与研究生教育，2012（1）：59－64.

③ 沈文钦，王东芳. 从欧洲模式到美国模式：欧洲博士生培养模式改革的趋势［J］. 外国教育研究，2010（8）：69－74.

法获得系统的跨学科知识和方法训练；再者，在师生关系方面，虽然大多数导师和学生能够保持较为亲密友好的私人关系，但培养过程完全缺乏监督，有部分导师滥用权力。

为改善博士生招生和培养的效率与质量，埃比舍及其领导团队于 2002 年仿效美国的研究生院设立了专门针对博士生的博士生院（Doctoral School），使博士生的招生和培养更加结构化。而设立博士生院而非研究生院的原因在于，瑞士高校传统的学位是两级制，也即硕士学位为第一级学位（Diplom 或 Magister），博士学位为第二级学位，没有设立学士学位。直至博洛尼亚进程开始，洛桑联邦理工学院才开始将本硕学位分离，因而博士生院更多针对博士生。事实上，美国的研究生院组织结构形式多样，但大体可以归纳为两类：一类是分散型研究生院，主要在学院级别设置研究生院，没有全校统一的研究生院，如哈佛大学属于此类；另一种是集中型研究生院，也即在学校层面设置研究生院，同时依靠各学院、学系进行管理，如麻省理工学院便属此类。①②③ 洛桑联邦理工学院设置了一个全校性的博士生院，负责统筹和监管全校 21 个博士生项目，但每一个博士生项目独立负责招生、组织考核、安排课程和活动，每一个项目都设有一位主管以及一个委员会。为了鼓励跨学科研究，洛桑联邦理工学院的博士生项目与学院和研究所分开，博士生的课程大多是跨学科性的。④

变革之前，洛桑联邦理工学院的博士生导师主要通过申请者的邮件和简历了解其水平，而变革以后，博士招生不再依赖申请人与教授的个人联系，而是由申请人向各自的博士生项目提交申请，每年两次申请时间。截止时间一过，由各博士项目招生委员会统一选拔，遴选少数优秀的申请者进入下一轮面试，每个职位一般邀请两名博士生面试。博士招生委员会由学院的教师自愿组成，虽然博士生导师不再是博士候选人的唯一决定者，但他们都积极参与招生，而招生委员会会基于集体的判断向博士生导师推荐博士人选。每个博士项目每年能够从学

① 张治，王娜. 美国研究生院的类型及案例研究[J]. 世界教育信息，2008：53-55.
② 朱剑. 对美国高校研究生院几个认识问题的商榷[J]. 中国高教研究，2006(9)：20-23.
③ GEORGE W. Doctoral education in the United States of America [J]. Higher Education in Europe，2008，33(1)：35-43.
④ EPFL. Directive concerning doctoral studies at the Ecole polytechnique fédérale de Lausanne [EB/OL]. [2017-01-01]. https://polylex. epfl. ch/wp-content/uploads/2019/01/2. 4. 1_dir_formation_doctorale_an. pdf.

校获得 2.5 万瑞士法郎(约 17.5 万元人民币),以组织世界各地的若干优秀申请者来学校进行面试,面试一般为期三天,申请者与学校的教师和学生面谈。在此过程中,博士生导师能够更进一步了解有意向的学生。D4 详细介绍了该过程:

> "如果有一位教授要招收一名博士生,我们会从申请者中择优选择两位申请者来学校,给他们报销路费。他们一般在洛桑联邦理工学院待三天,第一天会参加我们为他们所举办的一个非正式的聚会,第二天他们要给其他学生作报告,最后一天他们给项目委员会作一场报告。之后我们将作出是否录用他们的决定,录用之后,学生和导师进行双向选择。面试非常重要,能够让教师更直观地了解学生,这是从材料中难以判断的……"

除招生程序的变革以外,洛桑联邦理工学院博士生的培养环节也有诸多向美国学习之处,主要体现在要求学生修读一定的课程并参加博士生资格考试方能进入博士论文研究阶段、注重博士生的跨学科能力和软技能培养、为博士生安排各类讲座和参会机会以及给予所有有条件的教师指导博士生的资格。然而,与美国大多数高校规定修读 2 年左右课程①②所不同的是,洛桑联邦理工学院要求学生只需要修读 1 年的必修课程便可参加资格考试,这主要因为洛桑联邦理工学院博士学位的生源为研究生而非本科生,这些学生已经具备了一定的专业基础。此外,美国采取博士生论文指导委员制度,也即博士生除获得主要导师的指导外,还会得到博士论文指导委员会(dissertation committee)其他成员的指导,包括为其制定学习和科研计划、进行论文指导和评定、提供专业咨询和具体指导等。③④⑤　而洛桑联邦理工学院采取单一导师制,博士生入学之后便选定导师并进入其实验室从事科研工作,整个培养过程基本在单一导师的指导下完成,博士生院仅在答辩环节邀请专家评阅论文并参加答辩。另一个较大的不同之处

---

① GEORGE W. Doctoral education in the United States of America [J]. Higher Education in Europe, 2008,33(1): 35 - 43.

② 陈斌. 中美学术型博士研究生培养模式比较研究[J]. 研究生教育,2014(6): 85 - 90.

③ 刘献君. 发达国家博士生教育中的创新人才培养[M]. 武汉: 华中科技大学出版社,2010: 69 - 71.

④ 王东芳. 美国博士生培养的理念与制度[J]. 高等教育研究,2013,34(9): 54 - 60.

⑤ LEE A. How are doctoral students supervised? Concepts of doctoral research supervision [J]. Studies in Higher Education,2008,33(3): 267 - 281.

在于，洛桑联邦理工学院的博士生依然是大学雇员的身份，每位博士生入学时需要与学校签订为期四年的聘用合同，规定相应的权利、义务、薪酬，能够依法享有更多的福利保障（见表5-4）。①

表5-4　变革前后的博士生培养模式

变革内容	变革前	变革后
主要借鉴模式	德国模式	美国模式
博士生导师资格	正教授	助理教授、副教授、正教授
博士招生过程	导师负责	博士项目招生委员会负责，导师参与
课程和考核	无需修读课程、无考核	跨学科课程、资格考试
培养过程	导师指导，无外界监督	导师负责，受博士生院监督
博士生身份	大学雇员	大学雇员、学生

　　总结而言，洛桑联邦理工学院的博士招生和培养制度改革在很多方面体现了美国博士培养模式的影响，包括博士生的竞争性选拔、博士课程和资格考试的要求、博士导师资格的规定等。但该校也保留了部分自身的传统，包括更加强调导师在招生中的意见、延续论文指导的单一导师制以及学生作为雇员身份等。在大多数受访者看来，这一变革产生了积极作用，包括：在提升招生标准、效率和过程透明性的同时，也尊重了导师的意愿、提升了生源质量；跨学科课程和学术活动提升了学生的专业能力，同时增加了他们与其他博士生和教师交流的机会；在程序上为学生提供了外部监督以及申诉机制等。然而，该改革也存在不足，主要在于单一导师制未能改变学生对导师的依附状况。例如，D3认为，虽然该校的合同明确规定博士生的工作时间为每周41小时，仍有大量导师会要求学生为其服务更长时间，且并非每位导师都能够很好地对待学生，学生的压力、工作强度与自由都严重取决于导师个人，监督机制难以真正发挥作用。

----

① EPFL. Directive concerning doctoral studies at the Ecole polytechnique fédérale de Lausanne［EB/OL］.［2017-01-01］. https://polylex. epfl. ch/wp-content/uploads/2019/01/2. 4. 1_dir_formation_doctorale_an. pdf.

第五节 校企合作的加强

在实用主义的影响下,美国大学的知识生产长期以来在开展有助于技术发展和工业绩效的研究中发挥了重要作用。从历史上看,美国大学的这种取向与欧洲形成鲜明对比,欧洲大学的科研更多追求真理本身,而不考虑知识的商业价值。自 20 世纪 70、80 年代以来,随着美国政府对高等教育的预算拨款大幅减缩,美国高校和教师被迫更大程度地面向市场。与此同时,美国联邦政府于 1980 年颁布《拜杜法案》(Bayh Dole Act),授予美国大学联邦资助科研成果的知识产权,从而更有力促进了美国大学知识产权的市场化运作。① 之后一系列的法案,如《史蒂文森—威德勒法案》《1986 年联邦技术转让法案》《1986 年药品出口法案修正案》等均鼓励大学的学术资本主义。②

受美国大学的影响,欧洲大陆国家自 20 世纪 80 年代开始,也愈发重视知识的商业化,积极推动校企合作和科技成果转化,包括制定知识产权政策、设立科技成果转化办公室(Technology Transfer Office,简称 TTO)等。作为一所联邦大学,洛桑联邦理工学院的经费一直以联邦政府拨款为主,受联邦政府"庇护"而免受市场影响。随着 20 世纪 80 年代瑞士经济战略的调整,洛桑联邦理工学院才开始了与企业的合作,并于 1986 年首次签订两份与企业的战略合作伙伴协议。1991 年在联邦政府的推动下,巴杜校长在其任期内在该校的校园内建立了一个科技园(Science Park)以孵化新的衍生企业,并于 1998 年成立了科技成果转化办公室,成为学校与企业界的桥梁。③ 埃比舍及其领导团队上任后,更以美国斯坦福大学为榜样,致力于进一步加强洛桑联邦理工学院与企业的合作以及推动科技成果转化。

为了有效推动校企合作和学校的科技成果转化,洛桑联邦理工学院于 2004

---

① LEYDEN D P, LINK A N. The national cooperative research Act of 1984 [J]. Research Gate, 2015, 10(2): 152-181.

② [美]希拉·斯劳特,拉里·莱利斯. 学术资本主义[M]. 梁骁,黎丽,译. 北京: 北京大学出版社,2008: 8-10.

③ EPFL. Technology transfer [EB/OL]. [2018-02-09]. https://tto.epfl.ch/.

年专设了一个负责创新和科技成果转化的副校长岗位，由该副校长领导科技成果转化办公室全权负责学校的创新与科技成果转化事务。科技成果转化办公室负责人 L10 受访表示，科技成果转化办公室的职责包括多个方面：①判断科技发明的商业用途，协助科学家申请专利和技术转让，如起草专利申请的相关文件，并在必要时代表专利人进入法律程序；②帮助科学家设立衍生公司；③建立学校与企业合作的纽带，评估每次合作机会的潜在价值，帮助合作项目的设立，同时还要管理合作项目的后续进展，使得科学家和企业能够维持较好的合作。

洛桑联邦理工学院的科技成果转化办公室进行了大量工作：加强对企业的了解，在此基础上尽可能为校企合作搭建桥梁，在尽力说服企业考虑长远收益的同时，积极向教师阐述与企业合作的益处，转变其观念。例如 L10 表示，科技成果转化办公室的工作不仅包括说服企业对洛桑联邦理工学院进行投资，还要说服教师参与企业的合作，并为他们提供及时有效的服务。多位受访者证实科技成果转化办公室为他们提供了有益的服务：

"我会请他们帮忙申请专利，他们真的很专业，熟悉整个专利申请的流程，也知道哪些专利更有市场价值。如果我们要和企业合作，就会请他们帮忙。他们经常跟我们说，'如果你有什么想法，随时跟我们联系。'任何时候我们想跟他们联系，只要打个电话过去，两天之内他们就会有人到我们的办公室一起讨论，所以他们的服务真的很周到……"(P10)

据洛桑联邦理工学院科技成果转化办公室统计，该校在 2005—2014 年期间申请的专利发明为 950 项，而在 1995—2004 年期间仅为 450 项，申请专利发明数增长了一倍。① 受访者 L5 表示，该校专利数量的上升很大原因在于科技成果转化办公室帮助教师意识到科研成果转化的重要性及其市场价值。

在与企业的合作方式上，洛桑联邦理工学院非常重视与企业的长期战略性合作，并借助政府力量，将合作与区域发展相结合。洛桑联邦理工学院、企业与政府以经济发展的需求为纽带联接起来，形成"三螺旋"(Triple Helix)的新关

---

① EPFL. Technology transfer [EB/OL]. [2018-02-09]. https://tto.epfl.ch/.

系。① 三螺旋模型的核心是"大学、产业与政府"三个机构领域之间紧密合作,构建以知识创新为核心的社会组织系统,推动优质创新资源的共享。例如,洛桑邦理工学院结合不同城市的工业特点,在当地政府的支持下,建立了五个分校,而每个分校都与当地的经济深度融合。在威斯基金(Wyss Foundation)和日内瓦州政府的投资下,洛桑联邦理工学院在日内瓦设立了一个生物科技校区(Biotech Campus),主要围绕医学领域和科技领域进行跨学科合作;在瓦莱(Valley)设立了微科技校园(Microtechnology Campus),主要研究微电子机械系统;在纳沙泰尔(Neuchâtel)设立了微电子工程;在锡永(Sion)设立了能源研究校区,因为该城市对能源非常感兴趣。②

　　除了设立分校与企业深度合作之外,洛桑联邦理工学院还积极联系企业赞助设立"捐赠讲座教授"(Endowment Professorship)。捐赠讲席教授这一做法融合了讲座制度和社会捐赠,是一流大学利用外部资金引进或留用杰出学者的有效途径。2000 年以来,洛桑联邦理工学院共设立了 33 个捐赠讲席,其中有三分之二受企业资助,企业负责支付捐赠讲席教授的所有费用。如德国默克集团(Merck Serono)在 2007 年资助了洛桑联邦理工学院的 3 个"讲席教授"席位,威斯基金资助了一亿瑞士法郎用于设立捐赠讲席,雀巢公司(Nestlé)在 2006 年也投资了 2 500 万瑞士法郎用于资助两个捐赠讲席。D1 介绍了洛桑联邦理工学院与企业签订捐赠讲席的过程:

　　"在大多数情况下,校长会参与进来,与公司的 CEO 会面,CEO 会决定 5—10 年资助多少钱,并说明期望招聘什么类型的人,之后与校长签订合同,再由具体的学院开始人才招聘,若未招聘到合适的人,学校要退还公司的资助……"

　　不仅如此,洛桑联邦理工学院近年来还获得了全球知名企业西门子(Siemens)、雀巢、罗技(Logitech)、诺基亚(Nokia)、思科(Cisco)、德彪集团

---

① ETZKOWITZ H, LEYDESDORFF L. The dynamics of innovation: From national system and "mode 2" to a triple helix of university-industry-government relations [J]. Research Policy, 2000(29): 109 - 123.

② JEANNET A. My dream is to promote the emergence in Switzerland of a company of the importance of Google [EB/OL]. [2016 - 09 - 11]. http://www.hebdo.ch/hebdo/cadrages/detail/patrick-Aebisher-EPFL-systeme-de-formation-projets.

(Debiopharm)、诺华(Novartis)等的合作项目或资助,并形成了一整套校企合作的模式。此外,洛桑联邦理工学院还拓展了1991年设立的科技园,建成了一个更大的创新广场(Innovation Square),吸引了上百家新兴科技企业在此落户。瑞士雄厚的工业基础确保了学校与企业合作以及获取企业经费的机遇。如图5-2所示,洛桑联邦理工学院的企业经费自2000年以来增长明显,企业经费占学校总经费比例整体也不断提升。

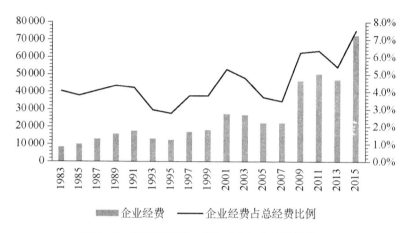

图5-2　洛桑联邦理工学院企业经费的增长情况
数据来源:洛桑联邦理工学院官网(https://information. epfl. ch/chiffres)。

斯劳特和莱斯利将"院校及其教师为确保外部资金的市场活动或具有市场特点的活动"称之为学术资本主义,并基于资源依赖理论认为政府拨款的削减和对经费需求的增长是导致院校和教学科研人员从事市场活动的主因。市场活动主要包括获得专利并转让专利许可、创办衍生公司、校企合作等营利性活动。[①] 本研究分析认为,洛桑联邦理工学院推动校企合作和科技成果转化的目标不仅在于获取更多资源,更源于努力通过与企业的合作,加快向知识生产模式Ⅱ的转变,推动以问题为导向的科技创新以及履行为国家发展服务的职能。

大量学者分析认为,受物质利益的诱惑,学术资本主义会使学者受好奇心驱

---

① ［美］希拉·斯劳特,拉里·莱利斯. 学术资本主义［M］. 梁骁,黎丽,译. 北京：北京大学出版社,2008：
8-10.

使的研究大大减少。①② 但在洛桑联邦理工学院的案例中，这一现象或许存在但并不突出，一方面缘于该校从政府获得的预算拨款非常充裕，一定程度上保护了教师的学术自由，使他们能够审慎地自主选择研究方向和课题；另一方面缘于工程技术领域的研究本身带有很强的应用性，与企业合作是学科发展的内在需要。然而，该校的校企合作对知识的共享产生了较大的限制。多位受访者表示，虽然洛桑联邦理工学院的政策规定学术发表是学校与企业合作的前提，但在具体的合作中，大多数企业要求先申请专利，从而造成学术发表一般推迟 6—12 个月，一定程度上阻碍了科研成果的共享。受访者 D2 的描述较有代表性：

"过去洛桑联邦理工学院不太会考虑校企合作和知识的商业化，不太喜欢教授出去做这些，但这一现象在过去 20 年里发生了很大的变化，过去教授们都会发表他们的科研成果，与知识界共享，而现在很多都申请专利保护卖给公司了……"

第六节　模式转型的多重制度逻辑

新制度主义认为，制度变迁会嵌入在具体时空情境的制度背景中，变迁较慢的制度维度会对其他维度的制度变迁形成制约，因而制度企业家的制度创新行为必须与历史的或地方的制度环境进行融合。③ 研究者分析认为，洛桑联邦理工学院对美国模式的制度移植和转化是多重制度逻辑相互作用的结果，主要包括市场逻辑、国家逻辑、大学管理逻辑和学术逻辑。

传统上，洛桑联邦理工学院在宏观层面受国家逻辑主导，而在大学内部则主要遵循学术逻辑，市场逻辑和大学管理逻辑的影响相对薄弱，是典型的学者社区。而随着外部环境的变化，洛桑联邦理工学院所处的外部制度环境发生明显改变，市场逻辑的新自由主义、新公共管理理念渗透到联邦政府层面，使其致力

① ［美］埃里克·古尔德. 公司文化中的大学——大学如何应对市场化的压力［M］. 吕博，张鹿，译. 北京：北京大学出版社，2015：20.
② ［美］理查德·德安吉里斯，等. 全球化与大学的回应［M］. 王雷，译. 北京：北京大学出版社，2010：78.
③ ［美］约翰·L·坎贝尔. 制度变迁与全球化［M］. 姚伟，译. 上海：上海人民出版社，2010：80.

于推动高等教育政策的改革，如授予高校更多的自主权、引入竞争性的经费拨款机制、鼓励高校与企业合作、加强对高校的问责等。在此背景下，洛桑联邦理工学院的大学内部科层管理逻辑也不断加强，试图推动学校向更具竞争力的美国模式转变以应对外部环境的需求，而传统的学术逻辑所形成的路径依赖则在一定程度上制约了该校完全的美国化。

传统上，瑞士高校之间的竞争并不激烈，联邦政府和州政府各司其职，为研究型大学提供充裕的经费拨款，大学之间无需展开激烈的竞争。然而，随着全球化的发展和市场力量的影响，瑞士的国家逻辑发生改变，主要体现在两个方面：①为了促进国家科技创新和知识经济发展，瑞士政府更加重视研究型大学在经济发展中的作用，并以新公共管理理念来治理高校，加强竞争性经费拨款和问责以推动高校的市场化；②瑞士政府以立法的形式赋予了高校更大的自主权，同时加强了校长的权力，以此推动高校之间的竞争和办学效率。与此同时，联邦政府通过调整洛桑联邦理工学院的办学定位和任命新的校长作为制度企业家，将其政策意图很好地融入到洛桑联邦理工学院的发展目标的制定过程和变革之中，同时通过为高校提供良好的经费基础和立法基础保障了高校改革的外部条件。

在学校外部市场逻辑和国家逻辑的推动下，洛桑联邦理工学院内部的大学管理逻辑和学术逻辑之间的关系发生了变化。大学管理逻辑以权力等级制、理性决策和追求效率为核心特征，在决策中往往由领导者确定目标和战略，而下属负责执行，与此同时，大学管理逻辑将大学视为面向市场竞争的组织，需要通过科层制来提升管理效率。[①] 为推动学校的快速发展，一方面，洛桑联邦理工学院以校长为代表的行政管理层通过组织结构改革来加强行政权力，削弱学术权力，并通过自上而下的方式推动变革；另一方面，洛桑联邦理工学院的大学管理逻辑使其试图效仿比德国模式更有效率的美国模式来提升学校的办学效率，从而变革了学校的组织结构、教师评聘制度、博士招生制度和校企合作制度等。然而，管理逻辑在推动变革的过程中不可避免地与学校根深蒂固的学术逻辑发生

---

① CANHILAL S K, LEPORI B, SEEBER M. Decision-making power and institutional logic in higher education institutions: A comparative analysis of European universities//PINHEIRO R, GESCHWIND L, RAMIREZ F (EDS) [M]. Towards a comparative institutionalism: Forms, dynamics and logics across the organizational fields of health care and higher education [M]. Research in the sociology Organizations. Emerald Group Publishing Limited, 2016: 169-194.

冲突。

　　学术逻辑主要有两层内涵,一方面源于对学术自由和学术自治等传统学术价值的捍卫,也体现为共治下的集体协商原则和教师参与;另一方面重视学科发展,遵从学科发展的基本规律。学术逻辑将大学视为一个学者社区,其主要任务是创造知识并维持其在同行中的声誉。① 强调权力等级制和效率至上的科层管理逻辑往往遭到学术逻辑的挑战。以洛桑联邦理工学院建设跨学科中心为例,埃比舍及其领导团队试图通过行政统筹来强制推动跨学科研究所的做法,严重违背了学科逻辑。管理逻辑认为组建跨学科的研究所更有利于推动学校跨学科的发展和人才培养,然而,大学是一种以学科为基础的"底部沉重"②的学术组织,教师长期处于教学和科研的第一线,其长期所形成的忠于学科的学术文化使得绝大多传统学科都重新回归了系科模式。

　　再如,即便"讲座制"和"师徒制"难以适应全球化时代学术发展的需要和市场化环境下管理效率的要求,欧洲大陆高校也往往难以完全以美国制度取而代之。原因在于这些制度在欧洲大陆高校拥有深厚的组织传统和文化基础,都是在大学长期的发展过程中为了保障教授的学术自由和学术自治而演变的,其变革需遵循明显的路径依赖,因而只能对之进行一定的修正和嫁接。可以说这些制度模式内嵌于欧洲大陆高校的学术文化和传统之中,这也是为何洛桑联邦理工学院在并系建院过程中需要保留完全自治的实验室以及在设立博士生院的过程中虽然引入了程序化招生和跨学科课程,但依然保留单一导师论文指导的制度设置。

　　总结而言,洛桑联邦理工学院的组织变革是国家逻辑、市场逻辑、大学管理逻辑和学术逻辑相互作用的结果。正是这些制度逻辑的变化以及相互之间的博弈推动了洛桑联邦理工学院的组织变革以及美国模式在该校的制度移植。这些制度逻辑之间虽然存在明显的差异并在变革过程中彼此冲突,但最终均作出了适度的妥协,秉持着维护学术自由和促进学术发展的核心立场。从洛桑联邦理

① THORNTON P H, OCASIO W. Institutional logics and the historical contingency of power in organizations: Executive succession in the higher education publishing industry, 1958 - 1990 [J]. American Journal of Sociology, 1999,105(3): 801 - 843.
② [美]伯顿·克拉克. 高等教育系统——学术组织的跨国研究[M]. 王承绪,等,译. 杭州:杭州大学出版社,1994: 124.

工学院改革中不同制度逻辑的互动来看,市场逻辑和国家逻辑是推动该校变革的主导外部制度力量,大学管理逻辑则是推动大学改革的主导内部力量,而学术逻辑则形成了一定的路径依赖,捍卫着大学的传统价值。

本章小结

随着全球化的到来,洛桑联邦理工学院早在 20 世纪 90 年代初便已经开始受到全球制度动力的影响,新自由主义所主导的市场逻辑渗透到国家层面,迫使瑞士联邦政府开始采用新公共管理理念主导国内的高等教育系统改革。然而彼时市场逻辑和国家逻辑并没有对洛桑联邦理工学院产生根本性的影响,一方面由于全球制度动力的影响并不深入,另一方面则在于巴杜校长对市场逻辑的嵌入不深,不愿意打破原有的制度安排,同时他也缺乏相应的政治动员能力。因而,巴杜校长仅对该校的制度进行了局部调整,包括设立科技成果转化办公室,设置副教授岗位等,但没有进行革命性的变革。直至 21 世纪初,处于多重制度交界处的埃比舍校长上任,通过加强科层管理逻辑,学校的办学模式才发生了根本性的变化。在此过程中,市场逻辑、国家逻辑、大学管理逻辑不断加强,同时受到传统学术逻辑的阻力,洛桑联邦理工学院实现了对美国模式的移植和转化(见表 5-5)。

表 5-5　洛桑联邦理工学院对美国模式的移植和转化

维度	德国模式	美国模式	变革前	变革后
外部治理	大学受政府直接管理和控制;经费来源于政府拨款;教授为国家公务员	大学享有独立法人资格;经费来源多元化;教授并非国家公务员	联邦政府直接干预;经费主要由联邦政府承担;教授为国家公务员	1991 年获得公法人资格,联邦政府宏观调控;增加第三方经费,但政府预算拨款仍占主导;教授为国家公务员
内部治理	基于大学评议会、学部教授会的学院式治理模式	以董事会、校长和教授为核心的共同治理模式	基于大学评议会、系务委员会的学院式治理模式	加强以校长为核心的行政权力并限制教师的决策参与权

（续表）

维度	德国模式	美国模式	变革前	变革后
组织结构	基于大学—学部—研究所（大实验室）的三级组织结构；中层行政权力弱；基层学术组织为个人统治的研究所（实验室）	基于大学—学院—学系的三级组织结构；中层行政权力较强；基层学术组织为教师共治的学系/跨学科研究所	基于大学—学系—研究所（大实验室）的三级组织结构；中层行政权力弱；基层学术组织为个人统治的研究所（实验室）	基于大学—学院—跨学科研究所的三级组织结构；中层行政权力强；基层学术组织为跨学科、教师共治的研究所
教师评聘制度	实行特许任教资格制和编外讲师制；学术职称包括编外讲师和正教授；学术晋升需经过校级学术委员会评审	实行终身教职制；学术职称包括助理教授、副教授和教授；学术晋升需经过系、院、校三级评审	实行特许任教资格制和编外讲师制；学术职称包括编外讲师、副教授和正教授；晋升编外讲师需经过校级学术委员会评审，副教授三年后成为教授	实行终身教职制；学术职称包括助理教授、副教授和教授；学术晋升需经过院、校二级评审
博士生教育	实行师徒制，招生和培养由导师负责；培养过程无需修读课程、无考核；博士生身份为大学雇员	实行研究生院制，招生和培养由研究生院负责；培养过程需修读课程、参加资格考试；博士生身份为学生	实行师徒制；招生和培养由导师负责；无需修读课程、无考核；博士生为学校雇员	实行博士生院制；招生由博士生院负责，论文指导实行单一导师制；培养过程需修读课程和参加资格考试；博士生身份为学校雇员
校企合作	追求纯粹知识和学问，排斥知识的商业化和校企合作	不排斥应用研究，积极推动校企合作和科技成果转化	20世纪80年代末成立科技成果转化办公室和科技园，开始与企业合作	大力加强与企业的合作，推动科技成果转化和知识生产模式的转型

　　洛桑联邦理工学院整体实现了从德国模式向美国模式的转型。具体而言，在治理模式方面，该校早在1991年便获得公法人资格并拥有更大的机构自主权，在2000年加强了以校长为代表的行政管理的权力。与美国大多数研究型大学相比，该校主要依靠政府拨款并需服务于政府的战略定位和使命要求，教授为国家公务员，难以获得实质性自治。而为了实现建设国际顶尖大学的使命，该校领导者以集权决策方式取代与教师的共治，与美国研究型大学的共治实践存在较大差异；在组织结构方面，该校借鉴美国模式实现了并系建院并任命专职院长负责管理，以共治的研究所取代个人统治的研究所以及缩小了实验室规模和赋

予青年教师独立性。与美国模式的明显差异在于，洛桑联邦理工学院削弱了教授会的权力、以跨学科研究所完全取代基于学科的学系、将教学和科研分离以及给予全体教师非常充裕的年度科研经费；在教师评聘方面，该校由特许任教资格制和编外讲师制向美国式的终身教职制和多级评审制转变。然而，该校的终身教职轨延长了年限、更加注重对助理教授的前期投入和培养、采用二级评审而非三级评审、更加强调发挥国际专家的作用以及更加鼓励跨学科的研究成果；在博士生教育方面，洛桑联邦理工学院借鉴了美国的博士课程和资格考试的要求、博士导师资格的规定等。但与美国相比，该校更加强调导师在招生中的意见、延续论文指导的单一导师制以及保留学生作为雇员身份等；在校企合作方面，该校早在 20 世纪 80 年代末便开始推动科技成果转化，埃比舍上任后大力加强校企合作。

通过对洛桑联邦理工学院组织变革的分析，本研究发现该校变革的效果与不足主要体现在：①在治理模式方面，该校加强了机构自治以及以校长为核心的行政管理的权力，提升了大学应对外部环境的动态能力，但也导致学校共治文化式微和学术权力的失落；②在组织结构方面，该校通过并系建院、组建跨学科中心、建设新学院和实验室改革等提升了学校的管理效率、推动了新兴跨学科领域的发展、释放了青年教师的活力并提升了学校的资源使用效率。但与此同时，减少了教师在学校和学院层面的参与，降低了教师的组织忠诚度以及教学热情等；③在教师评聘方面，通过全球招聘提升人才质量，并通过实施美国式的终身教职制和改革晋升制度为杰出青年教师提供了科研自主性、相对明确的晋升路径，并提高了晋升标准。其不足在于对教学重视不足以及晋升标准不清晰；④通过设立博士生院改善了博士生的招生和培养质量，不足在于没有改变学生对教师的依附；⑤通过加强校企合作促进了科技成果转化，在增加企业收入的同时，也推动了科技创新，而其不足在于，限制了知识的共享，对教师的学术自由有所影响。

第六章

洛桑联邦理工学院组织变革之成效

洛桑联邦理工学院组织变革的目标是能够通过组织变革,成为一所世界一流的理工类大学。[①] 基于萨尔米的世界一流大学特征框架(见图 1-1),本研究将通过考察洛桑联邦理工学院在这些维度的变化来评估该校近年来的组织变革成效。

第一节　人才汇聚及原因分析

克拉克·克尔认为,"教师整体就是大学本身,是其荣誉的源泉"[②]。对于研究型大学而言,优质的人才资源是其成功的关键要素,世界顶尖高校往往汇聚了大量的人才。

一、学术人员规模与质量的发展

(一) 学术人员的增长

任何一所研究型大学要实现卓越,第一个或许也是最重要的一个决定因素是拥有众多的学术人员。[③] 正如清华老校长梅贻琦所言,"所谓大学者,非有大

[①] EPFL. Development Plan 2012-2016 [EB/OL]. [2015-08-01]. http://direction. EPFL. ch/files/content/sites/direction/files/EPFL%20Development%20plan%202012-2016%20310811%20fin. pdf.
[②] [美]克拉克·克尔. 大学的功用[M]. 陈学飞,译. 南昌:江西教育出版社,1993:71.
[③] 李雪飞. 美国研究型大学竞争力发展策略研究[M]. 上海:华东师范大学,2008:15-18.

楼之谓也,而有大师之谓也"。而哈佛大学的艾略特校长、约翰·霍普金斯大学的吉尔曼校长、加州大学伯克利分校的惠勒楼(Wheeler)校长等著名校长无一不是将学校发展的重点放在建设一支卓越的教师队伍上。为了提升学校的质量,埃比舍校长及其领导团队也将师资建设视为学校发展的重中之重。

相比于教师数,不同高校对学术人员数的统计口径差异较小,虽然直接比较各校学术人员的聘用标准和教师数存在难度,但在假设各高校自身标准不降低的情况下,可以通过比较高校学术人员数在一定时期内的增幅来反映学校人才增长的相对情况。为了考察洛桑联邦理工学院较之其他高校在人才增长方面是否存在优势,研究者以 2007—2012 年为时间窗口,以 2015 年同时入榜 THE、QS 和 ARWU 三大排名 500 强的 315 所高校为样本,通过查找各国/地区官方统计局网站和高校年度报告,搜集了包括洛桑联邦理工学院在内的 200 所世界500 强高校的学术人员数,样本的国家/地区分布及教师数搜集情况见表 6-1。

表 6-1　学术人员数量变化背景高校的分布

国家/地区	查找高校数	查找到学术人员数的高校数
美国	92	92
英国	34	34
加拿大	16	16
澳大利亚	14	14
瑞典	9	9
中国	9	9
瑞士	7	7
丹麦	5	5
比利时	7	4
中国台湾	5	3
新西兰	4	2
南非	3	2
新加坡	2	2
中国香港	5	1
德国	25	0
其他	78	0
总数	315	200

　　通过对这 200 所高校学术人员数的增幅进行分析,可以得到如图 6-1 所示的增幅频次分布图。由图可知,2007—2012 年期间,有 90% 以上的高校的学术人员数增幅在 40% 以内。而洛桑联邦理工学院在此期间的学术人员数从 2007 年的 2,365 人增长到 2012 年的 3,490 人,增幅为 47.6%,位居前 5%,超过绝大多数高校,表明洛桑联邦理工学院在学术人员数上的增长优势明显。

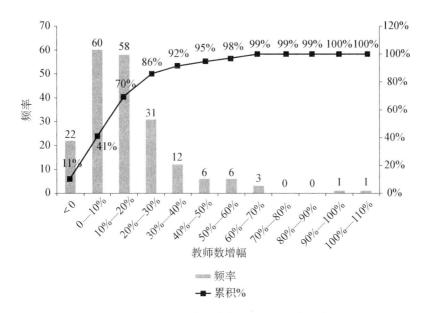

图 6-1　2007—2012 年高校学术人员数增幅的频次分布图
　　数据来源:①美国教育统计中心:http://nces. ed. gov/ipeds/datacenter/ Dfr. aspx? unitid= acb1b1abadb2;②加拿大统计局:http://www. statcan. gc. ca/ start-debut-eng. html;③英国高等教育统计局:https://www. hesa. ac. uk/content/ view/1973/239/;④澳大利亚教育部:https://education. gov. au/selected-higher- education-statistics-2013-staff-data;⑤瑞典高教署:http://english. uka. se/ statisticsfollowup/annualstatisticsonhighereducationinsweden. 4. 7ff11ece146297d1aa 652b. html;⑥瑞士联邦统计局:http://www. bfs. admin. ch/bfs/portal/de/index/ themen/15/06/data/blank/03. html;⑦比利时国家统计局:http://www. ond. vlaanderen. be/hogeronderwijs/werken/studentadmin/studentengegevens/default. htm; ⑧中华人民共和国教育部科技司《高等学校科技统计资料汇编》:http://www. dost. moe. edu. cn/dostmoe/kjcg/kjtj/;⑨丹麦、中国台湾、中国香港、新西兰、南非、新加坡等国家和地区学术人员数来自高校年度报告。

　　纵观洛桑联邦理工学院在不同历史时期的学术人员数的变化情况不难发现,该校在埃比舍校长执政期间学术人员数量的增幅最大,从 2000 年的 1,732 人增长到 2016 年的 3,749 人,增幅近 116%,超过以往任何时期(见图 6-3)。而

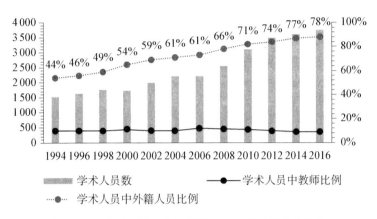

图 6-2　1994—2016 年洛桑联邦理工学院学术人员数
数据来源：洛桑联邦理工学院官网（https://information. epfl. ch/chiffres）。

对比洛桑联邦理工学院不同时期外籍学术人员比例的情况可以发现，2000 年以后，外籍学术人员占总学术人员比例也大幅增长，从 2000 年的 54％增至 2016 年的 78％。由此证实，从全球各地广纳英才成为埃比舍扩充人才资源的主要途径。

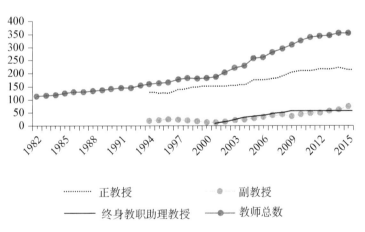

图 6-3　洛桑联邦理工学院教师数的增长情况（该校的教师数统计从 1982 年开始）
数据来源：洛桑联邦理工学院官网（https://information. epfl. ch/chiffres）。

　　值得注意的是，洛桑联邦理工学院的学术人员主要由正式教师（正教授、副教授、助理教授）和合同制的科研人员（博士后、科研助理①等）等组成。与许多

---

① 科研助理人数在引入终身教职轨助理教授岗位后只减不增。

其他研究型大学设立独立的专职科研人员不同,洛桑联邦理工学院的科研人员主要由短期的博士后和少数长期的科研助理组成,这些人才由正式教师根据自己实验室的科研经费情况和发展需要招聘。这也就意味着学术人员数的增长并非该校的硬性规定,而是由于教师数的增长、实验室和经费分配制度的改革等。

(二) 教师人数的增长

分析教师人数的增长情况不难发现,各职级正式教师的数量自 2000 年来迅猛增长,教师总数从 2000 年的 184 人增长至 2016 年的 367 人,16 年内的增幅为100%,翻了一倍,而洛桑联邦理工学院在 1982—1999 年 17 年期间教师数的增幅仅为 58.6%。

自 2000 年以来,洛桑联邦理工学院不断从世界各地吸引人才,教师中外籍教师整体比例从 2000 年的不足三分之一(32.0%)增长至 2016 年的近三分之二(60.8%)(见表 6-3)。而在外籍教师中,80%左右来自欧洲国家,20%左右来自世界其他地区,进一步证明洛桑联邦理工学院始终以引进欧洲的国际人才为主。受访者中的许多老教授也表示,在 15 年前他们加入洛桑联邦理工学院时,大多数教师都是瑞士人,而现在主要以国际人才为主。

表 6-2　历年外籍教师比例(外籍教师数的统计从 1994 年开始)

年份	正教授中外籍教师比例	副教授中外籍教师比例	助理教授中外籍教师比例	教师中外籍教师比例	外籍教师中欧洲籍教师的比例
1994	27.4%	40.9%	24.8%	27.2%	
1995	27.9%	40.9%	22.8%	26.8%	
1996	27.7%	35.7%	45.5%	25.2%	
1997	29.3%	44.6%	41.7%	27.8%	
1998	30.0%	44.6%	48.8%	28.5%	
1999	31.4%	47.2%	45.5%	30.5%	
2000	32.4%	47.2%	51.1%	32.0%	
2001	32.7%	47.0%	60.5%	36.6%	
2002	34.3%	54.3%	63.4%	38.0%	
2003	37.6%	60.9%	68.2%	41.9%	80.7%
2004	38.5%	56.3%	68.8%	44.1%	78.6%

（续表）

年份	正教授中外籍教师比例	副教授中外籍教师比例	助理教授中外籍教师比例	教师中外籍教师比例	外籍教师中欧洲籍教师的比例
2005	39.4%	55.4%	70.6%	45.0%	78.7%
2006	41.4%	59.1%	69.3%	47.2%	78.3%
2007	42.3%	61.0%	65.0%	48.3%	78.9%
2008	43.5%	60.2%	71.7%	50.0%	79.1%
2009	45.1%	64.2%	73.3%	52.1%	79.2%
2010	47.0%	61.8%	74.0%	52.6%	79.9%
2011	47.3%	66.2%	76.7%	55.0%	79.7%
2012	49.1%	63.3%	77.6%	55.4%	80.3%
2013	51.0%	64.2%	77.0%	56.7%	80.2%
2014	51.4%	64.2%	78.4%	57.1%	80.3%
2015	51.6%	68.2%	81.6%	59.2%	80.4%
2016	53.1%	70.5%	80.2%	60.8%	80.6%

数据来源：洛桑联邦理工学院官网（https://information. epfl. ch/chiffres）。

二、洛桑联邦理工学院成功吸引国际师资的原因分析

尽管全球化时代人才竞争愈发激烈，洛桑联邦理工学院在过去16年里依然成功吸引了大量顶尖科学家和年轻科研人员加入其中。该校对国际人才，特别是留美欧洲人才的吸引力成为其相对于周边国家高校的明显优势。结合该校人才引进政策的相关文本以及本研究的访谈，研究者对该校缘何能吸引到如此众多的国际顶尖学术人才和青年人才加盟进行了系统的分析。本研究发现，洛桑联邦理工学院在人才引进方面的成功得益于内外部推拉效应的共同作用。一方面，欧洲大陆高校长期因封闭的学术环境和有限的学术职业发展机会致使大量有抱负的顶尖欧洲青年人才外流到美国高校；另一方面，美国研究型大学近年来日益缩减的科研经费投入以及对欧洲文化的归属感又催生了部分欧洲人才的回流动机。在此大背景下，洛桑联邦理工学院通过移植美国制度改善了不利于学科交叉和年轻人才成长的学术环境，并以良好的科研条件和日益提升的学校声誉等内部拉力因素促使大量顶尖欧洲人才加盟。

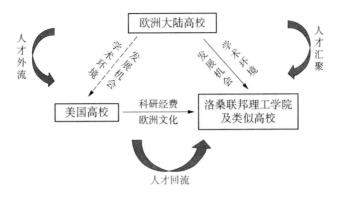

图 6-4　洛桑联邦理工学院的人才引进路径

（一）充满激励的学术环境

相较于美国，欧洲大陆高校普遍缺乏一种激励性环境。如前文所述，欧洲大陆高校所承袭的德国模式是一个以教授为中心的等级学术体制，往往学术等级森严且学科壁垒严重，不仅不利于年轻人才的发展，也不利于跨学科的创新性研究。很多真正有抱负的学术人才不得不远离欧洲，赴美国高校求学或工作。而同一时期，美国因其相对开放的学术市场、高度发达的高等教育质量吸引着全球的学术精英。

埃比舍上任以后，通过变革治理模式、组织结构、教师评聘制度、设立博士生院以及推动校企合作等一系列变革，不仅为教师们创造了一个鼓励卓越、充满活力的学术环境，也加强了对教师们开展原创研究和跨学科研究的支持力度。这对想要回归欧洲，但又忌惮欧洲大陆高校僵化学术体制的顶尖人才和青年学者而言都具有巨大的吸引力。例如，分别出生于比利时、荷兰、奥地利、意大利和法国等国的 D3、P1、P9、P11、D2 均提到在美国工作多年后，非常想念欧洲的文化和生活方式，但对欧洲高校的学术体制心有顾虑。这些学者后来纷纷加盟了洛桑联邦理工学院，原因在于该校改革后的学术环境与美国更为相似。D7 表示，自己曾同时获得巴黎一所大学和洛桑联邦理工学院的录用通知，而最终选择后者是因为该校的学术环境更加宽松，更像美国体制。分别来自比利时和法国的 D9 和 L17 也表示，洛桑联邦理工学院是欧洲少有的具有美国大学体制的高校，同时瑞士离他们的祖国又不是特别遥远，因而该校是自己最为理想的选择。D5 和 D9 两位院长结合自己多年的招聘经验也认为，学术环境是许多教授入职洛桑联邦理工学院的重要考量：

"就像我们这里数据工程研究所的一位教授，他20年前在加州理工学院工作，他是意大利人，而他妻子是希腊人，他们既不能回希腊也无法回意大利，因为这两个国家没有大学适合他们，我跟他们说洛桑联邦理工学院是合适的选择，结果他们真的来了。为什么他们会选择洛桑联邦理工学院？因为他们热爱欧洲，他们非常怀念意大利面、意大利歌剧等，他们喜欢这种欧洲的生活方式，但同时希望在一个具有美国模式的高校工作，而洛桑联邦理工学院便是这样，没有欧洲高校的那种僵化，充满活力……"（D5）

"我们有很多老师是来自麻省理工学院和斯坦福大学，这些欧洲人想回来，他们发现有一个地方很像美国，我们有美国一样的条件。他们很有首创精神，又有自由去做自己想做的事情，对于有抱负的人来说，洛桑联邦理工学院非常好，因为这是一个很有激励性的环境。我们也能吸引到最好的法国人，他们离开法国是因为他们在美国以外找到了最好的工作环境，不用去美国，他们来到了洛桑联邦理工学院，他们有好的薪水，好的科研条件，充足的经费，激励人心的环境……"（D9）

虽然瑞士稳定的宏观政治环境、雄厚的国家经济和工业基础以及优美的自然风光等也是洛桑联邦理工学院吸引国际人才的重要因素，但正如 D2 所言，在大多数欧洲人看来，法国、德国、意大利或西班牙比多山的瑞士更具欧洲特色。由此可见，真正使大量旅美欧洲人才选择放弃回归本国而加入洛桑联邦理工学院的主要原因是该校是欧洲高校中极少数美国化的高校，其学术体制和学术氛围与美国更为接近。

（二）充裕且持续的科研资源

除了学术体制外，美国长期以来之所以能够吸引全球顶尖人才的另一个重要原因在于美国对科研经费的大量投入。如一份调查显示，在 2001 年，欧盟 25 国对高等教育的投入占 GDP 的比值仅为 1.3%，而美国为 3.3%。[①] 另一份调查

---

① AGHION P, DEWATRIPONT M, HOXBY C, M AS-COLELL A, SAPIR A. Higher aspirations: An agenda for reforming European universities [M]. Bruegel Blueprint Series, 2008: 18 - 30.

表明,欧洲大部分顶尖大学的教师薪酬都低于美国,欧洲一名科研人员的税后薪酬是 40,126 欧元,而美国大约为 62,793 欧元,相差 37%。^① 然而,近年来,随着美国经济持续下滑,政府对高校的基础经费和科研经费投入状况恶化。受其影响,一方面,美国高校大量减少终身教职岗位,取而代之的是大量聘用兼职或合同制教师从事教学和科研工作,极大地压缩了国际人才在美国从事学术岗位的机会。^{②③} 例如,根据美国中学后教育数据综合系统(Integrated Post-secondary Education Data System,简称 IPEDS)所公布的调查数据,1975—2015 年期间,美国高校终身教职和终身教职轨教师占学术劳动力市场的比例从 45% 下降为 29%。^④ 另一方面,美国科研人员对科研经费的竞争也越来越激烈,即便是非常优秀的教授,成功申请到科研项目的概率也较低,例如美国自然科学基金的项目批准率仅为 30%(P5)。许多受访者表示,美国高校学术人员现在比过去要花费更多的精力和时间于项目申请上,而很少有时间真正用于科学研究。

在经费问题上,青年学术人员所面临的形势更加严峻。例如,尽管美国国家卫生研究院从 1998 年起增加了一倍的科研预算,青年学术人员获得重要研究基金的概率却在下降。据统计,获得美国国家卫生研究院研究项目的学术人员的年龄在不断提高。1970 年,首次获得项目的学术人员的平均年龄为 35 岁,而到了 2005 年,平均年龄提高至 43 岁。就获得资助的研究者的平均年龄而言,1970 年科研人员获得研究基金的平均年龄为 41 岁,2005 年则提高到了 52 岁。^⑤ 如此一来,青年学术人员申请科研经费就陷入了一个恶性循环,因为年纪轻,所以

① Latombe. Innovative universities must attract top researchers [EB/OL]. [2012 - 11 - 06]. http://www. euractiv. com/section/science-policymaking/interview/latombe-innovative-universities-must-attract-top-researchers/.

② FINKELSTEIN M J, GALAZ-FONTES J F, METCALFE A S. Changing employment relationships in North America: Academic work in the United States, Canada and Mexico [M]//J Enders and E De Weert. The changing face of academic life: Analytical and comparative perspectives. New York, NY: Palgrave Macmillan, 2009.

③ ALLEMAN N F, HAVILAND D. "I expect to be engaged as an equal": collegiality expectations of full-time, non-tenure-track faculty members [J]. Higher Education, 74: 527 - 542.

④ American Association of University Professors. Higher education at a crossroads [EB/OL]. [2017 - 05 - 21]. https://www. aaup. org/report/higher-education-crossroads-annual-report-economic-status-profession-2015-16.

⑤ 学信网.《美国高等教育纪实报》揭示年轻人不爱搞科研[EB/OL]. [2007 - 11 - 13]. http://www. chsi. com. cn/jyzx/200711/20071113/1518883. html.

无法获得科研项目，而无法开展研究就无法获得终身教职，得不到终身教职又继续影响了研究项目的获得机会。此外，很多教师不得已依靠外部经费来补充其薪酬，这使得这些年轻科学家的收入并不稳定。

正如盖格所言，"最好的科学家倾向于选择那些能够为其开展科学研究提供最好条件的机构"[①]。相较于美国，瑞士稳定和充裕的财政状况使得联邦政府对高等教育和科研的投入保持在较高水平。两所联邦高校能够从联邦政府获得充裕的基础经费，从而能够提供良好的科研条件来吸引人才。更为重要的是，洛桑联邦理工学院通过组织变革将资源从被少数权威教授垄断的状况转变为相对公平地分配给所有教师，为每位在职教师每年提供一定额度的持续科研经费，帮助他们创建或维持自己的实验室以及聘用博士生或博士后。在外部竞争性经费方面，联邦政府也从集中资助正教授过渡到通过瑞士国家科学基金（Swiss National Science Foundation，简称 SNSF）为大部分的申请者提供经费资助，资助比例高达 50％，因此教师很容易获得经费支持。

大多数受访教师明确表示洛桑联邦理工学院充裕的科研资源是吸引他们的重要原因之一，这其中不仅包括顶尖教授，也包括青年教师。多数顶尖教授在美国工作多年，想要重回欧洲，而洛桑联邦理工学院为他们提供了其他欧洲高校难以提供的资源。例如，曾在美国求学和任教多年的 D1、D2、D4、P5、P6、P7、P8 和 P14 教授表示该校对教师的支持力度非常大，使教师能够灵活、创新性地从事新的研究。教授们无需为博士生们的补助和科研经费担忧，更重要的是可以节省大量项目申请的时间以用于从事科研。分别在澳大利亚和美国工作多年的 P4 和 P11 也表示，与其他欧洲高校相比，洛桑联邦理工学院提供的预算经费使他们可以更从容地开展研究：

> "美国的高校一般在入职之初给你一笔钱，其中既包括了启动经费，也包含了薪酬，这笔钱 2～3 年就花完了，之后你必须要申请课题项目来维持自己的经费。而在项目的压力下，教师们必须很快出成果，这样就很难开展有风险的长期项目。而在洛桑联邦理工学院，学校给我们的支持是连续性的，我们每年都能获

---

① ［美］罗杰·L·盖格.增进知识——美国研究型大学的发展（1900—1940）［M］.王海芳，等，译.保定：河北大学出版社，2008：4.

得一笔经费用来开展研究,这一点真的很棒,我们可以开展一些更有挑战性的研究……这是吸引我来这里的一个最最重要的原因。"(P4)

"我加入洛桑联邦理工学院是因为他们给我提供的条件太好,难以拒绝。我从1984年以来便住在美国,待了很长时间以后想回欧洲,我是荷兰人,但最后来了洛桑联邦理工学院,因为它提供的条件比欧洲任何其他地方都有竞争力。教学任务更轻,但更重要的是对科研的支持更好,学校提供的预算使你不需要申请外部经费就可以聘用一定数量的博士后和博士,当然如果你想要聘用更多的人,可以很容易从瑞士国家科学基金申请到项目,即便你不申请,学校的经费也足够你聘用一个小的团队。而在欧洲大部分大学,你必须要先申请到外部经费才能够聘用博士生或博士后。跟其他高校相比,洛桑联邦理工学院真的非常慷慨……"(P11)

而青年教师选择加入洛桑联邦理工学院也同样是因为该校为他们提供的充裕经费可以帮助他们尽早开始自己的事业,这在其他欧洲大陆高校和美国高校都非常少见。例如,从加州理工大学博士毕业的P8目前是洛桑联邦理工学院的助理教授,他表示选择加入该校的最大原因在于其充裕的科研经费可以让自己早点开始自己的职业生涯:

"我之所以接受洛桑联邦理工学院的录用是因为我觉得这里是一个非常棒的地方,你可以很容易就申请到科研项目,从而开始自己的科研,这在美国和欧洲是很少见的。无论是在法国、意大利、西班牙还是德国,你都要和上百万人竞争经费才能开始你的科研,在这里你完全不需要,学校会为你提供非常充裕的经费,而且是连续的,这个太诱人了。相比于在美国和我一起开始学术职业的同学,我可以更快开始自己的科研,聘用博士后,因而发展得更快,与此同时还能开展更有挑战性的项目……"(P1)

此外,多位受访教师表示自己也被洛桑联邦理工学院的一流实验设备所吸引,因为开展实验性的研究往往需要最好的设施。如曾在麻省理工学院、斯坦福大学等美国知名高校工作过的P4、P8、P10、P11、P16和P17就强调洛桑联邦理工学院的基础设施是他们最为看重的因素。

（三）激励人心的发展愿景和机会

除了学术环境和科研资源外，洛桑联邦理工学院致力于成为国际领先高校的发展前景也是吸引国外优秀教师的重要因素之一。虽然洛桑联邦理工学院的水平目前还无法企及美国一流高校或者苏黎世联邦理工学院，但该校吸引顶尖教师的地方不在于它当前所处的位置，而在于它整体的发展方向。例如，曾在斯坦福大学任教多年的 P16 和 D7 当初决定回瑞士时都收到了苏黎世联邦理工学院和洛桑联邦理工学院的聘书，但在深入比较过两所联邦理工学院后都决定加入后者。在他们看来，虽然苏黎世联邦理工学院的规模更大，也更有历史优势，但洛桑联邦理工学院的发展更快，有进一步的上升空间，相比于学校规模，他们更为看重一所学校的发展前景。从康奈尔大学获得终身教职的 P5 也表示自己选择加入洛桑联邦理工学院的决定性因素是该校在办学水平和国际声誉方面有非常大的进步：

"洛桑联邦理工学院近年来进步很快，且一直在持续进步，我觉得来这里工作会更有意思。在美国，大学之间的竞争非常激烈，很多顶尖的研究型大学都在努力维持自己的地位，康奈尔大学已经很难再往上走了，但洛桑联邦理工学院有很大的机会成为一所顶尖高校，他还有很大的上升空间，对我而言，能够为洛桑联邦理工学院的发展做出贡献是非常有吸引力的事情……"（P5）

洛桑联邦理工学院的发展愿景给予了很多教授引领该校某一领域发展的机会，而这样的机会对于已经在美国功成名就的教授而言具有巨大的诱惑力。埃比舍讲述了他说服国际著名神经生物学家亨利·马克拉姆（Henry Markram）入职洛桑联邦理工学院的经过：

"我联系亨利·马克拉姆时，他正准备与麻省理工学院签合同，我最终说服他加入了洛桑联邦理工学院。我问他，'你是想在麻省理工学院这样的大湖里做一条小鱼还是来洛桑联邦理工学院做一条大鱼呢？我们正在筹建生命科学学院，学院就像一张白纸一样，你可以带领它发展，发挥重要的作用，但在麻省理工学院，你可能只是众多教授中的一员……'最终他选择了洛桑联邦理工学院……"

威廉·科丁(William Curtin)教授表示洛桑联邦理工学院校领导追求卓越的精神促使学校不断推动教学和科研的进步,而这种卓越文化使得学校具有良好的发展前景,因而表示自己"渴望成为这类机构的一员"。[①] 与威廉·科丁教授一样,D1、D2、D5、D6、D9 等教授都是作为院长或学术机构负责人被引进洛桑联邦理工学院,在他们看来,可以帮助学校的某一学院或学科发展是自己职业生涯中非常宝贵的机会:

"埃比舍校长跟我说我可以负责新学院的创建,这个对我而言是非常令人兴奋的,我当时认定这个对我而言是一次宝贵的机会,这样的机会是很难得的,只有少数人才可能获得……"(D5)

"在欧洲,很多大学已经存在很长时间了,虽然这些学校所处的位置很好,也有很悠久的文化,但发展空间有限。对我而言,去一个崭新的学院工作更有意思,你会有一种开拓者的感觉。我加入洛桑联邦理工学院的时候,大概只有 40 多岁,洛桑联邦理工学院让我担任新成立的一个跨学科研究所的负责人,我引进了很多跟我年纪相仿的教师,我们都充满斗志,想要在我们这一代把这个跨学科中心建立起来,这对我们而言是振奋人心的事……"(D6)

(四) 顶尖人才的群聚效应以及良好的合作氛围

群聚效应(Critical mass)是一个社会动力学名词,用来描述在一个社会系统中,某件事情的存在已达至一个足够的动量,使它能够自我维持,并为往后的成长提供动力。人才的汇聚也是如此,某一领域若干顶尖人才的汇聚会吸引同一领域其他人才的加入,这往往意味着多样化的研究合作机会、容易取得的高新设备、启发性的学术交流机会。洛桑联邦理工学院在每一个领域都极力吸引若干位国际顶尖教师,这些顶尖学者会吸引其他更多优秀的教师和学生,从而形成一个良性循环。多位受访者表示,自己加入洛桑联邦理工学院正是因为明星学者的吸引,他们期待与更优秀的人才合作。例如,P13 表示,自己加入洛桑联邦理工学院的癌症研究所是因为发现该研究所的负责人是本领域的一位非常重要的

① EPFL. Rankings 2: We consult the professors [EB/OL]. [2016 - 07 - 29]. http://sti. epfl. ch/page-69436-en. html.

科学家，他希望能够加入该科学家的团队，与其一起合作。P3 也表示，在洛桑联邦理工学院工作能够认识许多顶尖的教授，并建立合作关系。

洛桑联邦理工学院良好的合作氛围也是吸引教师的一个重要因素，如 D1、P4、P6、P10 和 P13 均表示该校教师之间的合作氛围比美国顶尖高校更好，因而更倾向于洛桑联邦理工学院。P4 以哈佛大学为例，认为教师为获得终身教职和科研经费而不得不展开非常激烈的竞争，他表示自己并不喜欢这种同事之间彼此为敌的氛围。P10 则表示在面试过程中对洛桑联邦理工学院的印象非常好，主要因为教师们都愿意合作，老教授也很容易相处。

"洛桑联邦理工学院更加吸引我的是教师之间的合作氛围，每个人都似乎非常注重合作，可能是因为他们有充足的经费，不需要为了科研经费而展开激烈的内部竞争，所以彼此并没有太多的争锋相对。在洛桑联邦理工学院，你自己成功获得 ERC 项目，也希望其他同事成功，我觉得这样的环境很适合我……"（P10）

P2 和 P14 也表示教师之间的合作以及教师与企业之间的合作是他最为看重的因素。例如，P14 表示，自己最后选择洛桑联邦理工学院是因为该校的合作环境非常好，包括不同实验室之间的合作以及教师与企业之间的合作。在他看来，与应用领域保持合作，能够为工程领域的研究提供灵感。

三、学生规模与质量的发展

洛桑联邦理工学院的人才培养目标是为瑞士培养有潜力的工程师、建筑师和科学家，并计划到 2019 年招收 1 万名学生，其中博士生 2 500 人。然而，与其他欧洲大陆国家体制类似，瑞士所有的高中毕业生都有权选择自己理想的大学，而院校没有挑选本科生的权力。瑞士高校实施低学费政策，本科生招生由联邦和州政府共同规划。① 为了提升本科生的质量，洛桑联邦理工学院在大学的第一年设置了学业考试，若学生无法通过第一年的学业考试，则必须转入其他高校就读。在研究生招生方面，洛桑联邦理工学院则拥有招生自主权，但由于瑞士的

① ［加］约翰·范德格拉夫. 学术权力——七国高等教育管理体制比较［M］. 王承绪，等，译. 杭州：浙江教育出版社，2001：176.

国土面积较小、人口稀少,因此该校大力招收优秀的国际学生,特别是博士生,这是洛桑联邦理工学院保障生源质量的重要途径。

(一) 学生人数的增长

研究者同样以2007—2012年为时间窗口,搜集了包括洛桑联邦理工学院在内的155所世界500强高校的研究生数并统计其增幅(见表6-3、图6-5)。

表6-3　研究生数量变化背景高校的分布

国家/地区	查找高校数	查找到研究生数的高校数
美国	92	92
英国	34	34
加拿大	16	0
澳大利亚	14	14
瑞典	9	9
中国	9	0
瑞士	7	2
丹麦	5	0
比利时	7	0
中国台湾	5	0
新西兰	4	1
南非	3	2
新加坡	2	1
中国香港	5	0
德国	25	0
其他	78	0
总数	315	155

研究者分析发现,洛桑联邦理工学院的研究生数从2007年的3,079人增长至2012年的4,267人,增幅达38.6%,超过80%的高校。由此可见,洛桑联邦理工学院研究生数量在此期间的增幅大于大多数高校。

如图6-6所示,自1982年以来,洛桑联邦理工学院各学历层次的学生数量

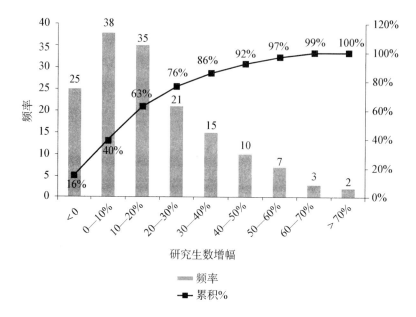

图 6-5　155 所研究型大学研究生数增幅的频次分布图(2007—2012)

　　数据来源：①美国教育统计中心：http://nces. ed. gov/ipeds/datacenter/Dfr. aspx? unitid＝acb1b1abadb2；②澳大利亚教育部：https://education. gov. au/selected-higher-education-statistics-2013-staff-data；③英国高等教育统计局：https://www. hesa. ac. uk/content/view/1973/239/；④瑞士联邦统计局：http://www. bfs. admin. ch/bfs/portal/de/index/themen/15/06/data/blank/03. html；⑤瑞典高教署：http://english. uka. se/statisticsfollowup/annualstatisticsonhighereducationinsweden. 4. 7ff11ece146297d1aa652b. html；⑥新西兰、南非、新加坡等国家研究生数来自高校年度报告。

不断增加,其中 2000 年以来的增幅尤为明显,从 2000 年的 5,000 人左右增至 2016 年的 10,124 人,超出了该校原定的招生计划。

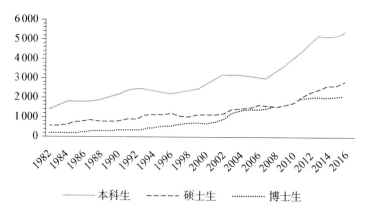

图 6-6　洛桑联邦理工学院学生的增长情况(数据从 1982 年开始统计)

　　数据来源：洛桑联邦理工学院官网(https://information. epfl. ch/chiffres)。

比较洛桑联邦理工学院的学生数量在 1982—1999 年和 2000—2016 年两个时间段的增幅可知,自 2000 年以后,洛桑联邦理工学院各学历在校生的增幅更加明显(见表 6-4)。

表 6-4　各级学历在校生的增幅

在校生	1982—1999	2000—2016
本科在校生	70.5%	97.4%
硕士在校生	95.7%	147.0%
博士在校生	189.4%	202.6%

数据来源:洛桑联邦理工学院官网(https://information.epfl.ch/chiffres)。

就生源结构情况来看,自 2000 年以来,洛桑联邦理工学院在校生中留学生比例不断增长,其中本硕留学生的比例由 2000 年的 19.2% 增长到 2016 年的45.8%,而博士留学生的比例则由 54.8% 增长到 79.8%(见图 6-7)。另据统计,洛桑联邦理工学院的学生来自于全球 120 多个国家。据此可推,该校通过大量招收国际学生实现了人才,特别是博士生人才的汇聚。

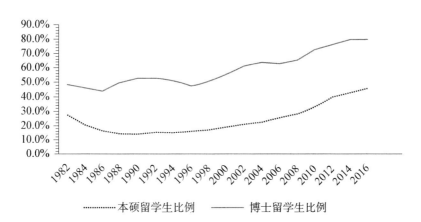

图 6-7　洛桑联邦理工学院历年各学历层次学生中留学生比例
数据来源:洛桑联邦理工学院官网(https://information.epfl.ch/chiffres)。

(二)博士生的增长及原因分析

在欧洲大陆高校,博士生被认为是研究型大学正式科研人员的重要组成部分,是教师们重要的科研帮手。如图 6-8 所示,洛桑联邦理工学院博士生的数量在 20 世纪 90 年代以前非常有限。而自 20 世纪 90 年代,特别是 2000 年以来,博士生的数量迅猛增长。

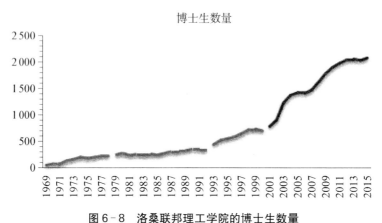

博士生数量

图 6-8　洛桑联邦理工学院的博士生数量
数据来源:洛桑联邦理工学院官网(https://information.epfl.ch/chiffres)。

洛桑联邦理工学院虽然制定了到 2019 年招收 2,500 名博士生的计划,但没有对教师的博士生招生名额进行硬性规定,博士生的招生名额主要由教师根据其科研经费状况自主决定。如前文所述,洛桑联邦理工学院为每位教师都提供了充裕的科研经费,帮助其招收若干名博士生或博士后。由此可知,教师数的增长、实验室和经费分配制度的改革同样是洛桑联邦理工学院博士生数量迅猛增加的主要原因。而就国际留学生加入洛桑联邦理工学院的原因而言,研究者根据访谈资料整理了如下因素:

丰厚薪酬的吸引。有研究表明,奖学金和薪酬政策是影响留学研究生择校的重要因素之一。① 洛桑联邦理工学院博士生的薪酬由导师的科研经费支付,而学校会对博士生的薪酬水平进行统一规定,以确保博士生的权益。与欧洲其他高校相比,洛桑联邦理工学院为博士及博士后所提供的薪酬相对较高,很多受访者表示这样的薪酬水平确保自己能够招聘到非常优秀的博士生和博士后。例如 D10 表示,洛桑联邦理工学院为博士生所提供的薪酬在相同消费水平下比美国高校高 2～3 倍。P11 也证实美国博士生的薪酬无法与洛桑联邦理工学院博

---

① HORTA H. Global and national prominent universities: Internationalization, competitiveness and the role of the state [J]. Higher Education, 2009,58(3): 387-405.

士生的薪酬相比。

使用英文授课。顶尖研究型大学大多将研究生,特别是博士生视为学校科研人才的重要组成部分,因此对国际优秀学生的争夺非常激烈。① 语言是影响留学生择校的重要因素之一,据调查,美国、英国、澳大利亚、加拿大、新西兰等英语国家是当前各国学生最热衷的留学目的国,相较而言,欧洲非英语国家在留学生招生方面并不占优势。② 为了克服语言的障碍,洛桑联邦理工学院自 2000 年以来规定研究生以上课程全部用英文授课,学术语言也完全采用英文。此外,洛桑联邦理工学院近年来大量引入优秀的国际教师,也极大推动了国际学生的招生。通过十余年的努力,洛桑联邦理工学院已经成为一所对全球开放的大学,生源的拓宽使得学校有更多的选择权,能从众多的申请者中挑选较为优秀的学生。

独特的校园环境。为了使校园环境对留学生更具吸引力,埃比舍校长启动了"校园 2010 计划"(Campus 2010),其中最重要的是新建了一座集学习、信息、住宿于一体的实体与虚拟相结合的劳力士学习中心(Rolex Learning Centre)。③ 劳力士学习中心由联邦政府和劳力士、瑞士信贷银行、雀巢、罗技共同出资兴建。埃比舍对劳力士学习中心的期望是:"所有的学生和老师们不仅可以在这里工作,还可以在这里生活,从而可以更好地进行交流"。在他看来,"建立劳力士学习中心很重要,因为学生的学习方式变了,现在越来越多的学生用电脑学习。此外,我们也必须要有一个标志性的建筑,劳力士学习中心就像是洛桑联邦理工学院的灯塔,会成为该校在全世界的标志"。

重视与国外顶尖高校的合作。与哈佛、MIT 等老牌名校所不同的是,洛桑联邦理工学院的国际声誉不足以吸引到全球最顶尖的学生,因此在招收优质生源方面面临困境。为了克服这一困境,洛桑联邦理工学院于 2002 年便设立了博士生院,负责博士生的招生。而国际化已经成为洛桑联邦理工学院博士生结构化培养项目的突出特色,该校博士生院近年来加大了与海外高校的各类交流合作项目,有针对性地招收合作高校的博士研究生。截至 2016 年,洛桑联邦理工

① HORTA H. Global and national prominent universities: Internationalization, competitiveness and the role of the state [J]. Higher Education, 2009, 58(3): 387 – 405.
② ALTBACH P. Higher Education Crosses Borders: Can the United States remain the Top Destination for Foreign Students? [J]. Change: The Magazine of Higher Learning, 2004, 32(2): 18 – 25.
③ EPFL. Development Plan 2012 – 2016 [EB/OL]. [2015 – 08 – 01]. http://direction. EPFL. ch/files/content/sites/direction/files/EPFL%20Development%20plan%202012-2016%20310811%20fin. pdf.

学院已经与欧洲、北美、拉丁美洲、亚洲等地的 200 所高校建立了广泛的战略合作伙伴关系，这些高校大多是全球排名前 200 的顶尖大学。2010 年，洛桑联邦理工学院还与阿联酋合作创设了一个海外校区（EPFLMiddle East），开设硕士和博士项目。埃比舍校长说明了创建海外校区的目的：

> "这个项目是受我们想对世界开放的目标所驱动。在瑞士的西部，我们有100 多万会讲法语的人，但我们不能仅以此为生源。我们的生源也必须来自快速发展的国家，如果我们是哈佛大学或斯坦福大学，那人人梦想着来此求学，但在中国，并没有很多学生想来洛桑联邦理工学院或苏黎世联邦理工学院留学，因此，在国外设立基地非常重要。"

第二节　经费增长及原因分析

由于科研设备、知识获取、教师薪酬的成本日益增加，经费资源成为与研究型大学竞争力紧密关联的重要因素，只有拥有充足经费资源的大学才可能更好地吸引一流的教师、购置一流的设备、为一流的学生提供奖学金。[1] 一些美国著名研究型大学就是通过大量资金积累而发展起来的，如麻省理工学院在"二战"期间的崛起、斯坦福大学"二战"后的飞速发展等都与联邦政府资金的大量注入密不可分。[2][3] 因此，经费是研究型大学办学最基本的物质条件。

一、经费的增长

为了考察洛桑联邦理工学院的经费资源积累情况，研究者以 2007—2012 年为时间窗口，搜集了包括洛桑联邦理工学院在内的 181 所世界 500 强高校的科研经费并对其增幅进行统计（见表 6 - 5、图 6 - 9）。

---

① ［美］菲利普·G·阿特巴赫. 高等教育变革的国际趋势［M］. 蒋凯，译. 北京：北京大学出版社，2009：78.

② KAISER D. Becoming MIT：Moments of Decision ［M］. Cambridge：MIT Press，2010：81.

③ REBECCA S L. "Exploiting a wonderful opportunity"：The patronage of scientific research at Stanford University，1937 - 1965 ［J］. Minerva，1992：391 - 421.

表6-5　科研经费变化分析背景高校的分布表

国家/地区	查找高校数	查找到科研经费的高校数
美国	92	84
英国	34	31
加拿大	16	16
澳大利亚	14	14
瑞典	9	9
中国	9	9
瑞士	7	7
丹麦	5	0
比利时	7	0
中国台湾	5	0
新西兰	4	3
南非	3	1
新加坡	2	2
中国香港	5	1
德国	25	0
其他	78	4
总数	315	181

研究者通过分析发现,该校年度科研经费从2007年的3.56亿美元增长到2012年的4.97亿美元,增幅近40%,超过60%的样本高校。

由图6-10可知,在过去近50年中,洛桑联邦理工学院的办学经费整体不断增加,尤其从学校联邦化至20世纪80年代中期,该校的办学经费提升明显。然而从90年代初开始,受新公共管理理念的影响,联邦政府开始收紧预算拨款并加大竞争性拨款比例,使得洛桑联邦理工学院的经费增幅也随之停滞。自2000年埃比舍上任以来,洛桑联邦理工学院的办学经费又开始稳步增长。

分析洛桑联邦理工学院的经费来源可知,该校的经费主要包括政府预算拨款和第三方经费,其中联邦政府拨款始终是该校办学经费的主要来源。作为一所联邦理工大学,洛桑联邦理工学院一直享受着来自联邦政府大量而稳定的经

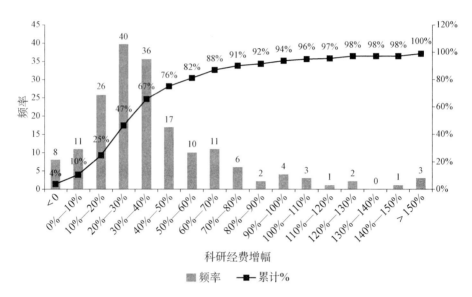

图 6-9　181 所研究型大学 2007—2012 年科研经费增幅分布直方图

数据来源：①美国国家科学基金会：http://www. nsf. gov/statistics/srvyherd/；②加拿大统计局：http://www. statcan. gc. ca/start-debut-eng. html；③英国大学财务总监协会：http://www. bufdg. ac. uk/financial-statements；④ 瑞典高教署：http://www. uk-ambetet. se/statistikuppfoljning/arsrapport2014foruniversitetochhogskolor. 4. 32335cb414589905b28657. html♯nyckeltallarosaten；⑤澳大利亚教育部：https://education. gov. au/data-used-research-block-grant-rbg-funding-formulae；⑥瑞士联邦统计局：http://www. bfs. admin. ch/bfs/portal/de/index/themen/15/06/data/blank/04. html；⑦ 挪威统计局：https://www. ssb. no/statistikkbanken/SelectVarVal/saveselections. asp；⑧中华人民共和国教育部科技司《高等学校科技统计资料汇编》：http://www. dost. moe. edu. cn/dostmoe/kjcg/kjtj/；⑨中国香港、新西兰、南非、新加坡、爱尔兰等国家及地区高校科研经费数据来自高校财务报告。

办学总经费

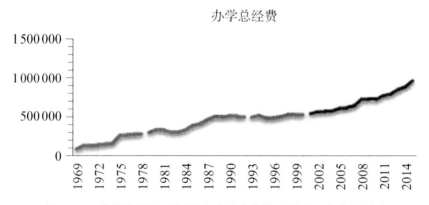

图 6-10　洛桑联邦理工学院总经费的变化情况（单位：千瑞士法郎）

数据来源：洛桑联邦理工学院官网（https://information. epfl. ch/chiffres）。

费投入,这也是该校巨大的优势之一,即可以利用政府的基础经费大力延揽人才、建设校园和改善设施等。然而,尽管自 1982 年以来,洛桑联邦理工学院的联邦预算拨款总额不断增长,但其占总经费的比例却逐年下降,在过去 30 余年间从 87.8% 减少到 71.6%(见图 6 - 11),这表明洛桑联邦理工学院不断拓宽其经费来源。

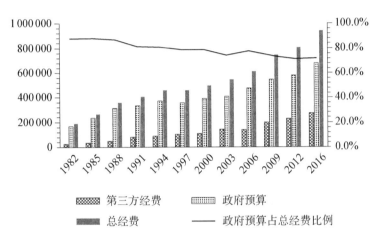

图 6 - 11　洛桑联邦理工学院历年办学经费及来自联邦预算的经费情况
数据来源:洛桑联邦理工学院官网(https://information.epfl.ch/chiffres)。

　　研究型大学的办学非常昂贵,充裕的经费资源是学校实现卓越的关键,也是科学研究的基础。[①] 虽然来自政府的稳定预算拨款使得洛桑联邦理工学院的长期发展有了良好的基础,但自 20 世纪 90 年代以来,联邦政府的经费拨款增长有限,难以满足该校的扩展和快速发展的需求。例如,自 2000 年至今,洛桑联邦理工学院的教师人数和学生人数均翻了一倍,而政府预算拨款近 16 年的增幅不足三分之一。师生规模的增加意味着学校要配套更多的经费和设施,而多位受访者均表示政府预算拨款的不足使得学校的发展面临困境。为了实现学校的发展目标,洛桑联邦理工学院必须抓住各种机会,竭力增加第三方经费,使资金来源多样化。该校第三方经费的来源有多重渠道,包括瑞士国家自然科学基金、科技创新基金、欧盟经费、企业研究项目、公共部门以及捐赠等。

---

① [美]菲利普·G·阿特巴赫.高等教育变革的国际趋势[M].蒋凯,译.北京:北京大学出版社,2009:80.

由图 6-12 可见，自 2000 年以来，洛桑联邦理工学院第三方经费的增长主要得益于所获得的国家科学基金、欧盟经费和企业经费的增长。国家科学基金和欧盟经费是竞争性科研经费，而企业经费则主要来自校企合作（见第五章第五节）。

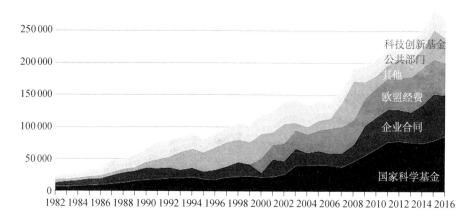

图 6-12 洛桑联邦理工学院历年第三方经费的增长情况
数据来源：洛桑联邦理工学院官网（https://information.epfl.ch/chiffres）。

就竞争性经费而言，虽然瑞士联邦政府在过去三十年中对两所联邦理工大学的拨款增幅较小，但增大了对瑞士国家科学基金的投入力度，鼓励全国所有高校一同竞争科研经费，但竞争难度并不大，多位受访者表示，申请资助获批的比例平均在 50% 左右。与此同时，成立于 2007 年的欧洲研究委员会（ERC）也开始为欧洲的前沿科学研究提供资助。欧洲研究委员会的资助项目包括两大类：一类是针对青年科研人员的"ERC 启动基金"（starting grants），主要面向拥有 2～7 年研究经历的博士后；另一类是针对资深研究人员的"ERC 高级基金"（advanced grants），面向任何层次的杰出资深研究人员。ERC 项目的评审非常严格，主要由国际评审专家根据申请者的科研能力进行评审。从 2008 年至今，该校所获得的 ERC 项目数始终位列欧洲高校前五名（L17）。就教师人均所获得的 ERC 项目数而言，该校位列欧洲第一，平均每年分别有三分之一和二分之一的全体教师和助理教授成功申请到 ERC 经费。① 值得说明的是，生命科学学

① MYKLEBUST J P. Lessons to learn from world-class universities ［EB/OL］. ［2015 - 02 - 19］. http://www.universityworldnews.com/article.php? story＝20151127192025773.

院获得的 ERC 项目数最高,有三分之二的教师获得。

二、洛桑联邦理工学院竞争性经费增长优势的原因分析

研究者分析认为,除了国际人才的实力之外,洛桑联邦理工学院在获取竞争性科研经费方面的成功还离不开激励机制的作用,主要包括三个方面。

其一,离不开学校经费分配制度的激励。传统上,洛桑联邦理工学院的资源主要集中于讲座教授,随着 2000 年以后实验室管理制度的改革和终身教职轨助理教授岗位的设立,该校改变了这种资源分配方式,取而代之是将经费相对公平地分配给每位教师,并为他们提供持续的年度经费,这在欧洲大陆高校中非常罕见。这样的经费分配制度确保了教师科研的可持续性,但并不意味着教师们可以一劳永逸,原因在于学校所提供的经费相对有限,不足以满足教师发展团队和从事昂贵科学研究的需要,而要实现更好的职业发展,教师们还必须积极申请竞争性科研经费,这也是学术职业的内在动力使然。例如,D2 和 D4 表示,学术职业的魅力在于为自己而工作,必须为自己和团队的发展负责。P4 的描述则更好地反映了教师申请外部经费的动力所在:

"学校给我的科研预算只够聘用 5 个人,这在我这个领域是远远不够的,团队人数至少需要翻一倍。我只能通过申请外部经费,包括欧洲研究委员会或国家科学基金来实现这一目标。我们这么做当然不是为了让生活过得更轻松,所有的教师都是很有抱负的人,这是职业使命使然。我们非常努力,有一点科研发现就想深挖下去,永无止境地追求,即便到了顶峰,你也会尽自己的可能想要维持在那个水平……"

有了学校的科研经费作为购买设备、组建团队和前期工作的基础,洛桑联邦理工学院的教师们在申请竞争性科研经费时有了更大的优势,可以尝试进行更有挑战性和创新性的跨学科研究项目。例如,P5 根据自己申请竞争性经费的经验认为,要成功申请竞争性项目,教师一般要先完成部分工作,对研究项目要有充分的论证,这样才更容易成功获批。入职不到 3 年的助理教授 P1 也表示,正是因为有学校年度经费的支持,他成功组建了自己的科研团队,包括 3 名博士后、1 名博士以及 1 名程序编码员,共 5 人。在他们的帮助下,P1 不仅成功申请

了瑞士国家科学基金的项目，还拿到了欧洲 ERC 项目：

> "我能顺利拿到 ERC 项目是因为我能够聘用博士后，他们都是很有想法的人，他们所在的领域正好是我想发展的方向。我给他们一年的时间，告诉他们'你们有一年的合同，如果我们成功申请到科研项目的话，你们就可以继续待下来了'，他们的动力就是去写科研项目申请书。所以他们承担了大部分的具体工作，而我主要负责把握整体的方向，如果我什么都自己写，那真的没有太多精力和时间，我相当于花钱请他们帮我写……"

其二，洛桑联邦理工学院设立了专门的科研办公室（Grants Office），为教师们申请竞争性经费提供良好的服务。科研办公室的服务主要包括三个方面：①通过举办各类教师工作坊和宣传会向教师们提供有关竞争性科研项目的详细信息；②帮助教师们申请 ERC 项目。在形成科研计划、撰写申请书、评估预算和口头答辩等环节，邀请专家给予教师充分的指导；③帮助教师拟定项目合同等。为教师评估项目合同，确保教师的正当利益，并支持项目后续的开展。大多受访者表达了对科研办公室服务的较高满意度。例如，D4 表示自己对科研办公室非常满意，在他递交 H2020 申请的过程中，科研办公室帮助他录入相关信息到复杂的系统中，并给出了很好的建议。在他需要帮助的任何时候，科研办公室都会及时回复。D8 也表示，ERC 项目申请的难度非常大，且申请之后的管理和运行工作非常繁杂，科研办公室为洛桑联邦理工学院的教师们提供了良好的服务，帮助他们减轻了项目申请和管理过程中的大量行政负担。P1、P8 和 P10 等受访教师则表示科研办公室会针对申请书的内容给予他们非常有益的反馈建议。

其三，离不开科层管理者的外部问责，在校长的施压下，院长们也会给教师施压以提升 ERC 项目的申请数量。据 L3 和 P3 描述，在每次全校大会上，埃比舍会公布各个学院上一年度所获得的 ERC 经费数量，这给院长们施加了较大的压力，使院长会尽量督促教师们去申请 ERC 经费，并为他们提供尽可能的帮助。P4 和 P14 证实，自己入职以后，院长非常鼓励他们申请 ERC 项目，向他们解释申请 ERC 的益处以及详细的申请流程，并为他们提供大量的帮助和指导。该校还将 ERC 项目的获得作为考察教师科研的一项重要参考标准，虽然获得ERC 项目并不意味着一定能够通过晋升考核，但一定程度上能够反映教师的水平。部分学院(如生命科学学院)近年来实施改革,要求每位教师每年必须从外部获得与学校所提供的年度预算相等额度的竞争性经费,若没有达标,则会降低年度预算。受访者 D6 表示,生命科学学院的教师非常优秀,绝大多数教师获得的竞争性经费远远超过了学院的规定。

根据受访的多名高层管理者反馈,申请 ERC 项目已经成为该校对教师的一项不成文的要求,其目的不仅在于获取更充裕的科研经费,还为了促进教师的学术活力和竞争力:

"你引进了优秀人才,还必须保证他们的学术活力。获得科研经费目前已经是学校里每一个人的使命,不仅仅是因为我们需要钱,我们也需要让教师保持竞争力,我们不希望教师们失去动力。就像是在一个竞争性的环境中,你带了几头好的狮子,把他们放在好的位置,不用给他们吃太多,吃得刚刚好,他们会自己去寻找食物,去捕猎,同理,你仅仅需要将人才放在竞争性的条件下,提供好的环境,他们自然会好好表现。"(L1)

第三节 管理效率的提升和学术文化的改善

萨尔米强调良好的管理是世界一流大学的核心特征之一,而相对忽视了学术文化的重要性。本研究发现,洛桑联邦理工学院变革的成效不仅体现在其努力提升了管理效率,还体现在其营造了鼓励卓越与创新的学术文化。洛桑联邦理工学院是以欧洲大陆高校的模式建立的,长期浸染的是一种"教授个人统治",在较长的历史中实行的是教授讲座制,意味着教授享有充分的学术自由和较高的学术权力,其缺点是学校效率意识淡薄,充满着陈旧气氛,被外界称之为"顽固的精神堡垒",对外部环境缺乏敏感。埃比舍上任之后,通过借鉴美国模式,融入了美国式的管理模式和追求卓越与创新的学术文化。在加强科层管理的同时,努力打破不适应学术创新的制度障碍,在提升管理效率的同时,也激发了大学的活力,使得学校的学术文化得以改善,具体体现在以下几个方面:

首先,学校从区域性转向了国际性。随着 2000 年确立了建设世界一流大学的目标,洛桑联邦理工学院在履行地区使命的同时,也开始积极推动国际化。该校教学、科研和社会服务的使命都开始跨越国界,向全球拓展。在招生方面,该校本硕留学生和博士留学生的比例分别由 2000 年的 19.2％和 54.8％增长到 2016 年的 45.8％和 79.8％,生源分布于全球 120 多个国家;在人才培养方面,本科生以法语授课为主,而在研究生阶段则全面采用英文授课;在人才招聘方面,外籍教师比例从 2000 年的不足三分之一(32.0％)增长至 2016 年的近三分之二(60.8％);在科学研究方面,该校每年发表的国际合作论文占总论文的比例在 2004—2008 年由 53.5％增长到 66.2％。通过国际化办学,该校成功弥补了人才不足、经费短缺和管理效率较低的短板;通过全球招聘和招生、与国外顶尖高校签订合作培养协议、用英文授课等方式,洛桑联邦理工学院吸引了大量卓越的国际教师和博士生加盟,使学校的师资质量和生源质量得以改善;通过国际科研合作,该校成功申请了大量国际竞争性经费、提升了科学研究的国际前沿性,也扩大了学校在学术共同体中的学术影响力;通过聘用具有国际经验的校领导团队和学术领导者,学校的管理效率得以提升;通过重视英文发表和国际同行评议等举措,提升了国际学术声誉。

其次,充分的机构自治和强化的行政权力使大学更具适应环境变革的动态能力和决策效率。传统上,洛桑联邦理工学院所处的外部环境相对稳定,无需为了资源、声誉和人才与外界展开激烈的竞争,大学的治理一直以德国模式为借鉴,以学院式治理模式制定学校决策,以教授个人统治来管理基层学术事务。这种以基层学术权威为核心的松散性管理虽然维护了学者的学术自由和传统学术价值,但不利于组织整体面对新环境实现新的创新和变革。随着全球化的发展、市场力量的介入以及政府治理理念的转型,洛桑联邦理工学院通过聘用新的领导团队、树立校长权威以及加强行科层管理,推动着学校做出了一些适应环境需要的变革。与此同时,学校领导层通过并系建院、改革实验室管理模式、教师聘任制度改革、设立博士生院等变革,引入了鼓励追求学术卓越的竞争体系。这些变革一定程度上打破了洛桑联邦理工学院的权力惯性、提升了研究所和学院的管理效率、增强了灵活应对外部变化的动态能力,推动学校不断开拓创新和追求卓越。

再次,学校从单学科导向转变为跨学科导向。传统上,洛桑联邦理工学院实行的是基于单学科领域的系所科研组织模式,在组织上通常是各学科各成体系。

这种传统的以学科为基础形成的"内生性"大学科研组织,因为其目标和利益的一致性,导致学科壁垒的形成。通过并系建院、设立跨学科研究所、招收跨学科背景人才以及激励教师进行跨学科研究等变革举措,洛桑联邦理工学院一定程度上消除了学科之间的壁垒,从单学科导向的高校转变成注重跨学科的高校,形成了浓厚的跨学科文化,营造了一种合作、共享和创新的研究氛围。许多受访者表示,相比于欧洲其他高校,洛桑联邦理工学院的跨学科氛围更强,跨学科所产生的创新性成果也更多。例如,D4 结合自己的经验认为,相比于德国,在洛桑联邦理工学院进行跨学科科研合作更容易。D2 表示学院会尽量为教师们之间的合作提供帮助。D3 和 D6 均表示自己有很多机会开展跨学科研究,学院提供的帮助很大。

最后,学校从论资排辈转向公平竞争和追求卓越的学术文化。洛桑联邦理工学院的一项主要文化变革便是通过改革实验室管理、教师评聘制度以及博士生院等制度,很大程度上克服了欧洲学术界被外界广为诟病的论资排辈、限制年轻学者发展等弊病。变革以后,学校给予有潜力的青年教师机会、资源和独立性,帮助他们快速成长,在学术系统中植入了公平竞争和追求卓越的学术文化。与此同时,通过提高人才准入、学术晋升、博士生招生等要求,学校设立了能够与美国顶尖高校相及的学术标准和人才标准,增强了学校的卓越文化。此外,不同学衔之间教师的地位也更加平等,老教授和青年教师之间没有明显的等级异质化。从而,洛桑联邦理工学院从一个拥有森严等级学术体制的大学成为一所追求卓越、鼓励平等竞争的高校。然而,需要说明的是,该校以垂直式公司治理模式取代传统的教授共治,也严重导致了学校共治文化的式微。教师虽然享有充分的基层自治和学术自由,但也被剥夺了参与学校和学院重大决策的权力,不利于学校的可持续发展。

总结而言,洛桑联邦理工学院通过从德国模式转向美国模式,较好地改善了学校的学术文化和环境,使学校从一个区域性、抵制变革、学科壁垒严重、论资排辈的高校向国际化、跨学科导向、追求学术卓越和充满活力的组织转变(见表 6-6)。这种转变一方面对致力于回归欧洲的卓越人才产生了极大的吸引力,另一方面也有助于这些人才的职业发展,促使其创造创新性的科研成果和加强科技成果转化,并最终促使学校的国际声誉显著提升。

表6-6　变革前后洛桑联邦理工学院的组织文化

变革内容	变革前	变革后
使命和战略 教师评聘 博士生院 校企合作	区域性	国际性
治理模式 组织结构 教师评聘 校企合作	抵制变革	主导变革
治理模式 组织结构	学院式治理	公司垂直式治理
组织结构 教师评聘 校企合作	单学科导向	跨学科导向
组织结构 教师评聘 博士生院	基层学术组织论资排辈、缺乏竞争；正教授垄断	鼓励创新、竞争和卓越；给年轻人机会和资源

第四节　国际地位和声誉的提升

　　企业成功的标志是营利，而大学成功的标志是获得声誉。[①] 根据声誉理论，信息在各个利益相关者之间交换、传播，形成声誉信息流、声誉信息系统及声誉信息网，声誉正是基于这些流动的信息所形成的。大学声誉是社会公众对大学信息认知的结果，大学信息经信息编码、扩散，最终在人们的思维空间中收敛成一个能够完整代表大学的有较高清晰度的信号的过程。[②] 在过去，由于语言、地域、媒体、学术标准不统一等限制，有关大学的信息难以广泛传播，因而大学的声誉形成往往需要长时间的积累。但随着信息科技的发展、全球化的加快以及国

---

① ［美］伯顿·克拉克.探究的场所——现代大学的科研和研究生教育［M］.王承绪，译.杭州：浙江教育出版社，2001：247.
② 王连森，栾开政.大学声誉形成机理与管理策略——基于利益相关者的分析［J］.现代大学教育，2007（5）：66-70.

际大学排名的产生,公众可以通过各类媒介了解大学的学术表现,从而加快了声誉的形成和差距的拉大。克拉克·克尔曾指出,声誉一旦建立,便成为一所高校独一无二的财富。良好的声誉能够给大学带来更多的资源、更优质的师生,反之,声誉不佳,则会导致资源的相对匮乏。自2000年洛桑联邦理工学院进入世界一流大学建设时期,学校在各个方面的综合实力以及国际声誉不断提升,为学校带来巨大的效益,包括成为顶尖高校和知名企业争相合作的对象,对国际人才也更有吸引力。

一、洛桑联邦理工学院排名的提升

传统上,世界一流大学的声誉形成和传播主要通过口口相传。上海交通大学所发布的世界大学学术排名引领了全球大学排名的浪潮,在使大学之间的国际比较成为可能的同时,也深刻变革了大学国际声誉的形成模式。尽管排名理念、指标体系、排名方法和数据采集的方式不同,世界几大知名全球排名都一致肯定了洛桑联邦理工学院近年来所取得的巨大进步,例如,该校在ARWU排名上的名次从2004年的194名上升至2017年的76名;在THE排名上的名次从2010年的48名提升至2017年的30名,并被该排名评为欧洲最好的工科学校;在QS排名上从2004年的32名上升至2016年的14名。此外,泰晤士全球大学排名自2012年开始发布100所校龄在50年以下的年轻大学排名,洛桑联邦理工学院已经连续六年蝉联榜首。而在该排名所认定的7所发展最快的大学中,洛桑联邦理工学院也位居其中[①]。

除了综合性排名之外,洛桑联邦理工学院的成就还体现在国际化和创新性方面。在国际化指标上,洛桑联邦理工学院被THE认为是全球国际化程度最高的大学之一。[②] 就科技创新而言,洛桑联邦理工学院在汤森路透所发布的2016年"TOP100全球最具创新力大学"的名单中位列19位,该排名旨在遴选出

---

① PARR C. The 7 fastest-rising young universities in the world [EB/OL]. [2016 - 04 - 03]. https://www.timeshighereducation.com/news/the-7-fastest-rising-young-universities-in-the-world/2019337.article? page=0％2C.

② BOTHWELL E. The world's most international universities 2016 [EB/OL]. [2016 - 05 - 09]. https://www.timeshighereducation.com/features/200-most-international-universities-world-2016 ♯ survey-answer.

那些对科学技术作出重大贡献并为全球经济带来重要影响的大学。[①] 此外，该校衍生公司所筹集的经费从 2000 年的 300 万增长到 2016 年的 3.7 亿瑞士法郎，在全球排名第 5[②]。

二、与苏黎世联邦理工学院的差距缩小

苏黎世联邦理工学院成立于 1855 年，是瑞士联邦政府所设立的第一所联邦大学。该校主要为应对 19 世纪的工业革命，聚焦于工科和技术科学的发展，享受来自联邦政府的大量经费资助，取得了巨大的发展并产生了大量的诺贝尔奖获得者[③]，从而成为瑞士科学在全球的象征。同为联邦大学，洛桑联邦理工学院的历史比苏黎世联邦理工学院晚了近百年，其办学规模、获得的联邦资助额度和学术成就都远不及后者。自 1969 年成立至 2000 年，洛桑联邦理工学院虽然已经发展成为瑞士国内一所知名的工科大学，但一直笼罩在苏黎世联邦理工学院的"光环"之下，甚至被外界视为苏黎世联邦理工学院的"小跟班"(little sister)。

然而，洛桑联邦理工学院近年来在各领域的发展速度令这个早已蜚声海外的"老大哥"苏黎世联邦理工学院倍感压力。虽然洛桑联邦理工学院的办学规模和所获得的联邦经费依然没有赶上苏黎世联邦理工学院，但前者在学生数量、论文数量、教师数量等方面的增长速度都远远超过后者。在洛桑联邦理工学院的努力追赶下，两所学校的整体差距越来越小，在很多受访者看来，洛桑联邦理工学院的学术水平已经能够匹及苏黎世联邦理工学院：

"以前苏黎世联邦理工学院对我们常常有一种莫名其妙的优越感，但现在完全不一样了，就科研水平而言，我们已经站在了同一起跑线，是一种竞争关系，被认为同样优秀。我们不再被视为是它们的小跟班了，而被视为是挑战者……"(L3)

---

① 环球教育 GEDU. 路透社首次发布：全球最具创新力大学 TOP100 名单[EB/OL]. [2016 - 09 - 11]. http://learning. sohu. com/20150928/n422294406. shtml. http://www. hebdo. ch/hebdo/cadrages/detail/patrick-Aebisher-EPFL-systeme-de-formation-projets.

② JEANNET A. My dream is to promote the emergence in Switzerland of a company of the importance of Google [EB/OL]. [2016 - 09 - 11]. http://www. hebdo. ch/hebdo/cadrages/detail/patrick-Aebisher-EPFL-systeme-de-formation-projets.

③ PONT M. Chronique de l'EPFL 1978 - 2000: l'âge d'or de l'ingénierie [M]. Lausanne: Presses Polytechniques et Universitaires Romandes, 2011: 10.

"苏黎世联邦理工学院在一些排名上依然比洛桑联邦理工学院更好,但主要因为它的历史更悠久,拥有很多诺贝尔奖获得者,两所学校的文化有很大差异,但如果你真正在全球层面比较质量,我觉得两所学校现在已经相近……"(L4)

"在我看来,两所学校的学术水平已经相当。事实上,苏黎世联邦理工学院有更多的顶尖教授,资历更深,而洛桑联邦理工学院更多依靠的是青年教师,它能够赶上苏黎世联邦理工学院是很令人吃惊的……"(D3)

悠久的历史虽然为苏黎世联邦理工学院积攒了良好的声誉,但也使其趋于保守。相较而言,年轻的洛桑联邦理工学院更灵活,更容易变革,也更愿意冒险①。经过多年的发展,洛桑联邦理工学院在很多领域都已经走在了苏黎世联邦理工学院的前面,如在获取欧洲项目的数量上,前者已经领先于后者,而事实上,洛桑联邦理工学院的教师规模不过苏黎世联邦理工学院的一半。此外,洛桑联邦理工学院拥有更多的科技转化成果,而苏黎世联邦理工学院比较传统,不太倾向于校企合作。在慕课(Moocs)领域,洛桑联邦理工学院也已经走在了世界前沿,是欧洲最早开始做慕课的大学之一,而苏黎世联邦理工学院至今还没有引入慕课。在媒体的传播方面,洛桑联邦理工学院的快速发展也被国际媒体广泛报道,相对而言,苏黎世联邦理工学院因为已经是一所国际顶尖的大学而较少被提及。

三、洛桑联邦理工学院国际声誉的提升

绝大多数受访者结合自己的亲身经历和感受,认为洛桑联邦理工学院在过去十几年来的国际声誉有了显著提升,主要体现在以下几个方面:

首先,与顶尖高校合作的机会增多。高校合作对象的水平能够一定程度上反映一所高校自身的水平。受访的校层领导表示,近年来,学校与国外顶尖高校的合作机会越来越多、合作高校的层次也越来越高。一方面,学校在寻找合作伙伴过程中会受到更高的礼遇,另一方面,很多顶尖高校也会主动联系洛桑联邦理工学院想要一起开展合作。例如,L1 表示,如果洛桑联邦理工学院想要与麻省

---

① BIBER P. As Patrick Aebisher of the Swiss Federal Institute of Technology (ETH) Lausanne helped to achieve world rank [EB/OL]. [2015 - 02 - 19]. https://www.srf.ch/kultur/wissen/wie-patrick-Aebisher-der-eth-lausanne-zu-weltrang-verhalf.

理工学院或者哈佛大学合作，被拒绝的可能性极小。L2 表示，学校近年来所合作的对象都是世界一流大学，这些学校会主动寻求与洛桑联邦理工学院合作。

其次，教师在国际同行中受到的认可增强。根据受访者反馈，2000 年以前，洛桑联邦理工学院的定位一直是一所地方性工科大学，学校声誉也仅限于瑞士的法语区。虽然有少数专业或教授在国际科学共同体中获得了广泛的认可，但学校整体的学术声誉并没有走向国际，学校在国际学术共同体中的知名度并不高，甚至经常被误认为是苏黎世联邦理工学院的分校。而在过去十余年里，洛桑联邦理工学院的国际声誉得到显著提升，成为一所国际知名大学。例如，D7、P4 和 D8 表示，自己在与国际学术同行交流的过程便深刻感受到了这种变化：

"10 多年前我去国外做报告时，很多人会跟我说'很高兴和您交流，回苏黎世一路顺风'，他们以为我是苏黎世联邦理工学院的，我不得不跟他们解释。以前这样的事情经常发生，现在就不会了，他们都知道洛桑联邦理工学院了……"（D7）

"在短短十几年的时间里，洛桑联邦理工学院的国际声誉提升得非常快，以前我去参加学术会议，我告诉其他参会者我来自洛桑联邦理工学院时，他们都很疑惑，问我学校的名称怎么拼，现在它的声誉走出去了，当他们听说我是从洛桑联邦理工学院来的时候，他们会说'这人是从洛桑联邦理工学院来的，应该很厉害'……"（P4）

"我来洛桑联邦理工学院已经 27 年了，所以能感受到学校知名度的变化，学校发展得很迅速，我去各地参加学术会议或做论文评委，能感受到学校知名度越来越高……"（D8）

再者，学校对国际顶尖人才的吸引能力增强。多名受访者表示，自 2000 年以来，洛桑联邦理工学院在国际人才市场中越来越受优秀毕业生的青睐。洛桑联邦理工学院从一个不被顶尖高校毕业生"纳入考虑范围"的地方院校变成了一个国际学术人才竞相应聘的国际知名大学，学校现在招聘的人才能够与美国顶尖大学相媲美：

"10 年前我从苏黎世联邦理工学院获得博士学位，那个时候我知道洛桑联邦理工学院的存在,但它不在我的求职范围之内。虽然那时洛桑联邦理工学院是一所不错的大学,但从全球范围来看,它并不被认为是一所顶尖大学……"(P2)

"16 年前,很多人才回欧洲不会考虑来洛桑联邦理工学院,他们甚至不知道这所学校的存在,但现在不一样了,每个教职岗位发布出去能收到几十份来自美国顶尖大学的毕业生的简历,他们认为洛桑联邦理工学院是欧洲高校中最有吸引力的大学。"(P5)

"我觉得洛桑联邦理工学院在不断进步,十几年前给麻省理工学院投简历的人不可能给我们投,但现在基本上是同一批人,比如机械工程,你对比投给我们简历的人,和投麻省理工学院或斯坦福大学的人没什么区别,这就是学校成为世界顶尖的标志……"(P7)

最后,国际访客越来越多。洛桑联邦理工学院近年来在科技领域的创新让全世界为之惊叹。例如洛桑联邦理工学院在 2013 年申请获批"人脑项目"(Human Brain Project,简称 HBP),由洛桑联邦理工学院的神经科学家亨利·马克拉姆(Henry Markram)教授作为首席科学家领导开展研究,并由世界各地的 120 个研究团队共同参与,共获得欧盟 12 亿欧元的经费支持。另据统计,洛桑联邦理工学院近年来获得的欧洲委员会的高级资助项目数量在欧洲高校中位居前列。洛桑联邦理工学院在创新领域的成功吸引了越来越多国外领导人、高校代表团和跨国公司的来访,其中包括法国总统和谷歌首席执行官等。L2 表示,当这些大人物来访,想要考察洛桑联邦理工学院为何能有如此多的科技创新时,学校管理层便知道洛桑联邦理工学院已经成为了全球知名的大学。

四、在国外民众当中的知名度有待提升

洛桑联邦理工学院虽然在学术共同体以及本国民众当中的声誉显著提升,但由于学校的建校历史较短,发展的历程并不长,且瑞士所有的大学都是公立高校,不需要为了吸引国际生源而加大宣传,因而学校在欧洲以外的普通民众当中的知名度并不高。例如,在亚洲国家,大部分高中毕业生对美国的名校都趋之若鹜,但很少有人知道洛桑联邦理工学院(L13、D4)。在该校的部分校领导看来,学校在学术领域的声誉已经足以使其吸引优秀的教师和研究生,因而不需要大张旗鼓地宣传。但部分教授认为洛桑联邦理工学院的声誉还不足以吸引到最优

秀的学生，与美国哈佛大学、麻省理工学院、斯坦福大学等顶尖名校相比，洛桑联邦理工学院的生源质量存在较大的差距。

本章小结

由于有关世界一流大学的定义和标准非常模糊，许多政策制定者和高校管理者往往以排名名次的上升来评价高校的进步情况，笔者认为完全依据排名的评价方式非常片面。大学排名只能反映高校部分维度的相对水平，很难对高校进行综合性的评价。本研究主要基于萨尔米的世界一流大学特征框架，考察了洛桑联邦理工学院在人才、经费、管理以及国际声誉等多维度的进步，综合评价洛桑联邦理工学院的变革成效。

通过对洛桑联邦理工学院的分析发现，该校通过变革不仅在人才、经费和管理方面实现了显著进步，在学术文化方面也得以明显改善。具体而言，2007—2012 年，该校在学术人员、研究生数和科研经费三个指标上的增幅分别超过 95％、80％和 60％的世界 500 强样本高校的同期增幅。在治理和组织文化方面，该校增强了机构自治，提升了应对外界环境变化的能力以及内部决策效率与资源使用效率，构建了鼓励卓越与创新的更具活力的文化。该校国际声誉的提升主要体现在国际排名名次的提升、与国际顶尖大学合作的机会增多、教师在国际学术同行中被认可度增加、对国际人才的吸引力增强等多个方面。

人才、经费和管理等不同要素之间相互促进，共同提升了该校声誉。例如，通过设立激励人心的发展愿景、实施全球招聘、构建有利于创新的学术环境和合理配置资源等举措，洛桑联邦理工学院吸引了大量的卓越人才。这些人才的加盟不仅提升了学校获取竞争性经费和企业经费的能力，巩固了新的制度和学术文化，也为学校创造了大量具有国际影响力的科学发现和科技发明。与此同时，国际声誉的提升也为该校吸引人才、获取经费和改善文化增加了声誉效应，表明大学的快速发展是一系列因素共同作用的结果。洛桑联邦理工学院从德国模式转型为美国模式的变革提升了这些因素中极为重要的文化和管理因素，从而增加了学校获取人力资源和经费资源的能力，并最终推动学校学术水平和国际声誉的提升。

第七章

洛桑联邦理工学院变革之冲突与管理

作为正式的社会组织,大学在漫长的发展过程中形成了一些根深蒂固的制度传统,这些传统有些具有持久的生命力,如学术自由和大学自治,有些则会因时过境迁而不合适宜,如德国模式的讲座制。从大学发展的历史来看,大学并非总能客观对待传统,即便是变革一些僵化的体制,也很容易遭到制度文化和保守势力的强大阻力。[①] 因而,除非变革推动者能考虑利益相关者,特别是教师们的利益和价值传统,争取到他们的理解与支持,否则,大学变革将会受到很大的阻力乃至于中断。[②] 组织分析的新制度主义能够呈现组织变革的宏观制度背景并揭示多重制度逻辑之间的矛盾,但却难以在微观层面解释制度企业家如何改变其他行动者的观念以实现制度变迁。而变革管理理论则重点探讨此方面的内容,因而本章将基于变革管理理论重点分析洛桑联邦理工学院校长领导变革的过程。

第一节　组织变革所遇到的阻力

一、新校长所遭遇的危机

21 世纪,面对剧烈的经济社会变化和激烈的国际竞争,许多大学领导者期

---

① 叶赋桂,陈超群,吴剑平.大学的兴衰[M].北京:清华大学出版社,2016,293.
② [美]伯顿·克拉克.高等教育系统——学术组织的跨国研究[M].王承绪,等,译.杭州:杭州大学出版社,1994:254.

望能够通过治理改革实现"落后"理念和制度的重塑，从而使大学焕发新的生机和活力。然而，由于受不同制度逻辑的制约，大学的变革往往会引发各种利益和价值冲突。例如，2003 年，为了加快建设世界一流大学，北京大学开启了 86 年以来最激进的人事制度变革。在改革者看来，北大违背竞争规律的大学制度已出现合法性危机，需要参照世界上最有效率的大学治理模式，通过跟世界"接轨"，以模仿性同构的方式尽快实现制度变迁，引入竞争机制。然而，北大的改革遭到了教师群体的强烈阻扰和反抗。与北大改革者经历类似，埃比舍在洛桑联邦理工学院试图移植美国模式的变革也同样引发了该校历史上最严重的冲突和抵制。

2000 年，埃比舍的变革计划导致该校历史上最严重的危机产生。刚被任命为洛桑联邦理工学院新校长的埃比舍还未赴任，便遭到了来自学校各方利益相关者的强烈抵制——学生们"热火朝天"地举行着游行，教师们则忙着写联名信给联邦委员会委员，并集结了 4,400 个学校教职员工的签名，校园内充斥着抱怨和批评。①② 在校外，一直与洛桑联邦理工学院合作密切的知名企业家，如全球著名电脑周边设备供应商罗技公司的创始人丹尼尔·博雷尔（Daniel Borel）、全球印刷包装行业的先驱博斯特集团（Bobst Group）的董事长等人纷纷写信给联邦委员会要求终止埃比舍的校长任命。③ 甚至连媒体也密集撰文，戏谑地称这位新校长为"小拿破仑"（the little Napoleon）或者"普鲁士将军"（Prussian General），将其描绘成一个不受欢迎的独裁者形象。这些利益相关者的目的很明确——迫使埃比舍下台或者让他放弃相关变革计划。埃比舍回忆了自己当时的艰难处境："刚开始的时候情况非常糟糕，他们很想把我赶下台……我上任的第一天，办公室空空如也，没有人来跟我打招呼，他们都不欢迎我，当时估计有80%的老师都是反对我的。那时我和我的妻子走在校园里，甚至会有人会冲我们破口大骂……"。

① DUCRET J，AUDETAT D. Patrick Aebisher，15 years of success，2 years of succession ［EB/OL］. ［2015 - 02 - 19］. http://www. 24heures. ch/vaud-regions/patrick-Aebisher-quinze-ans-succes-deux-ans-succession/story/19891988.

② JEANNET A. My dream is to promote the emergence in Switzerland of a company of the importance of Google ［EB/OL］. ［2016 - 09 - 11］. http://www. hebdo. ch/hebdo/cadrages/detail/patrick-Aebisher-EPFL-systeme-de-formation-projets.

③ DELAYE F. Patrick Aebisher ［M］. Lausanne：Favre，2015：28.

二、教师抵制的原因

基于访谈资料,本研究发现洛桑联邦理工学院的教师们对埃比舍校长及其变革计划的抵制一方面源于他们对科层管理的不满和传统价值的捍卫,另一方面也出于对自身权威和利益的维护。

(一) 对新校长缺乏信任

组织成员对领导者的信任程度会影响他们对领导者所提出的变革计划的反应。信任程度越高,越有可能支持变革,而信任程度越低,则越有可能抵制变革。[1][2] 基于访谈,研究者发现教师们对埃比舍的不信任是导致教师抵制变革计划的主要原因之一,而教师对埃比舍的质疑来自多个方面。

首先,不信任埃比舍所提出的愿景及其治校能力。洛桑联邦理工学院在新世纪之交不过是国内一所服务地方的工科大学,所在的洛桑地区也仅为瑞士的一个中等城市,对人才的吸引力有限。基于当时的基础,几乎没有教师相信埃比舍能实现建设世界一流大学的目标,多数人认为他的目标"不切实际"。不仅如此,埃比舍缺乏高校管理经验。虽然曾在布朗大学担任过系主任,并出任过沃州中心医院(CHUV)外科研究和基因治疗团队的负责人,但 45 岁的埃比舍从未有过高校的高层管理经验,很多教师担心,这位新校长将难以胜任校长一职[3]。

其次,埃比舍是洛桑联邦理工学院有史以来第一位来自校外的校长,对学校并不熟悉,以往的校长虽然也是由联邦委员会任命,但多从该校内部提拔,对学校有着更深的了解,在教师群体中也更有合法性。受访教师 P3 回忆了自己当时的忧虑,"那个时候形势很严峻,仇恨的情绪高涨,因为很多教授认为新校长会是从内部推选,而政府将埃比舍强加给我们,我们很不喜欢……"。

再者,埃比舍来自一个与该校已有学科毫不相干的领域——生命科学。正如英国学者斯诺(C. P. Snow)曾在《两种文化》(The Two Cultures)一书中刻画的英国知识界中存在的作家与科学家、纯科学家与应用科学家之间的价值冲突

① SELF D R, SCHRAEDER M. Enhancing the success of organizational change: Matching readiness strategies with sources of resistance [J]. Leadership and Organization Development Journal, 2009,30 (2):167-182.

② KOTTER J P, SCHLESINGER L A. Choosing strategies for change [J]. Harvard Business Review, 2008,86(7/8):130.

③ DELAYE F. Patrick Aebisher [M]. Lausanne:Favre, 2015:19.

和相互嫌恶一样，[①]由于学科文化的差异，洛桑联邦理工学院的教授们非常不喜欢新校长的学科背景，并担心作为医生的埃比舍将无法理解工科院校的学科文化。[②] P7 回忆称，"2000 年校长的任命对我们而言是一个很大的意外，而埃比舍之所以遭到教师们的反对是因为他是一名医生。让一名医生担任工科学校的校长并非瑞士的科学共同体，尤其是受到影响的洛桑联邦理工学院的教师们所乐意接受的"。

（二）担心行政权力会僭越学术权力

根据马克思·韦伯，权力来源有三种形式：世袭性的传统权力、超凡魅力的感召权力和科层制中的法定权力。虽然法定权力是现代社会科层化组织权力中的基本表现形式，但大学并非是一个完全的科层组织，而是"松散耦合"的组织。大学组织承担的是高度专业化的学术活动，教师的活动带有相对自主性，他们不欢迎非专业人士对在自己归属的专业领域内所从事的各项活动指手画脚。因此即便来自职位的权力是合法的，但也未必是有效的。大学组织中的行政权力只有在与专业权威不构成冲突的情况下，才能够被认同和接纳，否则很难产生积极的效果。

在以往的权力结构中，洛桑联邦理工学院在基层实行教授自治，而在学系和学校层面则实行学院式治理方式，在学校内部学术权力占主导，能够基本主导学校的重大决策，如战略制定、预算分配和教师招聘等。而埃比舍上任以后，在联邦政府的支持下，以"提升管理效率"为名，开始加强以自身为核心的行政管理的权力，包括组建自己的领导团队和授权给院长等。大多数教师担心行政权力会占据主导地位而压制学术权力。在"教授治校"的学术逻辑下，他们积极支持教授自治和学术自由，"天然抵制，甚至强烈反对行政管理层的干预"[③]。教师们不愿意将学校从政府保护下的学者自治团体转而置于相对强大的行政领导阶层之下。

---

① ［英］斯诺. 两种文化［M］. 纪树立，译. 北京：生活·读书·新知三联书店，1995：1-97.

② DUCRET J, AUDETAT D. Patrick Aebisher, 15 years of success, 2 years of succession［EB/OL］.［2015-02-19］. http://www. 24heures. ch/vaud-regions/patrick-Aebisher-quinze-ans-succes-deux-ans-succession/story/19891988.

③ ［美］杜德施塔特. 舵手的视界——在变革时代领导美国大学［M］. 郑旭东，译. 北京：教育科学出版社，2010：103.

此外,教授们趋向于在决定性的行动上达成自下而上的共识,更愿意通过共治的方式作出有关高校和学院发展的决策,而非被迫接受校领导和院长的命令。埃比舍所有重大的变革决策都规避了学校传统的磋商与共治程序。对于教师而言,程序正义的决策往往更具合法性。在没有征询教师的情况下,埃比舍便明确表示要大幅变革洛桑联邦理工学院,并提出了一系列变革举措,这种自上而下的决策方式令习惯通过民主投票方式进行决策的教授们感觉被剥夺了参与学校治理的权利。① 正如教授 P12 回忆,"学校运行得好好的,突然有人闯进来,也不问问我们的意见就要改变一切,当然会遭到大家的反对……"

(三) 担心创校使命和传统价值的丧失

大学教师深受组织固有文化的影响,因而试图改变一个组织的文化往往充满困难和挑战。② 在埃比舍及其领导团队看来,洛桑联邦理工学院要实现卓越,必须建构一个良好的管理结构和激励制度,因而致力于借鉴美国模式以克服现有体制的不足。然而,从德国模式转向美国模式的战略使很多教师担心洛桑联邦理工学院会被过度的美国化,从而失去了自身的特色。例如,利贝罗·祖皮罗利(Libero Zuppiroli),洛桑联邦理工学院的一名物理学教授,是埃比舍校长的头号反对者。他专门撰写了一本名为《泡沫大学:我们应该追求美国梦吗?》(*La bulle universitaire:faut-il poursuivre le rêve américain?*)的书来谴责埃比舍及其领导团队将学校美国化的倾向。③ 受访者 P6 也表示,借鉴美国制度只能使洛桑联邦理工学院成为美国高校在欧洲的一所分校,无法比美国更具竞争优势。对于这些教授而言,他们宁愿洛桑联邦理工学院是一所普通的瑞士大学,而不希望它成为另一所所谓成功的美国大学。

不仅如此,埃比舍及其领导团队模仿斯坦福大学,引入学术资本主义的做法也遭到教师们的反对。虽然大多数工科背景的教授认可校企合作给学校所带来

① BIBER P. As Patrick Aebischer of the Swiss Federal Institute of Technology (ETH) Lausanne helped to achieve world rank [EB/OL]. [2015 - 02 - 19]. https://www.srf.ch/kultur/wissen/wie-patrick-aebischer-der-eth-lausanne-zu-weltrang-verhalf.

② SELF D R, SCHRAEDER M. Enhancing the success of organizational change:Matching readiness strategies with sources of resistance [J]. Leadership and Organization Development Journal, 2009,30 (2):167 - 182.

③ ZUPPIROLI L. La bulle universitaire:Faut-il poursuivre le rêve américain? [M]. Ed. d'en bas, 2010.

的益处，但基础科学领域的教师对之抱有强烈的质疑态度。在他们看来，大学作为联邦政府拨款的公共机构，其创造的成果理应属于公共产品，大学的核心使命在于创造知识和传承知识而非贩卖知识。这主要源于企业文化和学术文化的差异所致，市场逻辑在意的是知识的定价和财富的创造，而学术文化主要关心知识的生产和科学的进步；科学家尊崇的是学术文化，更加注重知识的分享和学术的交流，而企业将科研成果视为商业机密，往往要求合作高校对研究结果进行保密等。① 很多教师担心学术资本主义的侵入会使科研成果从"公共产品"转变为"学术资本"知识。②

此外，传统上，大学教师的研究很多是出于"闲逸的好奇心"，认同感是通过学术同行给予的承认与尊重，无需太多考虑市场价值，他们忧虑高校与企业界加强合作会导致高校追求短期而狭隘的研究，从而威胁到学术自由。例如，在 P9 看来，大学不应该承担过多的企业合同研究，而应该更加鼓励基于兴趣的研究，基于兴趣的研究同样能够产生专利并实现科技成果转化。这些教授认为，科研应该按照学术自身的逻辑发展，而不能受经济逻辑的过度侵蚀。

(四) 担心学科利益受损

学科作为大学的一种建制，背后隐含着利益和权力。学科利益主要表现为人力、物力和财力等资源的获得，这是学科的显性利益，权力则体现为不同学科相对的地位。大学的资源主要按照学科模式划分，流向学院、学系等学科组织，而每一个学科组织在资源配置中均会致力于确保学科组织的利益最大化。③ 作为一所工科大学，工程类学科，如计算机工程、机械工程、电子工程、土木工程等一直在洛桑联邦理工学院占据主导地位，享受着资源分配的优先权和较高的声誉。这些学科的教授将终身的事业与学科发展紧密相连，他们中的绝大多数人几乎将毕生心血和才华都倾注到为之奋斗的学科领域，对学科的忠诚远远高于对组织的忠诚。④

---

① GEIGER R L. Knowledge and money [M]. California：Stanford University Press，2004：181－185.
② RHOADES G，SLAUGHTER S. Academic capitalism in the new economy：Challenges and choices [J]. American Academic，2004,1(1)：37－59.
③ [美]伯顿・克拉克. 高等教育新论——多学科的研究[M]. 王承绪，等，译. 杭州：浙江教育出版社，2001：188.
④ [美]伯顿・克拉克. 高等教育系统——学术组织的跨国研究[M]. 王承绪，等，译. 杭州：杭州大学出版社，1994：45.

然而,随着埃比舍计划引入生命科学学院、技术管理学院和人文学院,很多教师担心新科学的引入将彻底改变学校作为一所工科学校的传统和定位,并在很大程度上威胁到所在学科的资源和地位。例如,教师们认为管理学并不能教给学生实用知识,对学校的发展并无多大益处,相反会"浪费资源",因而反对技术管理学院的设立(D4)。据 L6 回忆,当埃比舍在 2002 年试图引入生命科学时,全校 13 个系主任都投票反对。此外,埃比舍试图以跨学科研究所取代传统研究所的做法也遭到教师们的反对。如第五章第二节的分析所示,不同学科存在着不同的学科疆界和学科文化,试图以自上而下的方式消除这种差异必然会导致巨大的冲突。

(五) 担心自己的利益和权威受损

恰当的制度变革虽然有利于高校整体的发展,但对有些教师而言,变革意味着会失去既得利益。既得利益既可能是经费、薪酬、实验设备等物质利益,也可能是权力、地位、声誉、职业安全等精神利益,其中很多可能是教师之前投入了大量努力和精力所得。[①] 在同一制度下,不同群体所获得的利益各异,那些已经从既定制度中获利的个人或群体会尽力维护现有制度。

在得知新校长的变革计划后,不少教授担心这些变革会威胁到他们自身的利益和权威。例如,部分教授极力阻止洛桑联邦理工学院改革实验室和设立终身教职轨助理教授岗位,因为这些变革在使青年教师获得独立性的同时,也意味着教授们不能再随意支配其他教师。同样,传统上教授们可以自主挑选博士生,让博士生担任科研助手,且无需为他们上课,而结构化的博士生培养制度则要求招生委员会统一负责博士生的招生并监督培养过程,要求博士生修读一定的跨学科课程,也就意味着教授们不但不能再随意支配学生,还要付出大量时间为博士生上课。这些变革使得老教授们感到巨大的威胁,因而对变革非常抵触。正如受访者 L8 所言,"部分教授们抵制变革,是因为他们想维护自己的特权"。

(六) 担心自身无法达到新的要求

教师抵制变革的另一个重要原因是害怕自己无法达到学校新的科研要求,这既包括正教授,也包括青年科研人员。就教授而言,一直以来,作为一所联邦

---

① VAN DIJK (NEWTON) R, VAN DICK R. Navigating organizational change: Change leaders, employee resistance, and work-based identities [J]. Journal of Change Management, 2009(9): 143 - 163.

大学,洛桑联邦理工学院的教授们一直享受着来自政府的充裕科研经费拨款,既无需承担太大的科研任务,也无需从外部获取竞争性经费。而为了建设世界一流大学,埃比舍校长及其领导团队大大提高了对教师们科研创新的要求,并引入了竞争机制,鼓励教授们争取第三方科研经费,这无疑给遵循传统知识生产模式的老教授施加了极大的压力。对于部分教授而言,他们自觉学术水平有限,担心达不到学校的新要求,因而极力抵制新校长及变革计划:

"埃比舍引入了大量的竞争,非常非常激烈的竞争,在过去,预算经费一般都是平均分配给教授的,现在虽然每位教授也都还有非常充裕的预算,但如果教授们不能从其他地方引入经费,学校会降低他们的预算经费……"(L13)

"洛桑联邦理工学院在20世纪80、90年代所聘用的教授都是倾向于做应用研究,科研压力不大。自从埃比舍上任以后,他们感觉自己不再适合洛桑联邦理工学院。学校现在释放的信息就是,'你必须在顶尖期刊发表文章,如果不发表,很难在洛桑联邦理工学院混下去,在这所学校就要做顶尖的研究'……在90年代能够混得很好的教授,现在面临着巨大的挑战……"(L15)

除了老教授以外,洛桑联邦理工学院在设立终身教职轨助理教授岗所面临的最大阻力来自尚未受聘为教授(包括正教授和副教授)的科研助理。在此之前,博士毕业生进入该校后往往需要以科研助理的身份在教授的实验室工作多年,获得特许任教资格之后还需等教授退休方有机会竞聘教授职位,而每位教授一般会聘用多位科研助理。洛桑联邦理工学院在推行"非升即走"制度时,没有采取"老人老办法、新人新办法"的做法,而是要求所有未成为副教授的科研助理与校外应聘者公平竞争终身教职轨助理教授岗位。事实上,洛桑联邦理工学院对这些岗位的应聘要求达到了美国顶尖高校助理教授的水平。而由于担心学术水平无法达到要求或不愿再与更为年轻的人才同等竞争,这些科研助理大多拒绝变革。计算机学院的前院长D9描述了实施该制度的艰难过程:

"这个过程真的很不愉快……他们(科研助理)不可能成为教授了,我说的很明确,要成为教授必须要经历终身教职轨(tenure track)。有些年轻的研究人员会跑到我的办公室哭,有些人则起诉了我们,当然最终他们败诉了……"

第二节　校长领导变革的过程

组织分析的新制度主义认为,制度变迁可以分为两个阶段:"去制度化阶段"和"新制度构建阶段",去制度化是构建新制度的基础,只有现有制度的支持力度减弱,才能去制度化并重建新的规范和共享意义。然而,新制度主义没有介绍如何去制度化以及构建新制度,变革管理理论则为这一过程提供了具体的分析框架。变革管理理论的鼻祖库尔特·卢因认为,领导者要顺利推动变革,必须实行三个变革步骤,包括消除成员对变革的抵制、实施变革以及对新的行为和文化进行巩固。哈佛大学教授科特在卢因三阶段模型的基础上,提出了经典的八阶段模型:增加变革的紧迫感、建立领导联盟、制定变革愿景和战略、沟通变革愿景和战略、授权他人实施变革、创造短期成效、巩固成果并推行更多的变革、使新行为根植于组织文化。在科特看来,领导者是实现组织变革目标的重要推动者。[①] 本小节以变革管理理论为基础,将埃比舍领导变革的过程与科特的组织变革八阶段模式相比较,反思该模型在学术组织中的适切性。需要说明的是,埃比舍在领导变革的过程中,并没有有意识地借鉴该模型指导其变革。

一、在政府支持下设定变革愿景和战略

愿景是对未来的一种规划,科特认为,愿景在变革中至关重要,是领导变革的核心和文化创建的载体,一个远大的愿景为领导者和组织指明了前进的方向,赋予并诠释了组织身份的意义。[②] 随着外部环境的剧烈变迁,大学的变革同样需要愿景的指引,正如杜德施塔特(James J. Duderstadt)所言,"大学这艘航船在没有愿景的情况下随波逐流,极有可能会在乱石滩上搁浅"[③]。耶鲁大学前校长理查德·莱文(Richard C. Levin)同样指出,变革推动者必须具备能够展望大

① KOTTER J P. Leading Change [M]. Boston: Harvard Business Press, 1996: 23.

② SASHKIN M A. New vision of leadership [J]. Journal of Management, 1996,6(4): 19-28.

③ [美]杜德施塔特. 舵手的视界——在变革时代领导美国大学[M]. 郑旭东,译. 北京:教育科学出版社,2010: 242.

学未来和提升大学办学水平的愿景，能够确立远大且可实现的战略目标。①

　　在全球化背景下，面对日益激烈的外部竞争和推动知识经济发展的需要，许多国家的政策制定者和研究型大学的领导者都意识到变革的紧迫性以及设立新愿景的必要性。洛桑联邦理工学院的变革动力正是源于瑞士联邦政府的危机意识，作为一所联邦大学，洛桑联邦理工学院的办学定位由联邦政府确定。在 20世纪 90 年代中期以前，洛桑联邦理工学院一直致力于为当地的工业界培养人才，而到了 20 世纪 90 年代，联邦政府逐渐意识到研究型大学对推动知识经济的重要性，因而致力于对大学进行改革。ETH 董事会早在巴杜校长任期内便有意推动洛桑联邦理工学院建立世界顶尖的理工类大学，但并没有说服巴杜校长进行大规模的变革。在巴杜校长结束了 8 年任期之后，ETH 董事会在联邦政府的授权下，通过"不拘一格降人才"，选聘了埃比舍校长来领导学校实现创建世界一流理工类大学的愿景。由此可见，洛桑联邦理工学院的变革愿景在埃比舍上任之前便已明确，主要来自联邦政府和 ETH 董事会为应对全球化所作出的选择，并由新校长在联邦政府的支持下通过自主的变革战略来实现联邦政府和 ETH董事会的变革目标。

二、组建强有力的领导联盟

　　科特认为，无论领导者个人能力多么卓越，也不可能具备全部资源来颠覆原有的传统和惯性，无法单凭一己之力推行大的变革，相反，任何领导者都需要获得其他管理者的支持，建立强有力的领导联盟。② 对于大学而言也不例外，大学组织的权力分散性和缺乏权威决策与强势推动的特质，使大学校长更需要建立自己的领导联盟来推行变革。③ 杜德施塔特基于自己领导密西根大学变革的经验认为，校长变革失败通常是由于低估了变革所可能遇到的困难从而低估了强有力的领导团队的重要性所造成的。④

① 冯倬琳. 研究型大学校长职业研究[D]. 上海：上海交通大学，2009：23.
② KOTTER J P. Leading change：Why transformation efforts fail [J]. Harvard Business Review, 1995：59 - 67.
③ 陈运超. 组织惰性超越与大学校长治校[J]. 教育发展研究，2009(12)：1 - 4.
④ [美]杜德施塔特. 舵手的视界——在变革时代领导美国大学[M]. 郑旭东，译. 北京：教育科学出版社，2010：55.

作为第一位从外部空降的校长,埃比舍的变革计划并没有得到当时还在任的几位副校长的支持,他深知如果不能建立支持自己的领导团队,他将难以有效推行变革。因此,在正式上任之前,埃比舍向 ETH 董事会提名了几位新的副校长作为新一任执行委员会成员,这一做法最初遭到了 ETH 董事会的拒绝。尽管依据 1991 年的《ETH 联合体法案》,两所联邦理工大学的校长可以向 ETH 董事会提名副校长,①但在两校以往的历史中,没有校长会彻底变革高层管理团队。虽然 ETH 董事会此前明确表示会支持埃比舍的变革计划,但针对埃比舍彻底重组管理团队的要求,ETH 董事会顾虑重重。他们一方面担心若允许埃比舍组建自己的领导团队,将使 ETH 董事会完全失去对洛桑联邦理工学院的控制,另一方面害怕会引起洛桑联邦理工学院高层管理人员和教师的不满,加之当时几位副校长的法定任期还未结束,若提前终止他们的任期需要支付高额的补偿。② 基于这些因素的考量,ETH 董事会拒绝了埃比舍的要求,并要求他重新考虑副校长人选。③ 三个月后,埃比舍没有退让,坚持要求聘用新的领导团队,ETH 董事会再次拒绝其要求,而此时距离埃比舍正式上任的日期还不到两周的时间。④

在第二次提名遭到拒绝后,埃比舍明确向 ETH 董事会表示若无法组建自己的领导团队,他将不会接任校长一职。而 ETH 董事会则认为埃比舍此举是"虚张声势",因而双方处于僵持之中。2000 年 3 月 1 日,洛桑联邦理工学院本该迎接新校长的到来,但校长办公室空空如也。埃比舍没有参加本该举行的校长就职演说,⑤之后的两个星期也并未在洛桑联邦理工学院露面。倔强的埃比舍用行动表明,若政府坚持不同意他组建领导团队的计划,他会将"校长罢工"进行到底。埃比舍甚至写好一封辞职信给联邦委员会,他在信中强调,"如果不让我选择我的副校长团队,我就辞职去美国"。⑥ 而埃比舍的这一举动引起了瑞士

① ETH Board. The Federal Act on the Federal Institutes of Technology [EB/OL]. [2018 - 05 - 06]. https://www. admin. ch/opc/en/classified-compilation/19910256/201501010000/414. 110. pdf.
② Federal Act on the Federal Institutes of Technology [EB/OL]. [2018 - 05 - 06]. https://www. admin. ch/opc/en/classified-compilation/19910256/201501010000/414. 110. pdf.
③ DELAYE F. Patrick Aebisher [M]. Lausanne: Favre, 2015: 20.
④ DELAYE F. Patrick Aebisher [M]. Lausanne: Favre, 2015: 21 - 28.
⑤ DELAYE F. Patrick Aebisher [M]. Lausanne: Favre, 2015: 29.
⑥ DELAYE F. Patrick Aebisher [M]. Lausanne: Favre, 2015: 21.

联邦政府高层的不安，联邦委员露特·德莱富斯（Ruth Dreifuss）表示自己当时的处境非常艰难，因为瑞士实行的是联邦制，由 7 位联邦委员共同治理国家。她之前极力向其他联邦委员推荐埃比舍担任洛桑联邦理工学院的校长，但并未预料到埃比舍会提出额外的条件。倘若答应了埃比舍的条件，她将不得不向其他6 位联邦委员解释突发情况并要争取到他们的同意。

然而，对埃比舍而言，担任校长本非自己的初衷，之所以答应接任校长一职，一是出于最初联邦政府对自己的信任，二来他想尝试将洛桑联邦理工学院建成一所世界顶尖的大学。但他深知要实现这一目标必须获得特定条件，也即建立支持自己的领导团队，让拥有和自己相同理念的人一起推行变革。对于一直积极支持埃比舍的瑞士教育与研究国务秘书查尔斯·克莱伯而言，埃比舍辞职将意味着自己过去几年来一直构想的关于洛桑联邦理工学院的发展战略将要付诸东流。在他看来，既然 ETH 董事会选择了埃比舍担任洛桑联邦理工学院的校长，就应该尽可能给予他充分的支持。^① 因此，他号召 ETH 董事会主席一起为埃比舍向联邦政府争取更多的支持。^② 最终在瑞士教育与研究国务秘书和ETH 董事会主席的支持下，埃比舍获得了与联邦委员露特·德莱富斯见面的机会，^③而这次面谈为埃比舍赢得了转机。在长达四个小时的交流中，埃比舍向委员详细阐明了他的战略构想和变革举措，并解释了建立新领导团队的必要性，最终成功说服了联邦委员全力支持他的改革。

从联邦政府获得了组建领导团队的合法授权之后，埃比舍通过设立一个遴选委员会选拔和任命了全新的副校长和院长，组建了一支强有力的领导团队。这些副校长和院长有着与埃比舍相似的学术履历，都是拥有在美国多年从教经历的教授。例如，计算机学院的院长来自美国的莱斯大学（Rice University）、工程学院的院长来自美国加州理工学院（California Institute of Technology）、生命科学学院的院长则来自麻省理工学院等。这些学者型领导者对美国模式熟稔于心，非常支持埃比舍的愿景和变革计划，并致力于一起推动变革。例如，在美国

---

① DELAYE F. Patrick Aebisher [M]. Lausanne：Favre，2015：20 - 29.

② DUCRET J，AUDETAT D. Patrick Aebisher，15 years of success，2 years of succession［EB/OL］. ［2015 - 02 - 19］. http：//www. 24heures. ch/vaud-regions/patrick-Aebisher-quinze-ans-succes-deux-ans-succession/story/19891988.

③ DELAYE F. Patrick Aebisher [M]. Lausanne：Favre，2015：29.

获得终身教职的 D9 表示自己非常支持埃比舍的变革战略,在他看来,埃比舍的发展策略非常合理和激动人心,因而决定与他一起推动变革:

"当时决定回欧洲时,我收到了多所欧洲大学的聘用通知,我跟他们提议要做一些变革,因为我对欧洲的学术体制感到担忧,但他们都否决了我的提议,所以我一直很犹豫要不要回欧洲。而当洛桑联邦理工学院给我录用通知的时候,我感到很兴奋,我跟埃比舍聊了之后,了解了他的想法,跟我的想法不谋而合,他说想聘用我做院长,一起推动计算机学院的发展。我感觉有这样想法的领导在欧洲很少见,我很支持他的愿景,所以没有任何犹豫,我就决定来了,我想我可以在这里发挥很大的作用……"(D9)

正如 Nelissen 和 van Selm 的研究,并非所有的组织成员都会抵制变革,任何组织中都会有部分成员欢迎变革。这类成员将必要的变化视为"个人的机会",并认为变革是"对过去组织问题的一种积极应对"。与其他人相比,这些人更愿意参与变革过程。① 除组建了拥有法定权力的正式领导团队之外,埃比舍还获得了一批学术权威的支持,学术权威因自身的学识而为其他教师所信赖和尊敬,在学术组织中拥有感召力。这些教授大多有留美经历,对美国高校的院系组织、终身教职制度、研究生院制度等都非常了解,也非常认可这些制度的相对优越性,因而倾向于支持埃比舍的变革。例如,曾经担任洛桑联邦理工学院计算机系主任的马丁·维特尔利教授,早在埃比舍上任的前几年便曾向前校长建议实施研究生院和终身教职制度,虽然获得了校长同意,允许其在本系试点,但没有得到其他系主任和教授的支持,因而无法在全校推广。埃比舍的到来让包括马丁·维特尔利教授在内的改革派重燃了变革动力,他们成为埃比舍的忠实支持者。埃比舍也将这些有着相似经历和理念的教授视为自己的最大依靠。例如 D1 表示,学校之所以能够顺利推行慕课,在于一些权威教授的示范作用:

"埃比舍邀请我到他的办公室与他面谈,他介绍了一下慕课的最新发展形

---

① NELISSEN P, VAN SELM M. Surviving organizational change: How management communication helps balance mixed feelings [J]. Corporate Communications: An International Journal, 2008, 13(3): 306 - 318.

势，说网络课程会产生很大的影响。一个慕课视频可能会有1000个人观看，而一篇学术文章可能只有5个人阅读，他问我能不能做一个关于创业能力的慕课课程，我就欣然答应了，因为我想学习数字传播技术，我觉得这会是未来的趋势，虽然欧洲的大学还很少这么做。回到学院我就邀请了学院另一些老师与我一起，他们同样表示出兴趣。埃比舍并没有逼我去做，我是真的认同他的看法……"(D1)

三、积极沟通变革愿景和战略

只有在组织成员的支持下，大规模的变革才有可能产生。然而，人们在充满不确定性的变革面前往往会产生各种疑虑，甚至外化成抵制性行动，除非他们认可变化所带来的潜在利益或者相信变革有可能变为现实，否则变革很难实现。① 因此科特强调变革成功的第一步便是通过有效沟通加强组织成员对变革的紧迫感，并减少其对变革的不确定性。② 相比于企业，沟通对于学术组织而言更为重要，这主要源于两方面的原因。首先，作为营利性组织，企业受市场的影响非常明显，经常需要为应对市场的变化而实行变革，而高等教育组织相对稳定，长期以来与外部环境之间存在着缓冲机制，没有明显的危机存在。因此，相比于企业，高校更不容易感受变革的紧迫性。其次，相比于企业员工，高校教师往往享有职业稳定性和自主性，他们并不认为自己是替领导者打工，也不喜欢行政管理者对自己的工作指手画脚，这也决定了高校领导者在推动变革的过程中，往往需要付出更多的时间和精力用于说服教师。正如一位受访的前院长D2所言，"要让教师为你所用非常困难，因为他们不认为自己是你的雇员，因此你必须依靠说服而非强迫达到目的"。L1也表达了类似的观点，"变革要获得教师们的接受是非常困难的，领导者必须尽力向教师们兜售变革计划"。

然而，获得教师对学校新发展方向的理解和支持绝非易事。据多数受访者回忆，在埃比舍上任之前，洛桑联邦理工学院的校园内洋溢着一股自满和悠然自

① ARMENAKIS A A，HARRIS S G，FEILD H S. Making change permanent a model for institutionalizing change interventions [J]. Research in Organizational Change and Development，1999 (12)：97-128.

② COLLINS J C，PORRAS J I. Built to last：Successful habits of visionary companies [M]. New York：HarperCollins，1994：185-186.

得的氛围,学校似乎既无意大力加强基础研究,也对提升国际声誉兴趣寡淡。因而当得知联邦政府要任命埃比舍为洛桑联邦理工学院校长来推动大规模变革时,教师们并不理解学校变革的必要性和合理性,对埃比舍及其变革愿景与计划持强烈的抵制态度。所幸的是,埃比舍在上任之后并未立即开展变革,而是先组建了自己的领导团队,并付出大量的时间和精力,通过各种渠道向教师和利益相关者们反复"兜售"其变革理念。

埃比舍及其领导团队通过各类大小型会议、内部邮件、演讲、走动式管理、媒体宣传等方式不断向教职员工宣传其变革愿景,反复传播使得愿景深入人心。例如,学校每年要举办一次为期两天的大型户外休闲活动,名为"JSP"(Journées Scientifiques et Pédagogiques)。在该活动上,全校教师和高层管理人员都汇聚到一起,校长则会利用这次难得的机会向全校演说他的愿景和战略。再如,校长还采用"走动式管理"(Management by walking around,简称 MBWA)的方式来争取教师的支持、回应他们的质疑。所谓走动式管理是指领导者经常到各个单位或教师的实验室或办公室走动,以增进交流。埃比舍校长在上任之后充分发挥了走动式管理策略的效用,他经常抽空去各个教师的办公室,与教师们一一交谈,以增进教师们对他及其愿景和战略的了解:

> "刚开始,你得不断地向他们解释,与每个人交流,争取他们的支持……我的计划是一点点争取他们的支持,前 2 年并没有实施具体的变革,就是每天、每周、每个月地跟教师们解释,举行了大量的会议,还请一些支持我的老教授来跟教师们交流……"

除了与校内共同体进行沟通以外,埃比舍校长还不断通过外部媒体赢得公众支持。公立大学是非常复杂的机构,有众多的利益相关者。除了教职工和学生以外,还有大量外部利益相关者,如政府和企业等。埃比舍校长深知,要消除外部利益相关者对自己的误解,必须首先赢得媒体的支持。而媒体对这位"疯狂"的新校长也充满好奇,纷纷想要对他进行采访,他抓住了媒体的"猎奇"心理,充分利用媒体平台对自己的愿景和治校理念侃侃而谈。通过积极的沟通,外部媒体对埃比舍校长的看法逐渐改观,对他的评价从最开始的讽刺转为了欣赏,并将他描述为一个"与众不同的校长"。通过媒体广泛的正面报道,埃比舍校长充分让公众了解了他的想法和愿景，从而逐渐建立起了良好的公众形象。如 D2 表示，埃比舍在瑞士很出名，主要因为他喜欢与媒体打交道，接受媒体的采访，争取当地工业界的支持。L18 表示，埃比舍会向大众解释学校使命变革的原因，强调洛桑联邦理工学院与企业合作的益处。

　　通过长达两年的密集沟通和解释，越来越多的利益相关者成为埃比舍变革计划的追随者。埃比舍沟通的效果主要体现在两个方面，其一是逐渐消除了教师们对他的误解，增强了教师们对他的信任，其二是激发了越来越多教职员工为实现学校愿景的积极性。[①] 首先，通过有效沟通和了解，教职员工逐渐发现了埃比舍校长"富有魅力"（charismatic）的个性特征。由于解雇上任副校长团队的"冷酷无情"，埃比舍校长在上任之前被许多教师认定为一位"不尽人情的独裁者"。然而，通过不断的沟通，教师们发现埃比舍非常平易近人且待人热情，喜欢与人交流。例如 D6 表示，"埃比舍虽然集中了权力，从某种程度上是一个独裁者，但他是一个非常有魅力的独裁者，他喜欢与人交流，爱开玩笑，不像法国的政客那样拒人于千里之外。他也会经常给教师打电话以及见面聊天……"。

　　除了赢得越来越多教师的信任之外，埃比舍还善于通过愿景激励增强教师们对学校未来的信心。多位受访者描述了埃比舍校长这方面的能力，例如，D2 表示埃比舍校长非常善于向教职员工"兜售"他的愿景，增加教师们对学校未来的信心。L5 表示，"埃比舍非常有热情，并且能够将这种热情传递给他人。每次讨论事情，离开他办公室的时候，我们都充满斗志"。P3 也表示，许多老师被埃比舍的热情感染，他的演讲使得大家深受鼓舞。在这种激励下，很多教师表示，在洛桑联邦理工学院工作不仅仅是为了自己，也为了学校更长远的目标。例如，P13 表示，学校的发展目标让自己充满动力，愿意陪着这所大学一同成长。P17 也表示，校长致力于建设一所跨学科大学而非传统工科大学的愿景，对自己非常有吸引力。L2 表示，学校很多教师都被校长的愿景所吸引：

　　"我想不光是我，很多同事都觉得无论你在洛桑联邦理工学院做什么都很值得，因为你感觉自己不仅仅只是为了自己努力，而是为了一个更伟大的目标。洛

---

① COLLINS J C, PORRAS J I. Built to last: Successful habits of visionary companies [M]. New York: HarperCollins, 1994: 185 - 186.

桑联邦理工学院的物质奖励并不高,没有绩效奖励体系,但我觉得大家都不是为了钱而工作的,主要是因为环境……"(L2)

除了积极的沟通,埃比舍更是通过一致的言行,向教师们展示了对学校愿景的坚定不移,从而收获了许多的追随者。为了实现建设一流大学的目标,埃比舍校长在其整个任期内为洛桑联邦理工学院的发展倾注了大量的时间和精力。据一些受访者描述,校长16年如一日,每周工作长达80~100小时。他会及时回复每一封邮件,也会认真准备每一个会议。与埃比舍校长共事多年的受访者L3认为,成长于普通家庭的埃比舍之所以如此卖命工作并非为了金钱和权力,而是为了实现学校建设世界一流大学的使命。为了能够为学校延揽国际顶尖人才,埃比舍校长会经常亲自去机场迎接应聘者,而他的校长薪金也远远不及他所引进的一些卓越人才。沟通不仅仅是一门语言艺术,更需要用行动来体现,而领导者的行动通常比语言更有说服力。埃比舍不仅通过语言,更用实际行动赢得了越来越多教职员工的信任,并鼓舞他们一起为实现洛桑联邦理工学院的变革愿景而努力。[①]

四、授权行动并消除变革障碍

科特认为,即便组织变革的紧迫感增强、组建了卓越的领导团队以及愿景得到有效传播,组织还是会难以进行所需的变革,主要因为有些不合理的结构和制度可能会阻碍组织成员的行动,在他看来,要顺利变革还需要对这些结构性的障碍予以清除。[②] 在大学,分散的权力结构往往给组织变革带来巨大的障碍。长期以来,美国的高校模式往往更容易变革,主要因为在美国模式中,以校长为核心的行政管理层权力较大,能够通过行政手段推动学校做出与外部环境相适应的变革。与美国模式相比,欧洲大陆高校的内部权力掌握在教授手中,大学被视为"学者们携手起来共同商讨、探索和传播文化知识的俱乐部"[③],从而造成了以

---

① BIBER P. As Patrick Aebisher of the Swiss Federal Institute of Technology (ETH) Lausanne helped to achieve world rank [EB/OL]. [2015 - 02 - 19]. https://www.srf.ch/kultur/wissen/wie-patrick-Aebisher-der-eth-lausanne-zu-weltrang-verhalf.

② KOTTER J P. Leading change: Why transformation efforts fail [J]. Harvard Business Review, 1995: 59 - 67.

③ [英]阿什比. 科技发达时代的大学教育[M]. 滕大春,滕大生,译. 北京: 人民教育出版社,1983: 96.

校长为核心的行政权力的弱化，使得大学整体很难变革或者决策效率低下，教师们往往认为不应该变革或者因为利益关系和价值观念而不愿意变革。20 世纪 80 年代以来，世界发生着迅速和深刻的变化，这给像大学这样传统、保守的社会机构带来了巨大的挑战。正如克拉克·克尔所言，"大学越来越不能被动适应环境，而是需要采取自发性变革来积极应对环境的变化，因而加强以校长为核心的行政管理的权力非常重要"①。

在变革以前，洛桑联邦理工学院的规模相对较小，相当于一个大学院。13 个系像彼此独立的小单位，结构非常松散和扁平，基本上属于一种分治模式，大学内部的重要决策基本由教授们集体协商制定。在此模式下，大学内部的行政力量被边缘化，历届校长虽有心变革学校，但往往容易遭遇来自 13 位系主任和众多教授的联合抵制，难以触动拥有较大自主权的底层结构，因而变革计划容易夭折。此外，以往的校长都是来自本校，和其他教授是熟悉多年的同事，人情因素也导致推行变革异常困难。为避免在教师中树敌太多，前几任校长都将注意力集中在领导力能够产生影响的一小部分问题上。与前几任校长不同，埃比舍是首位来自校外的校长，他不惧教师的反对，一心致力于变革。但他意识到要顺利推行变革，必须加强行政管理者的权力。

埃比舍及其领导团队上任后，首先通过并系建院、研究所和实验室改革等大力重组了洛桑联邦理工学院的内部权力模式，在保障了教师在基层学术自治的同时，在学校和学院层面加强了以校长为核心的行政管理的权力，建立了强有力的领导核心。校长位于权力结构的顶端，并给予院长一定的自治权来管理各个学院。领导核心拥有决策和行政权，既负责加强对外联系，为学校争取资金，又负责分配资源和协调各学科之间的发展，制定涉及学校学院发展的优先事项以及聘任人才。大学最高层到各学院的科层结构和直线权力都进一步得到加强。

科层管理的加强对于洛桑联邦理工学院组织变革的作用主要体现在两个方面：其一，使得学校能够独立地对有关事宜进行直接判断和及时处理，大量节省了教授之间以及教授会与政府之间的相互协调的时间，提高了决策制定和实施的效率；其二，使变革的决策相对全面。虽然教师们在自己的研究领域非常具有创造性思维，但面对学校的变革往往趋于保守，教师们缺乏全局意识和从学校整

① ［美］克拉克·克尔. 大学校长的多重生活[M]. 赵炬明, 译. 桂林：广西师范大学出版社, 2008：48.

体层面进行思考的宏观视角,并不利于学校实行一些必要的变革。正如阿什比所言,"由于教授忠诚于自己的学科甚于自己所在的大学,因而往往很自然地从自己学科的利益出发来考虑问题,而非站在整个大学的立场来考虑问题"。根据多位受访者,工程学的教授往往希望学校优先发展工科,物理学的教授则希望优先发展物理学,等等,若采用协商共治的模式,变革很难从学校的整体利益出发,从而难以创建生命科学学院和实施其他方面的变革。

行政权力能够把握学校发展的方向以及提高学校整体的决策效率,但要真正促使学校实现学术创新,实现建设世界顶尖理工类高校的愿景,给教师授权、保障他们的学术自由以及激励教师从事创新研究更为重要。正如范德格拉夫指出,若教师没有学术自由,就无法推动学术发展,因为学术创新渗透在研究中所必须的个人创新自由和个人教学自由之中。① 在变革之前,教授是作为研究所和实验室的最高负责人,负责研究所教学和科研的自主管理,享有充分的学术自治和学术自由,但青年教师的自主性难以得到保障。洛桑联邦理工学院通过实验室改革和设立终身教职轨助理教授岗位,给予杰出青年教师充分的独立性和资源,并保留了所有教师在实验室的自治。如 D1 表示,学校为了确保教师们的积极性,不会对他们的科研进行任何的干涉。D4 也表示学校会给予教师足够的自由。教师们就是独立的个体,可以自主决定发展的方向。P11 也证实,自己的工作不会被行政人员干扰,自己的科研完全由自己负责。此外,该校的科技成果转化办公室、科研办公室以及人力资源部等行政部分均为教师们提供良好的服务,使他们免于繁琐的行政事务。

马克思·韦伯认为,学术职业具有物质性和精神性的双重属性,既超越了狭隘的功利性,学者将学术视为实现生命价值和意义的目标的同时,又具备一定的物质性,学者将学术看作是其赖以生存的谋生手段,具有与其他职业同样的性质。② 在受访者当中,绝大多数教师均表示对自己的学术生活和职业发展状况非常满意,主要因为洛桑联邦理工学院为教师们提供了较高的薪酬以及充裕的经费和学术自由。较高的薪酬为教师们解决了生活的后顾之忧,而充足的经费和完全的自治保障了教师们的职业发展。以 P6、P11、P12 为例:

---

① ［加］约翰·范德格拉夫.学术权力——七国高等教育管理体制比较[M].王承绪,等,译.杭州:浙江教育出版社,2001:187.
② ［德］马克思·韦伯.学术与政治[M].冯克利,译.北京:生活·读书·新知三联书店.1998:155.

"我觉得我获得了所有我想要获得的东西，比如充足的资源和良好的科研条件，我不需要其他的了。每天早上我醒来后都很开心地去工作，我感觉能够在这里工作真的非常幸运。学校为我们提供了最佳的条件，大家都相对比较平等，所以大家都不怎么会抱怨……"(P6)

"我什么也不缺，我有充足的资源，有足够的博士后和博士生，还有一间虽小但很漂亮的办公室，我还在校学术晋升委员会任职，从我个人的角度而言，洛桑联邦理工学院不能再提供更好的东西了，所以我真的很开心……"(P11)

"对我个人而言，我所得到的东西已经足够。我有舒适的生活，对学校提供的条件也非常满意。虽然偶尔会抱怨一些小事情，但从整体来看，我非常感激。我还需要做得更好，我对学校的期望就是能够聘用更多顶尖的人才……"(P12)

对于无法胜任终身教职轨助理教授岗位的科研助理，洛桑联邦理工学院则尽力为他们提供一个安身之所。例如，洛桑联邦理工学院允许各个实验室根据预算情况保留已有的科研助理，且规定随着教授的退休，预算停止，这些科研助理必须离开实验室。科研助理在选择离开实验室时，学校会尽力将他们安排在教辅或行政岗位上，以确保其能够有一份稳定的工作。其中许多人后来成为学校的中高层管理人员。例如，主管洛桑联邦理工学院创新领域的现任副校长迈克(Michaël Thémans)便是其中一员。他在2000年从洛桑联邦理工学院博士毕业之后进入其导师实验室成为一名科研助理，但之后未顺利获得终身教职轨助理教授岗位。在之后的五年中，迈克发表了多篇国际论文，教授了15门课程，也帮助其导师指导了20多名硕士生的论文。2007年，在晋升无望之后，他离开了导师的实验室，走上管理岗位，成为洛桑联邦理工学院交通中心的负责人，2015年则成为创新领域的副校长。迈克表示，虽然没有成为一名教授，但他依然感激学校不断给予他新的机会，让他能够找到新的事业。

五、快速变革并取得早期成功

密西根大学前校长杜德施塔特结合自己对高校的领导经验认为，在一个大变革的时代，传统的规划方式效率低下，往往很难击中靶心，而当领导者拥有一个清晰的变革计划时，应该及早采取行动，以取得比竞争对手更大的先发优势。① 埃比舍显然非常赞同这样的激进式变革模式,在他看来,在高度竞争性的环境中,高校领导者必须采取果断的行动,否则很容易错失发展的良机。因此,在获得权力之后,埃比舍及其领导团队同步推行了多项变革,包括设立新学院、设置终身教职轨助理教授岗位并变革晋升制度、设立博士生院等。② 变革的快速实施一方面使得变革的反对者无法迅速达成联盟,另一方面也更快呈现了积极的效果。

科特认为,实质性的变革往往需要持续很长时间,虽然执着的信徒不论发生什么事情都能够坚持到底,但大多数人期望能够看到令人确信的证据以显示变革正在发挥作用,快速显现的绩效改进能够使得吹毛求疵的反对变革者的抵制不攻自破。③ 洛桑联邦理工学院通过变革之后,教师们很快发现埃比舍校长的变革在许多方面都带来了积极效果,这些短期成果增强了教师们对埃比舍及其变革计划的信心。

例如,埃比舍在没有减少其他学院经费预算的前提下,成功筹措了大量经费。凭借着卓越的社交才能,埃比舍与政客和企业家们都建立了广泛的社交网络和良好关系,争取到了政府的更多支持以及获得企业家的大量投资。在很多受访者看来,埃比舍能够成功为学校谋求资源一定程度上也证明了这位校长的能力,因而增加了对埃比舍的信任。例如,在与政府的交往方面,埃比舍校长能够很好地为学校争取权益。由于苏黎世联邦理工学院比洛桑联邦理工学院的历史更悠久、办学规模也更大,因而从 ETH 董事会获得的支持力度一直更大。埃比舍校长上任后,非常善于与政客打交道,常常能够争取超过其份额的资源。在与企业家的交往方面,由于日内瓦有大量的国际组织,且针对外国富豪的税收非常低,因此是大量亿万富翁的聚集地。埃比舍校长充分运用自己的社交才华,与这些富翁成为朋友,并说服了很多企业对洛桑联邦理工学院进行投资。被《福布斯》评为 2015 年度 10 亿富豪之一的成功瑞士企业家汉斯约尔格·维斯(Hansjörg Wyss)就讲述了他被埃比舍校长说服在洛桑联邦理工学院投资建立生物科技校区的经过:

---

① [美]杜德施塔特. 舵手的视界——在变革时代领导美国大学[M]. 郑旭东,译. 北京:教育科学出版社,2010:55.

② WALTER M. What have you done with your ten years? [EB/OL]. [2016 - 02 - 30]. http://www.tagesanzeiger.ch/wissen/technik/Wir-brauchen-die-Besten/story/10285846.

③ KOTTER J P. Leading change: Why transformation efforts fail [J]. Harvard Business Review, 1995:59 - 67.

"我一直想在瑞士设立一个研究中心，就像我在哈佛大学投资建立的威斯生物启发工程研究所(Wyss Institute)类似，我们想资助一些比较有前景和风险的项目，但一直找不到合适的合作对象。埃比舍在参观了我们在哈佛的研究中心后，联系我是否能在瑞士也投资一个类似的中心，这与我的想法不谋而合。我邀请他来我在马萨诸塞州的家里，并为他做了一顿晚餐，在晚餐时他跟我讲了很多他的想法，也就是在那天晚上，我下定决心要在瑞士创设一个中心，并且准备与洛桑联邦理工学院合作。"①

又如，教师们发现，生命科学的引入不但没有减少其他学科的资源，相反给他们带来了大量与其他学科合作的机会，跨学科的创新成果源源不断地产生。同样，虽然最初一些老教授们对校领导引入终身教职、博士生院等制度的变革并不满意，但学校能够吸引的教师和学生越来越优秀，也就意味着教师们能够拥有更好的同事和学生，因而他们逐渐转变态度，支持这些制度。洛桑联邦理工学院近年来从哈佛、斯坦福、加州大学伯克利分校、麻省理工学院等美国顶尖名校所招收的优秀人才越来越多，并取得了卓越的成就。以计算机学院为例，2000年之前，洛桑联邦理工学院的计算机学科教授寥寥无几，其学术声誉在计算机领域并不显著。洛桑联邦理工学院从美国聘用了一位一流教授担任计算机科学与通信学院院长，并给予其大量资源和自主性。这位院长通过高薪资和充裕的研究经费吸引了诸多世界顶尖的科研人才，同时以国际科研影响力作为评价教师的标准。时至今日，洛桑联邦理工学院的计算机学科已跻身欧洲第二，紧随剑桥大学之后。洛桑联邦理工学院计算机学院在2003年的ACM Fellows人数为0，而到2013年有8人，在全球位列19—21名，欧洲排名第二。P5也描述了自己改变对设立博士生院看法的经过：

"刚开始的时候，我很不喜欢设立博士生院这个想法，因为在过去我们招生很自由，不受外人的干涉。后来他们让我也参与到招生委员会，并且一待就是五

---

① WAGNIERES D. I have given more than 1 billion francs in mylife [EB/OL]. [2015 - 05 - 22]. http://www.letemps.ch/Page/Uuid/5045f1a0-00af-11e5-9d72-ac80ac81a032/Jai_donn%C3%A9_plus_de_1_milliard_de_francs_dans_ma_vie.

年,我知道整个遴选过程是非常严格和认真的,他们是真的想要选出最优秀的学生。每年我私下都会收到几十封学生的申请邮件,我就直接让他们向博士生项目提交申请。这些学生往往都不是特别优秀的,他们想通过先联系我获得我的好感,我不会让这些邮件影响我,而是充分信任招生委员会教师集体的判断,他们所提供的反馈意见非常有价值……"

此外,学校国际声誉的不断提升也增强了教师们对埃比舍校长治校能力和变革计划的信心。正如L4、P9、P11、P12等受访者所言,尽管教师们不喜欢埃比舍校长强势的领导方式,但他们更不希望在一所平庸的大学工作,学校的成功使他们能够整体上容忍集权的决策方式。以L15的观点为例:

"我更喜欢能够做出明确而清晰决策的领导者,因为如果采用民主的方式,会有无休止的讨论,很难最终达成一致。现在欧洲就是这样,对所有的议题都是无休止的争论,如果我们的管理层有清晰的计划,我只会以最终的结果来衡量,而不是他的管理方式,16年前洛桑联邦理工学院是一个我从来没听说过的大学,而现在在各大排名上都位居前列,主要在于校长采用了这种领导方式,尽管有很多人不喜欢这种管理方式,但他们不得不承认这种方式是有效的……"

总结而言,短期的胜利非常有助于增大变革的推动力和减少变革的阻力。一方面,变革的短期成果使得变革的推动者在付出大量的努力之后,更能提高士气,坚定其变革的方向和决心;另一方面,也为领导团队提供实实在在的证据,使怀疑论者与以自我为中心的变革抵制者很难再妨碍变革的进行,以及使持观望态度的教职员工转变成了变革的支持者。

六、深化变革并使之制度化

科特认为许多变革之所以最终失败,很大一部分原因是领导者太早宣布变革的成功,而真正成功的变革需要持续很长时间才能完成。除非变革已经深深地渗透到组织的文化之中,植入到组织成员的观念层面,否则新的方式非常脆弱,很容易回归到原来的模式中。因此,他强调要继续深化变革并使新的行为方式能够根植于组织行为规范和普遍的价值标准和意义系统当中,也即制度之中。① 虽然随着变革的推进，洛桑联邦理工学院呈现了越来越多的进步，但埃比舍校长及其领导团队对短期的成功也保持警惕，他们担心教师们会因为学校的发展而自鸣得意、故步自封，在学校领导层看来，始终保持一种紧迫感非常重要：

> "我想保持学校发展的劲头，如果教师们觉得我们已经是一所世界顶尖大学了，他们会放松，而那将是衰弱的开始，所以我不断告诉他们，我们还没到那个水平，还要不断努力……你会看到我们校园里经常有一个升降机，有升降机说明你还在不断建设，不断发展，这是一种象征意义……"（Aebisher，2016）

为了使学校的发展更持续和深入，埃比舍及其领导的团队在过去 16 年来不断强调变革愿景，并在已有的基础上不断努力为学校寻找新的发展机遇。在埃比舍看来，学校的发展 50% 靠战略规划，50% 靠意外发现（serendipity），而他的任务是要抓住这些意外的机会。埃比舍与外界有着广泛的联系，会根据外部的新趋势不断提出新的变革战略。例如，2010 年随着网络课程的出现，埃比舍校长主导洛桑联邦理工学院在欧洲高校中最早开设慕课，2012 年又着力发展数字人文等领域。② 由于在许多方面能够抢占先机，洛桑联邦理工学院近年来在很多新的领域都走在欧洲前沿。当被问及如何识别外部的发展机遇时，埃比舍指了指鼻子笑道：

> "作为校长，你需要保持灵敏的嗅觉，你身边会有很多的声音，在这些声音中，你必须去分辨和选择那些可能是最有意义的，在迷雾中把握学校发展的脉搏。有时当然也会犯错，但没关系的，你不可能在任何事情上都能获得成功。例如，有一段时间我对网络教育抱着怀疑的态度，认为我们的技术还没准备好，后来 Mooc 突然出现了，我到斯坦福访问，他们的教授开发了 coursera 平台，这使我相信我们已经到了一个转折点（inflextion pond），所以我马上跟学校说我们也要引入慕课，我想我们是第一批加入 coursera 平台的高校，现在已经成为在慕课

---

① KOTTER J P. Leading Change [M]. Boston：Harvard Business Press，1996：126.
② JEANNET A. My dream is to promote the emergence in Switzerland of a company of the importance of Google [EB/OL]. [2016 - 09 - 11]. http://www. hebdo. ch/hebdo/cadrages/detail/patrick-aebischer-epfl-systeme-de-formation-projets.

课程方面最有影响力的学校了……"

　　绝大多数受访者认为,经过多年的不懈努力,埃比舍及其领导团队逐渐将洛桑联邦理工学院从一所地方性、单学科导向且论资排辈的高校转变为一所国际性、跨学科、鼓励竞争和创新的充满活力的大学。事实上,大学要取代的旧文化,创立新标准和价值观并不容易,文化的改变归根到底是人们行为的改变,关键的行为标准和价值观的改变往往是在变革过程比较靠后的阶段才得以发生。马奇和奥尔森(March & Olsen)指出,制度的规则和过程可以用多重方式形成和改变个体价值和偏好。埃比舍正是通过愿景激励、给教职员工授权、推行新的组织模式和人事制度等方式改变了该校的文化,激励了已有成员。

　　虽然企业领导者能够采取解雇的方式来替换变革的反对者,[①]但高校却不能轻易解雇教师,而是必须在尊重异己的情况下,更多采用不断聘用新人的方式来巩固新文化。埃比舍在其任期内不断从美国顶尖大学招聘优秀人才加盟,随着老教授们的退休,这一代教师如今在学校教师总数中占比高达80%左右。这些人才在美国接受了长期的学术训练,非常认同公平竞争和追求卓越的科研文化,有着强烈的内在动机和卓越品质,因而他们的引入有效巩固了洛桑联邦理工学院的新制度和价值观。伯顿·克拉克曾对影响院校文化强度的因素进行过分析,认为院校规模越小,组织成员内部之间的相互依赖程度越高,院校文化也越强;组织的历史越悠久,越有可能形成高强度的文化。[②] 相对其他规模更大,历史更悠久的大学而言,洛桑联邦理工学院的历史较短,并没有形成根深蒂固的院校文化,这也使得新文化的巩固相对更为容易。

第三节　变革管理理论视角下洛桑联邦理工学院的变革

　　变革管理理论更多是一种基于管理主义的理论视角,适用于解释计划性变

---

① KOTTER J P, SCHLESINGER L A. Choosing strategies for change [J]. Harvard Business Review, 2008,86(7/8):130.

② YOUN T, MURPHY. Organizational studies in higher education [M]. Garland Publishing, Inc. 1997:144.

革。埃比舍所领导的洛桑联邦理工学院的变革属于典型的计划性变革，因而科特模型对于该校变革过程的成功具有较大的契合度。然而，大学并非完全科层化的组织，在运用变革管理理论加以解释的同时，研究者更需批判性地考察变革管理理论在学术组织中应用的不足。

一、埃比舍变革策略与科特模型的相同之处

在变革管理理论看来，大学变革的成功离不开对变革过程的有效管理。本研究发现，虽然埃比舍在领导变革的过程中并没有有意识地借鉴变革管理理论，但其领导变革的变革策略整体与科特模型相吻合（见表 7 - 1），关键步骤均包括确立清晰的愿景和明确的战略、组成强有力的领导核心、开展充分而有效的沟通、对院长和教师进行授权、获取短期收益、不断聘用新人才以巩固文化等。

其一，确立了清晰的愿景和战略。杜德施塔特认为，在变革时期，大学需要变革型领导者把握学校发展的机遇，为大学制定大胆的愿景并采取各种战略举措向这些愿景迈进。[①] 大学愿景是领导者构建的一套有关学校的未来蓝图、使命和核心价值，能够将个人的愿景与组织的愿景融为一体，引导和激励教师为实现愿景而付出努力。埃比舍校长在变革之初为学校制定了宏伟的发展愿景以及明确的发展战略。在他看来，自己更喜欢战略性的愿景规划而不是拘泥于具体的细节之中，并认为自己的职责在于推动学校的发展，在迷雾中为学校找准未来的方向。绝大多数受访者认可埃比舍校长是一个富有远见的领航者，能够准确地判断哪些领域对于学校的发展至关重要，从而有针对性地重点投入。埃比舍的核心战略是致力于借鉴美国高校的管理制度和实践来克服各自管理和学术的低效性，优化教师的学术队伍和激发学校的创新活力，从而使得该校成为一所世界一流大学。

其二，设立强有力的领导核心。科特指出，任何一个人都无法单独完成一项大的变革，变革推动者必须寻找那些对变革拥有高度认同感，并在引导组织变革和创新方面具有较强影响力和号召力的人一起组成变革联盟。埃比舍在联邦政府的支持下，不仅获得了极大的权力，还通过建立自己的副校长团队、任命各个

---

① ［美］杜德施塔特. 舵手的视界——在变革时代领导美国大学［M］. 郑旭东，译. 北京：教育科学出版社，2010：98.

学院的院长以及争取到部分权威教授的支持,成功组建了强有力的领导团队。这些人才一方面对新的制度非常熟悉,能够凭借自身的经验帮助洛桑联邦理工学院实施具体变革,解决变革中的制度难题;另一方面能够发挥自身的影响力,在教师群体中发挥榜样作用,激励教师支持变革。

其三,开展充分而有效的沟通。科特强调,在复杂组织中要获得成员对变革的理解和支持并非易事,领导者需随时随地通过各种方式与组织成员沟通,传播变革愿景、消除成员疑虑。[①] 埃比舍也正是通过积极的沟通赢得了更多中立者和反对者的支持。不完整和不正确的信息会带来不确定性,最初绝大多数教师抵制埃比舍主要源于这些教师对校长的不信任以及对变革合理性的质疑。通过长达两年的深入沟通,埃比舍一方面让教师更深入地了解其为人,逐渐消除了教师对自己的误解,另一方面也使更多的教师理解和接受了变革愿景和战略。

其四,对管理人员和教师授权。在变革管理理论中,授权对于组织变革成功同样非常关键。对于松散联结的学术组织而言,授权的领导方式更为有效。埃比舍校长虽然在学校决策层面主要通过自上而下的方式确立优先事项,但他在大多数管理者和教师眼中并没有成为令人害怕的独裁者。究其原因,埃比舍实行的是宏观集权、微观分权的管理模式,在学院层面,给予了院长充分的自主权,使其能够按照自己的方式推动学院的发展。对于教师而言,埃比舍抓住了变革最为核心的因素,也即保障了全体教师的学术自主性,使得所有教师在自己的学术领域享有完全的自治,不会受到来自行政权力的干预。不仅如此,教师们能够得到学校在包括经费、服务等各方面的大力支持。

其五,不断获取变革收益。科特认为,为了增加组织成员的信心,需要不断让组织成员看到变革的收益。洛桑联邦理工学院实施变革之后,很快产生了积极效果,如吸引了更加优秀的人才和博士生、获取了更充裕的企业经费等。这些短期的胜利非常有助于增大变革的推动力和减少变革的阻力。通过呈现早期成果,各类利益相关者对学校的前景充满信心,激发了他们的士气。

其六,巩固新文化。组织变革成功的关键在于组织文化的改变,只有当新的行为和实践成为组织文化的一部分,才能确保长久的成功。洛桑联邦理工学院

---

① KOTTER J P. Leading change: Why transformation efforts fail [J]. Harvard Business Review, 1995: 59-67.

通过不断展示新的成果、保持发展的紧迫感、不断为学校寻求新的发展机遇、聘用认同新文化的新教师、采用尾随型接替任命新校长等举措,巩固了新的文化,使追求卓越和学术创新的精神根植于学校的组织文化当中。

表 7-1 埃比舍的变革策略与科特模型的比较

步骤	科特模型	埃比舍的变革策略
1	增强紧迫感	
2	组建领导团队	设定变革愿景和战略(获得联邦政府支持)
3	设计愿景和战略	组建强有力的领导联盟
4	沟通愿景和战略	积极沟通变革愿景和战略(增强紧迫感)
5	授权行动	加强科层管理,同时保护基层自治(授权)
6	创造短期成效	快速变革并不断成功
7	巩固成果并进一步推进变革	深化变革
8	将新方法融入企业文化	巩固新文化

由此可见,除了未在最初增强变革的紧迫感之外,埃比舍的变革策略大体与科特模型相对应,而洛桑联邦理工学院的案例也证实了科特的结论,也即若没有激发组织对变革的紧迫感,变革很容易引发成员抵制而难以推行。

二、科特模型在高校变革中应用的局限性

通过比较洛桑联邦理工学院的变革过程与科特模型,本研究认为科特的线性模型虽然反映了领导变革所需的若干重要举措,但学术组织的特殊性决定了其变革不能完全按照管理主义的逻辑运行。事实上,与完全按照科层组织建立的企业不同,大学的行政管理虽然体现了科层设置,但知识生产的核心要求是学术机构的松散联结。[①] 知识生产的专业化、目标的多样性和权力的分散,使得大学组织内部很多要素并不像科层设计那样紧密联系,而是松散地联系在一

---

① 韦恩·霍伊,塞西尔·米斯克尔.教育管理学:理论·研究·实践[M].范国睿,译.北京:教育科学出版社,2007:113.

起。① 因此,对于学术组织而言,以科特模型为代表的变革模型在高校的应用中存在几处明显的不足:

首先,科特等学者认为,组织变革需要遵循完整的线性变革流程,步骤之间的重叠将有损成功,这也意味着前一步是后一步的前提条件。然而,许多案例研究表明,大学的组织变革是非常复杂的,在具体的实践中往往不会严格按照一个线性的顺序,很多步骤是高度重叠并相互联系。②③ 洛桑联邦理工学院的变革也表明,组织变革的阶段有时是相互交叠,甚至是循环进行的。例如,科特认为,增强组织成员对变革的紧迫感是其他步骤的基础和关键前提。然而,埃比舍变革的第一步是确定了变革愿景和组建团队,之后才通过有效的沟通同时增强了变革紧迫感以及传播了愿景。这是因为对于高校而言,要使拥有职业稳定性的教职员工意识到外部的机遇和挑战非常困难,若没有一个有关未来的美好愿景和可靠的变革计划,很难说服教职员工认识到变革的重要性以及真正走出自己的"舒适地带"。④ 又如,虽然埃比舍利用两年的时间集中对教师进行一一沟通,但他实际上将愿景的沟通贯穿到了整个任期,主要因为大学本质上是自组织机构,教师们不会听命于管理层,校长必须采取更加开放的态度来获取基层对革新计划的支持。此外,学校变革和赋权的过程几乎是同时进行的,埃比舍通过变革组织结构,给院长赋予了较大的权力,又通过设立终身教职轨助理教授岗位给杰出的青年教师赋权。在深化变革的过程中,埃比舍又会根据新的机会设定新的变革计划,并重新沟通和授权,如此循环。

其次,科特模型将成员抵制视为变革的消极力量,而忽略了抵制变革的积极意义。在洛桑联邦理工学院的案例中,埃比舍虽然注重保护教师在基层的学术自治,却将他们排除在学校和学院的决策体系之外。教师们很少有机会参与到学校和学院层面决策的制定过程当中,行政管理层担心,若让教师参与决策,他们会陷入无休止的争论当中,难以达成有效共识。然而,大学是探究"高深学问"

---

① 郭平,刘小强. 组织理论与大学内部治理[J]. 求实,2012:287 - 291.

② BURNES B. No such thing as y a "one best way" to manage organizational change [J]. Management Decision, 1996,34(10):11 - 18.

③ HURD D. Leading transformational change:A study of internationalization at three universities in the United States [D]. Florida Atlantic University, 2007:257.

④ KOTTER J P. Leading change:Why transformation efforts fail [J]. Harvard Business Review, 1995:59 - 67.

之地，教师是大学最为重要的成员，不能仅从效率的视角来审视变革，还应注重保护学术组织的传统价值。虽然教师抵制变革有基于保护自身利益和权威的考量，但更多是为了捍卫学术自由和学术权力，教师抵制的积极作用在于，能够迫使领导者重新审视变革的程序合理性和价值合理性。① 正如弗兰克斯纳（Abraham Flexner）所言，"适量的、基于价值判断的批判性阻力，可使大学免犯荒唐性的乃至灾难性的错误"②。例如，埃比舍在组织结构变革的过程中，试图以跨学科研究所彻底取代传统学科以及将教学和科研分离的做法违背了学术发展的逻辑，若非教师们的抵制，学校管理层很难意识到决策的错误。教师对学校变革的抵制，既体现出一种"人之常情"式的面对未来不确定性的主动防御，也表现为教师对业已形成的学术价值的一种坚守和对程序正义的追求。因此，变革领导者应该更加理性和辩证地看待教师对变革的抵制，注重保护组织变革的程序正义和结果正义。③

最后，科特模型主要适用于解释组织面对更具挑战性的外部环境而展开的自上而下的变革，而没有充分反映自下而上的变革。④ 根据组织分析的新制度主义，组织变革有两种路径，一种是自上而下的强制性变革，由政府命令或法律引入和实行，致力于改变现存的根本制度安排，往往表现为突发性、强制性和被动型的特点；而另一种是自下而上的诱致性变革，由个人或群体自发倡导、组织和实行，具有渐进性、自发性和自主性的特征，一般是在现有基础上做出制度创新。对于大学而言，高度专业化和自治的基层学术组织更能够做出适合本学科和单位的制度创新，使其灵活应对外部环境的变化。埃比舍所领导的变革属于自上而下的激进式变革，这种变革方式虽然能够在特定时期为大学的转型助力，但也容易产生不可逆转的危害，没有给制度的调适和创新留有充分空间。

---

① FORD J D, FORD L W. Decoding resistance to change [J]. Harvard Business Review, 2008,87(4)：99 - 103.

② ［美］亚伯拉罕·弗莱克斯纳. 现代大学论——美英德大学研究［M］.徐辉，陈晓菲，译. 杭州：浙江教育出版社，2002：4.

③ 孙元涛，许建美. "教师抵制变革"的多维分析［J］. 教育发展研究，2009：15 - 16.

④ KOTTER J P. Leading change：Why transformation efforts fail [J]. Harvard Business Review，1995：59 - 67.

本章小结

变革管理文献大都将领导者定位为变革内部动力的主要来源,他们坚信领导是一种真实存在的现象,对组织变革的成功和组织效能最为关键,并认为变革领导者需要采取一系列的变革管理策略以领导变革。^① 本研究通过对洛桑联邦理工学院的案例研究证实,在变革时代,研究型大学的变革同样需要拥有变革型校长的引领。然而,组织变革从来不是一帆风顺的,变革过程不仅是新旧制度的更替,也是权力与价值观念的博弈。洛桑联邦理工学院自上而下的激进式变革引发了巨大的价值和利益冲突,在变革之初遭到了教师群体的强烈抵制,抵制的主要原因包括:对新校长的治校能力缺乏信心、担心行政权力僭越学术权力、反对学校被过度美国化和市场化、担心新学科的引入会挤占其他学科的资源和优势地位、害怕变革会损害自身的利益和权威以及担心自己无法达到学校新的科研要求。

为应对抵制,埃比舍校长采取了一系列的变革管理策略,包括在政府支持下设定明确的变革目标和战略、成功组建了强有力的领导联盟、积极沟通变革愿景与战略并争取更多教师的支持、给管理人员和教师授权、快速推动变革且通过不断取得成功、巩固新文化等,与科特的八步骤变革管理模型整体吻合。然而,大学并非完全科层化的组织,科特模型的变革管理策略对于松散联结的大学而言具有三点明显的不足,包括学术组织的组织变革并非严格按照线性步骤、没有重视教师抵制的积极意义以及难以反映学术组织自下而上的变革。本研究认为,尽管教师抵制变革有基于维护自身利益和权威的考量,但更多是为了捍卫学术自由和传统价值,变革领导者应该更加理性和辩证地看待教师对变革的抵制,维护变革的程序正义和结果正义。

---

① AVOLIO B J, WALUMBWA F O. WEBER T. Leadership: Current theories, research, and future directions [J]. Annual Review of Psychology, 2009(60): 421 - 449.

第八章
对洛桑联邦理工学院发展路径之反思

在全球化时代,世界上许多研究型大学都致力于通过自上而下的组织变革和模仿美国模式来快速提升办学水平,跻身世界一流大学行列。[①] 洛桑联邦理工学院无疑是这类研究型大学中的成功者,该校通过组织变革突破了原有制度积累所形成的路径依赖,并重构了大学的制度体制,其变革经验既有值得其他研究型大学借鉴的地方,又有需要警惕之处。本章将基于对洛桑联邦理工学院变革的案例研究对研究型大学变革目标、变革路径以及变革过程的合理性进行反思。

第一节　对组织变革目标之反思

在全球化时代,研究型大学变革的动力主要来自于两方面,一是推动科技创新和知识经济发展的国家战略需求的合法性同构压力,二是因对声誉、人才和资源的国际竞争所形成的竞争性同构压力。许多国家的研究型大学,特别是理工类大学既希望能够赢得享誉国际的学术声誉,又希望能够帮助推动国家的科技创新和知识经济发展。

一、新知识生产模式下研究型大学的使命

英国学者托尼·比彻(Tony Becher)指出,当代创新的含义越来越倾向于整

---

① 周光礼,张芳芳. 全球化时代的大学同构:亚洲大学的挑战[J]. 高等工程教育研究,2012(2):70-80.

体性而非线性的发展。① 传统上，大学知识生产的目的是以特定共同体的学术旨趣为取向，聚焦单一学科领域，其问题设置、解决和质量控制都是在大学共同体的纯学术情境中进行，无需考虑知识的应用价值，这也是吉本斯所定义的模式Ⅰ。而随着知识经济和全球化的发展，大学知识的生产方式不可避免地发生了深刻的变化，逐渐向模式Ⅱ转变。一方面，知识生产已普遍成为大学服务于社会经济发展和国家创新战略的重要途径，开始在广阔的应用情境下发生；另一方面，新的知识生产模式更加强调通过需求、利益和所有相关行为者之间围绕某一应用情境确定合作解决的问题，更加重视跨学科研究。② 许多学者认为，作为科技创新体系中知识生产主体的研究型大学，既要有以兴趣为主导、以学科为基础以及"为知识而知识"的知识生产方式，又要有跨学科和应用导向的知识生产方式，实现不同模式的共生和融合。③

　　值得注意的是，当下的科研评价方式仍然体现的是传统科学知识质量评估模式，即知识的合法化和有效性都需经过学术共同体的认可，并主要基于学科同行通过评论和引用等形式的评价进行检验。④ 然而，正如马金森所言，"不是所有的开创性成果都能在早期获得同行认可以及被期刊接收，有些甚至因为挑战了既定的学科理念而被排除在期刊或学术共同体之外"⑤。由此可见，期刊论文所衡量的"研究"往往都是可见于文献计量的传统知识产出，而很难反映当前新知识生产方式下拥有普遍性、深刻性和复杂性的跨学科研究及其社会和经济影响。⑥ 在此情况下，研究型大学若盲目以排名名次和论文产出的提升为变革目标，不仅会使自身更加聚焦传统的知识生产模式，拘泥于传统学科的发展，而相对忽视新的科技领域、跨学科研究和科技成果转化活动，而且会破坏固有的学科

① ［英］托尼·比彻，保罗·特罗勒尔. 学术部落及其领地：知识探索与学科文化［M］. 唐跃勤，等，译. 北京：北京大学出版社，2015：10.

② GIBBONS M. The new production of knowledge：the dynamics of science and research in contemporary societies［M］. London：Sage Publications Inc，1994：11.

③ HAZELKORN E. Impact of Global Rankings on Higher Education Research and the Production of Knowledge［R］. UNESCO Forum on Higher Education，Research and Knowledge，2009.

④ 武学超. 世界大学排名科研测评的影响与缺失［J］. 中国高教研究，2010(3)：44－46.

⑤ MARGINSON S. The knowledge economy and the potentials of the global public sphere［R］. Beijing Forum，2008.

⑥ HAZELKORN E. Impact of Global Rankings on Higher Education Research and the Production of Knowledge［R］. UNESCO Forum on Higher Education，Research and Knowledge，2009.

文化。

如前文第一章的研究背景所示，全球许多国家和高校已经设定了以排名名次为直接目标的变革战略，并基于论文数来制定资源配置和学术评价政策。在资源配置方面，学术体制运行和资助政策过于关注吸引和奖励处于学术金字塔顶层的学术明星，不仅造成学术资源的过度集中和垄断，使得资源分配不均，同时也严重挫伤了青年科研人员的职业认同感和进取心。[①] 在学术评价方面，许多研究型大学将学术产出，特别是国际期刊论文产出的多寡作为学术评价的主要指标；会对教师在国际期刊发表论文进行重金奖励或在教师招聘、晋升和考核中明确论文发表要求等。[②] 这种"学术 GDP 主义"虽然提升了科研论文的产量，但也导致学术人员人心浮躁，将大多数经费和精力浪费于平庸的重复性研究上，而难以潜心于具有探索性、冒险性、创新性的跨学科研究，甚至导致大量垃圾论文产生，学术腐败盛行，严重扭曲了高校的学术文化。[③] 此外，在新的知识生产模式中，基础研究和应用研究的界限不再泾渭分明，他们往往是科技成果转化链条上同等重要的环节，但期刊论文的评价方式很难兼顾整个科技创新和知识应用的环节，无疑不利于科技成果进行转化。

二、洛桑联邦理工学院以促进科技创新为目标

正如拉米雷斯（Ramirez）所言，"建设世界一流大学的趋势既非完全是进步的，也并非完全是邪恶的，每个国家和高校都应该认真思考他们在做什么，而不是盲目地随波逐流"[④]。埃比舍在 2000 年提出建设世界一流大学的目标时，国际性大学排名还未产生，其最为感兴趣的目标是让洛桑联邦理工学院在多个领域走在世界前沿，成为科技创新的领航者，并对社会经济产生重大影响，而非致力于排名名次的提升。正是因为对自身使命的清醒认识，埃比舍及其领导团队

① 龚放. 知识生产模式 II 方兴未艾：建设一流大学切勿措施良机[J]. 江苏高教：1-8.

② BORNMANN L，BAUER J. Which of the world's institutions employ the most highly cited researchers? An analysis of the data from highlycited. com [J]. Journal of the Association for Information Science and Technology，2014,66(10)：2146-2148.

③ WEINGART P. Impact of bibliometrics upon the science system：Inadvertent consequences? [J]. Scientometrics，2005,62(1)：117-131.

④ RAMIREZ F O，TIPLIC D. In Pursuit of Excellence? Discursive concerns in European Higher Education Research [J]. Higher Education，2014,67(4)：439-455.

在致力于基础学科发展的同时,也努力推动跨学科的突破性成果产生并推动科技成果转化。这一目标从校长理念、学术人员聘用、学术评价以及组织方式等多方面均能体现。

首先,埃比舍校长本人是一个非常具有创新思维和创业精神(entrepreneurial spirit)的领导者,曾创办过三家衍生企业,且一直与企业联系紧密。① 在他看来,学校要真正进入世界前列,就必须以科技创新为先,同时推动科技对社会的重大影响。埃比舍一直以斯坦福大学的办学模式为榜样,期望在实现学术卓越的同时,能够促进当地经济的发展。埃比舍较早在欧洲推行慕课和学术创业,这些领域的发展虽不能增加学校的论文成果,但埃比舍表示自己看中的是这些领域对知识经济和社会发展所能产生的重要影响。例如,当慕课最开始在美国出现之时,埃比舍立马飞往美国,与coursera平台签订合同,使洛桑联邦理工学院成为第一个与coursera平台合作的欧洲伙伴。回国以后,他又立马创设了一个数字教育中心,开始制作慕课课程(P2)。埃比舍通过各种传播渠道以及以身作则,使教师们认识到科技创新对社会影响的重要性。

在组织结构方面,为了鼓励教师从事跨学科研究,该校不仅创设了跨学科导向的生命科学学院,以推动生命科学与其他学科的交叉融合,也设立了大量以问题为中心,融合了多方合作的跨学科研究机构,如能源中心、神经外科中心、交通中心、高级建模科学中心、航天中心、生物技术中心、设计中心等等。以交通中心为例,该中心成立于2009年,由36个实验室组成,研究的主题涉及有关城市交通的多个重要方面,如多式联运可持续运输、零排放流动性、综合土地使用和运输政策、运输系统的生命周期分析、合作流动或物流等。此外,洛桑联邦理工学院通过实行实验室改革、教师聘任制度改革以及设立博士生院等举措赋予所有教师充分的学术自主权,并为他们创造富有活力的环境来实现创新。正如埃比舍所言,新领导团队的理念是聘用最好的人才,并给予他们资源和自由,让教师们自己去创造:

"世界上有两类人,一类是不断填满盒子的人,另一类是不断创造新盒子的

① BIBER P. As Patrick Aebisher of the Swiss Federal Institute of Technology (ETH) Lausanne helped to achieve world rank [EB/OL]. [2015 - 02 - 19]. https://www. srf. ch/kultur/wissen/wie-patrick-Aebisher-der-eth-lausanne-zu-weltrang-verhalf.

人。我觉得对于一个小国家而言，成功的唯一方法就是后者，因为就数量而言，你不可能赶上中国，我们唯一的出路是不断创新。学校也是如此，我希望洛桑联邦理工学院的教师们能不断冒险，因为回报将是非常丰厚的，这也是我们唯一能超过其他学校的办法。"

在教师招聘方面，该校在引进人才过程中更加注重拥有跨学科背景的年轻人才，而没有像其他一些高校那样重金引进高被引科学家或诺贝尔奖获得者。[①] 正如埃比舍在受访中所言，"如果我们只在乎论文和排名的话，我们所采取的策略就应该是想方设法去聘请诺贝尔奖获得者和高被引科学家。但与聘用一个诺贝尔奖获得者相比，我们更倾向于聘用 3 名很有潜质的助理教授，我觉得那是一个更智慧的战略"。该校 2008—2011 年的战略规划明确规定所招收的新教师中至少要有 50% 为终身教职轨助理教授。同时在学术评价方面，洛桑联邦理工学院没有完全以论文发表为评价标准，而是一方面将国内外同行评议作为判断学术成就和潜力的核心，另一方面更加青睐教师的跨学科研究成果和科技创新能力。大多数受访的教师也证实并没有感受到管理层为追求排名而给他们施加的压力，相反，学校非常鼓励教师们从事冒险性的跨学科研究和促进科技成果转化，这些方面并不能保证发文的数量，但却往往能产生重大社会和经济影响。

洛桑联邦理工学院的发展经验表明，在全球化和知识经济时代，研究型大学，特别是理工类大学要跻身世界前列并推动科技创新，就不能仅囿于单一学科领域和传统的知识生产模式，而应该适当考虑知识的应用价值和跨学科的知识生产模式，改革现有体制的弊端，激发大学师生内在的学术兴趣、创新动力。不论愿意与否，进入 21 世纪，研究型大学已经从象牙塔逐渐步入社会的中心，面对日益加剧的国际竞争以及全球化的影响，研究型大学无法不考虑国家提高全球经济竞争力的需求，其生产方式也不得不适应现代转型和满足时代发展的需要。[②]

然而，推动知识经济发展并不意味着研究型大学要完全摒弃传统的使命和

① SHEIL T. Moving beyond university rankings: Developing a world-class university system in Australia [J]. Australian Universities' review, 2010,52(01): 69－76.
② ［美］理查德·德安吉里斯，等. 全球化与大学的回应[M]. 王雷，译. 北京：北京大学出版社,2010：78.

价值取向。事实上,研究型大学作为高深知识的创造机构,"对高深知识的学术利益的长期性追求是其变革的根本动力"①,因而不能完全受市场逻辑和学术资本主义的主导。完全遵循学术逻辑,无疑将使大学回到封闭的象牙塔状态,无视社会发展的需要;而若一味遵循强调短期效用、商业化与利润的工具理性,研究型大学便会沦为一家商业机构,不可避免牺牲核心学术价值,从而丧失了大学应有的尊严与品格。正如弗莱克斯纳所言,"虽然大学应该根据社会发展的需要进行适当调整,但这种调整必须以一定的理性分析和价值观念为基础,而不应随波逐流,迎合时尚。"②

洛桑联邦理工学院的优势在于,在联邦政府充裕的财政保障下,该校能够始终坚守基础研究和教师学术自治的底线,在保障基础科学的发展和教师的科研自主性的前提下,致力于推动科技成果转化。此外,通过有选择性而非盲目地寻找有利于科技创新和学术价值实现的市场机会,洛桑联邦理工学院既提升了基础科研,又推动了科技成果转化,从而兼顾了知识的价值理性与工具理性。

第二节　对变革路径之反思

一、洛桑联邦理工学院移植美国模式的效果及本土化

制度变迁是组织机构根据自身的需求,用较高效率水平的制度取代较低效率水平的制度,从而推动组织发展的过程。大学制度变迁有两种方式,一种是移植其他高校的经验,另一种是创设新制度。③ 洛桑联邦理工学院主要采取第一种方式,通过对美国模式的移植以激发学校的科研和创新活力。例如,该校通过提升大学机构自治水平以及加强领导核心提升了学校应对外部环境的动态能力,通过并系建院和建立跨学科研究所促进了学校的跨学科研究,通过实验室和

---

① 彭江. 中国大学学术研究制度变革[M]. 武汉:华中师范大学出版社,2009:303.
② [美]亚伯拉罕·弗莱克斯纳. 现代大学论——美英德大学研究[M]. 徐辉,陈晓菲,译. 杭州:浙江教育出版社,2002:4.
③ 马嘉,朴雪涛. 大学发展的路径:移植式与创设式制度变迁[J]. 湖南师范大学教育科学学报,2003,2(5):25-28.

教师评聘制度改革提升了学校的资源使用效率并释放了年轻教师的活力，通过设立结构化的博士生院改善了博士生的招生和培养质量以及通过加强校企合作增加了企业收入、促进了科技创新等。

　　迪马乔和鲍威尔认为，一旦某种制度在某个组织领域产生并表现出竞争力，就会对同领域的其他机构产生复制模仿的强大吸引力，组织倾向于模仿那些在其所处领域中看上去更为成功或更具合法性的类似组织。① 通过模仿美国顶尖高校的制度，洛桑联邦理工学院获得三点明显益处：其一，减少了制度创新的成本。大学发展离不开制度的保障，而制度创新非常困难，需要付出巨大的时间成本和试错成本。在德国模式已难以适应大学发展的情况下，如何对之进行有效变革是欧洲各国研究型大学所面临的最为严峻的问题。由于美国研究型大学在市场经济中的强大示范效应，借鉴在美国已被证实的有效组织结构和制度实践被认为是减少成本、降低风险的捷径；其二，移植美国模式能够增加组织变革的合法性，获得更多具有相同理念成员的支持。组织分析的新制度主义认为，组织越能与本场域中占统治地位的制度模式相关联，越容易获得合法性。② 洛桑联邦理工学院通过整合美国模式的办学实践，为其变革提供了一种合法性说明，使其变革能够一定程度上免受更大的质疑并获得一部分认同美国模式的教师的支持；其三，更好地推广了校领导团队所认同的办学理念。任何制度都是与特定的理念联系在一起的，如"非升即走"制度认可基于精英主义的价值观，否认论资排辈。洛桑联邦理工学院对该制度的借鉴主要为了鼓励教师追求卓越。而系统的制度移植比少数领导者的单向灌输更容易将一种新的价值观和文化传播到教师群体中。

　　然而，大学模式的移植并非易事，会受到所处制度环境、政治体制和文化传统的制约。正如阿什比所言，"大学模式的移植如同植物生长一样，需要适合的土壤，如果机械照搬，很容易因水土不服而失效"③。美国模式的成功脱离不了其自身特定环境因素的作用，其他国家的研究型大学需要认真思考这些"美国实

① DIMAGGIO P J, POWELL W W. The iron cage revisited: Institutional isomorphism and collective rationality in organizational fields [J]. American Sociological Review，1983，48(2)：147 - 160.
② DIMAGGIO P J, POWELL W W. The iron cage revisited: Institutional isomorphism and collective rationality in organizational fields [J]. American Sociological Review，1983，48(2)：147 - 160.
③ ASHBY E. Universities: British, Indian, African-A study in the ecology of higher education [M]. London: The Weldenfeld and Nicolson Press，1966.

践"在多大程度以及以何种方式才能够融入到本土的体系中。若忽视制度发生效用的土壤,在没有适当调整和谨慎情境化的情况下复制制度或政策,制度的移植很难真正成功,这也是很多国家移植美国模式却无法发挥其效用的原因。[①] 洛桑联邦理工学院制度移植的可取之处在于,该校没有盲目照搬美国经验,而是有选择性地借鉴了美国顶尖高校中的若干制度,并将美国模式与自身优势相结合。洛桑联邦理工学院本土化的措施主要包括以下几个方面:

在治理模式方面,洛桑联邦理工学院通过立法获得机构自治,但仍通过致力于实现联邦政府所设定的目标以获得充裕政府拨款;在组织结构方面,洛桑联邦理工学院实现了并系建院并任命专职院长,以共治的研究所取代个人统治的研究所,并缩小了实验室规模,给予青年教师自主性等。然而,该校依然保证了教师在实验室层面完全的学术自治,并给予教师充分的经费支持;在教师评聘方面,该校由特许任教资格制和编外讲师制向美国式的终身教职制和多级评审制转变。然而,该校的终身教职轨延长了年限、更加注重对助理教授的前期投入和培养、采用二级评审而非三级评审、更加强调发挥国际专家的作用以及更加鼓励跨学科的研究成果;在博士生教育方面,洛桑联邦理工学院借鉴了美国的博士课程和资格考试的要求、博士导师资格的规定等。但与美国相比,更加强调导师在招生中的意见、延续论文指导的单一导师制以及保留学生作为雇员的身份等。

二、研究型大学移植美国模式所带来的问题

19 世纪末,哈佛大学校长艾略特对洛克菲勒说,创建一所世界一流大学需要 5 000 万美元(约为现在的 50 亿美元)和 200 年的时间。[②] 在全球化时代,随着资源的集中、国际人才的流动和信息技术的发展,创建世界一流大学似乎不再需要一个世纪的时间,包括洛桑联邦理工学院在内的许多国家的研究型大学通过获得充裕经费、引进国际优秀人才和模仿美国顶尖大学的办学经验而缩短了

---

① DEEM R, MOK K H, LUCAS L. Transforming higher education to whose image? Exploring the concept of "world class" university in Europe and Asia [J]. Higher Education Policy,2008(21):83 - 97.

② ALTBACH P G. The costs of benefits of world-class universities [J]. Academe,2004,90(1):20 - 23.

发展历程。例如，香港科技大学①、新加坡南洋理工大学②③、韩国首尔国立大学④、韩国浦项科技大学⑤、英国华威大学等高校虽然在办学规模和具体做法上可能有所差别，但整体上都迈向了如莫尔曼所总结的以美国研究型大学特征为核心的"全球模式"⑥。虽然这些大学通过模仿性同构缩短了制度创新所需的时间，但也遇到许多严重问题，主要包括一定程度上忽视本土使命、消解传统价值、造成大学的同质化、难以实现办学模式的超越等。

首先，一定程度上忽视本土使命。传统上，各国大学不仅承担着为地区服务的使命，也被认为是"民族语言、文化、历史、身份的建构者"⑦。然而在全球化的压力下，许多国家的研究型大学更倾向于拓展自身的全球使命，追求所谓的国际标准，这使得本国使命相对被忽视。例如，在1990—2009年期间，欧洲教育杂志的关键词几乎围绕管理、绩效和质量，意味着社会更加重视大学作为发展引擎的作用，而非作为国家历史和文化传承者的使命。⑧ 再如，许多研究型大学逐渐放弃使用本国语言而改用英文作为教学和科研语言，课程也越来越倾向于采用英美国家的课程体系，⑨这无疑会加强英美所主导的"学术殖民"，不仅不利于本国学术语言和学术话语权的构建，也会导致大学在促进民族文化发展方面的作用受到抑制。此外，为了追赶国际前沿，研究型大学往往聚焦国际前沿议题，而相

---

① ALTBACH P G, SALMI J. The road to academic excellence [M]. Washington：The World Bank，2011：64 - 98.

② ANDERSSON B, MAYER T. Singapore and the Nanyang Technological University—A young country with a young university on the move [J]. Biointerphases，2010,5(3)：9 - 14.

③ 江小华，程莹. 研究型大学实现跨越式发展的要素分析——以南洋理工大学为例[J]. 复旦教育论坛，2015(2)：80 - 86.

④ KIM K S. A great leap forward to excellence in research at Seoul National University，1994 - 2006 [J]. Asia Pacific Education Review，2007,8(1)：1 - 11.

⑤ ALTBACH P G, SALMI J. The road to academic excellence [M]. Washington：The World Bank，2011：101 - 128.

⑥ MOHRMAN K, MA W, BAKER D. The research university in transition：The emerging global model [J]. Higher Education Policy，2008,21(1)：5 - 27.

⑦ MIYOSHI M. Globalization, culture and the university. In JAMESON F & MIYOSHI M. The cultures of globalization [M]. London：Duke University Press，1998：247 - 270.

⑧ RAMIREZ F O, TIPLIC D. In Pursuit of Excellence? Discursive concerns in European Higher Education Research [J]. Higher Education，2014,67(4)：439 - 455.

⑨ Douglass J A. The Flagship University：A Response to the World Class University Paradigm [EB/OL]. University World News. [2015 - 10 - 20]. http：//www. universityworldnews. com, accessed on 20 October 2015.

对忽视了对本土议题的研究和本国文化的传承,而为了提升国际知名度,许多大学会大力招收国际留学生,相对忽视培养本国人才的责任。

其次,一定程度上消解大学的传统价值。在20世纪80年代以前,尽管美国的学术资本主义大行其道,但欧洲民族国家相对能够保持独立并维护自身的学术传统。而20世纪80年代的全球化加速了各国高等教育政策的市场化转向,欧洲各国政府不断向曾经备受保护的公立大学施压,迫使其与工商界联系,以弥补政府拨款缩减所带来的经费不足。[①] 在此背景下,院校与教学科研人员不断走向市场,更多地从事与市场有关的研究,由此造成了部分传统学术价值正在被市场因素所取代,包括传统的学术兴趣让位于市场力量和经济利益,好奇心驱动的研究越来越难以为继,学术自由和学术成果的"公共性"等受到限制。[②] 另一方面,大学内部的权力越来越向大学管理者转移,以提升对外部需求做出快速反应的能力,在此背景下,学术权力不断受到侵蚀。以洛桑联邦理工学院为例,尽管埃比舍声称会确保所有研究成果公开发表,但申请专利优先的规定实际拖延了研究成果的共享。与此同时,大学以企业管理的方式和逻辑配置资源,使得教师被排除在学校的决策之外,学校由学者社区向管理主义转变。

再者,造成研究型大学之间的同质化。传统上,各国研究型大学的特色各异,而在新的形式下,受市场力量的主导和国际竞争压力的影响,不同国家的大学都期望能获得更高的身份和地位,争取更多的人才、资源和声誉,因而在组织结构、管理模式、制度实践等方面或多或少都模仿垄断了学术声誉的美国高校。这种对美国模式的过度膜拜会使各国研究型大学逐渐放弃自身独特的组织制度,从而阻碍大学的个性化发展。[③] 例如,为了使研究型大学更有国际竞争力,欧洲许多国家的大学引入了"非升即走"的终身教职制度,重视在国际期刊上发表英文文章,放弃传统的特许任教资格制等,这也使得科研评价方式更加美国化。再如,米雷斯(Ramirez)和基普里克(Tiplic)通过分析发现,1900年拥有民族特点的欧洲大学在过去二十年来,在博洛尼亚进程的推动下变得越来

---

① [美]希拉·斯劳特,拉里·莱利斯. 学术资本主义[M]. 梁骁,黎丽,译. 北京:北京大学出版社,2008:9-10.

② [美]理查德·德安吉里斯,等. 全球化与大学的回应[M]. 王雷,译. 北京:北京大学出版社,2010:78.

③ ZHA Q. Diversification or homogenization in higher education:A global allomorphism perspective [J]. Higher Education in Europe,2009(34):460-479.

越相似。①

　　最后,不利于自主的制度创新和形成本国的大学模式。当下研究型大学对美国模式的借鉴与 19 世纪美国高校模仿德国高校有所不同。19 世纪美国高校的制度变革经历了一个由模仿借鉴到自主创新的过程,尽管借鉴了英、德大学制度的某些方面,但绝非简单的嫁接或生搬硬套,而是基于美国本土理念和制度环境对德国模式进行了分散式创新,经过长期的制度试验而形成了新的办学模式。② 而当下的许多研究型大学在全球化和市场化的同构压力下,为了在短期内实现快速发展而将效仿美国制度视为制胜法则,对美国模式过度崇拜,很少结合自身传统和优势对美国制度进行改造。对于其他国家的研究型大学而言,若一味克隆美国的办学模式,则会成为美国高校的简单复制品,不可避免会失去自身独立性和制度创新能力,只能跟随美国高校之后亦步亦趋,恐终将难以超越美国高校。

第三节　对变革过程之反思

一、埃比舍校长成功领导变革的原因分析

　　除了变革使命和变革路径之外,洛桑联邦理工学院的变革过程同样有积极之处。进入 21 世纪以来,面对全球竞争的加剧和社会对大学的期待提升,欧洲大陆国家越来越意识到大学管理的不足,为提升国际竞争力,近年来欧洲各国政府不断加强高校的自主性,甚至通过立法和重点资助政策,以"胡萝卜加大棒"的方式推动高校进行改革。然而,面对传统制度高墙所形成的路径依赖,绝大多数研究型大学只能在不触动现行制度的基础上进行"小修小补",而难以触及深层体制和阻碍大学发展的实质性问题,因而改革往往无法达到预期效果。③④ 例

① RAMIREZ F O, TIPLIC D. In Pursuit of Excellence? Discursive concerns in European Higher Education Research [J]. Higher Education, 2014,67(4): 439 - 455.

② 孙秀玲.国际化视域下中国大学模式的建构——教会大学移植美国大学模式的历史考察与当代启示 [J].山东社会科学,2014(9): 168 - 172.

③ 马作宽.组织变革[M].北京:中国经济出版社,2009: 29.

④ SPORN B. Building adaptive universities: Emerging organizational forms based on experiences of European and US universities [J]. Tertiary Education Management, 2001,7(2): 121 - 134.

如,近年来,德国尝试对教师制度进行改革,包括调整正教授永久性的资源配置、设立了一些能独立承担科研和教学任务的青年教师岗位等举措以改善学术权力高度集中于正教授的状况,但却没有从根本上改变德国高校学术职位的等级化特征,对国际人才的吸引力依然有限。① 又如,为改善博士培养的质量,德国的卓越计划鼓励高校设立研究生院结构,试图以结构化的博士培养项目取代传统的师徒制。然而,这一改革非常缓慢,目前德国博士生培养依然以师徒制的传统模式为主、结构化培养项目为辅。②③ 德国学者将德国大学的改革描述为"对现状进行再生产"或者"忙碌的静止"④,意指德国大学始终没能突破现有的条框。

与许多欧洲高校所不同的是,埃比舍及其领导团队上任后以激进式变革取代渐进式变革,在短期内为该校引入了美国化的办学理念和管理制度,从而打破了大学发展模式的路径依赖,在短期内实现了办学水平的突破。激进式变革的优势在于能够在短时间内对组织进行大幅度的全面调整,彻底打破初态组织模式并迅速建立目的态组织模式。但激进式变革很难成功,往往容易造成组织的混乱或遭遇强烈的抵制。⑤ 坎贝尔认为,制度转化的影响因素有三:本土制度环境、制度企业家的政治动员能力以及组织自身的特性。⑥ 研究者分析认为,较之其他欧洲高校,洛桑联邦理工学院之所以能够成功实施变革,正离不开这三个关键因素的作用:一是瑞士联邦政府的大力支持,二是校长对变革的有效管理,三是洛桑联邦理工学院自身得天独厚的组织条件。

首先,对于洛桑联邦理工学院而言,联邦政府是举办者,该校的变革离不开联邦政府的支持,主要体现在两个方面:其一,联邦政府为该校提供了大多数研究型大学都难以获得的持续且充裕的基础经费。这些经费一方面能够确保该校有足够的财力购买一流的科研设备以及支付具有国际竞争力的教师薪酬,另一方面也使得该校能够保证对基础科研和冒险性项目的经费投入;其二,联邦政府

① KOSMÜTZKY A. Between mission and market position: Empirical findings on mission statements of German higher education institutions [J]. Tertiary Education and Management,2012,18(3):57.

② 秦琳. 从师徒制到研究生院——德国博士研究生培养的结构化改革[J]. 学位与研究生教育,2012(1):59-64.

③ 张帆. 德国高等学校的兴衰与等级形成[M]. 北京:北京师范大学出版集团,2011:129.

④ 孙进. 德国大学改革问题的组织理论分析[J]. 北京大学教育评论,2005,3(2):79-83.

⑤ 马作宽. 组织变革[M]. 北京:中国经济出版社,2009:29.

⑥ [美]约翰·L·坎贝尔. 制度变迁与全球化[M]. 姚伟,译. 上海:上海人民出版社,2010:83.

不仅以立法的形式保障了洛桑联邦理工学院的程序性自治和校长权力，且作为埃比舍推行改革的坚定支持者，全力支持他的变革愿景和变革战略，为该校的变革提供了政治合法性，这是绝大多数公立大学的校长所难以获得的待遇。

其次，就校长的作用而言，哈佛大学原校长德里克·博克(Derek Bok)曾言："大学要在面临现代社会的多种挑战之中取得成功和进步，最为关键的因素在于校长能够发挥有效的领导作用。"克拉克·克尔(Clark Kerr)则将此类校长描述为开拓性领导者，他们寻求对现有学校进行革命性的变革，把学校转向一个新的方向。① 虽然埃比舍的集权领导也带来了诸多负面影响，但洛桑联邦理工学院的成功无疑离不开埃比舍的变革型领导力。埃比舍通过获得政府的大力支持、组建强有力的领导核心、开展积极而有效的沟通等举措成功完成了卢因所说的"解冻"阶段，在增强变革动力的同时，也一定程度减少了变革的阻力，为下一步的变革打好了基础。在具体变革阶段，洛桑联邦理工学院通过给管理人员和教师赋权推动了变革，之后又通过深化变革和不断聘用人才巩固了新的文化。

最后，离不开该校自身有力的组织条件。有学者指出，组织的历史、权力结构、制度文化以及组织类型等也会影响推动变革的难易程度。② 如在历史较长的组织中，组织文化会形成一种组织惰性，阻碍组织成员接受变革。③ 洛桑联邦理工学院的历史较短，至新世纪之交不过三十年，因历史所形成的组织惰性和路径依赖相对不明显。这与许多拥有悠久历史的欧洲大学的变革形成鲜明对比，如约翰·胡德(John Hood)2004年对牛津大学治理模式的改革因难以撼动学院联邦制的传统而失败。④ 悠久的历史既为这些高校带来良好的声誉效应，但也为它们的变革筑起了难以逾越的高墙。此外，洛桑联邦理工学院拥有的教师规模相对较小(变革时仅为180余人)，使得校长能够采用走动式管理对教师进行一一走访，从而取得了良好的沟通效果，学校也能够通过不断聘用认同新制度的教师，从而加速了教师群体的更迭，进一步减少了变革的阻力。

① ［美］克拉克·克尔.大学校长的多重生活[M].赵炬明,译.桂林：广西师范大学出版社,2008：48.
② SELF D R, SCHRAEDER M. Enhancing the success of organizational change：Matching readiness strategies with sources of resistance [J]. Leadership and Organization Development Journal，2009,30(2)：167-182.
③ ［美］伯顿·克拉克.高等教育系统——学术组织的跨国研究[M].王承绪,等,译.杭州：杭州大学出版社,1994：203.
④ 顾建民.大学治理模式及其形成机理[M].杭州：浙江大学出版社,2013：40.

二、研究型大学行政集权所带来的问题

20 世纪 80 年代以来,外部环境的变化使得欧洲传统的教授治校模式的局限性日益凸显。大学内部结构日益复杂,越来越需要专业化的管理,而教授受自身经历、能力和经验的限制,难以兼顾管理和学术,也难以从整体性和长远性考虑学校的发展,可能对外部的环境压力无动于衷,也容易保护本学科以及自身的利益。为了应对市场竞争和外部环境的变化,全球许多国家都认为必须赋予大学校长和其他管理人员更多的权力,一定程度上加强大学的科层化管理,以便他们能够果断行动,以提升学校的竞争力。[①] 有关大学发展的大量案例研究也证实,大学要实行重大的变革需要建立强有力的领导核心,以便在变革之初打破一些僵局。然而,大学校长若为了追求发展速度,完全以公司式的垂直管理模式取代与学者的共治,排斥教师参与学校战略决策的权力与机会,则会产生诸多危害。

首先,导致教师的组织忠诚度和归属感下降。大学教师是大学最核心的资源,也是最重要的利益相关者,教师对院校的忠诚往往与其所在大学事务中所处地位、所发挥作用的自我感受密切相关。共治的优势在于能够让教师们增强组织归属感,即便遇到学校财政危机,教师也能够与之风雨同舟。而若将大学教师排除在学校的管理之外会削弱其对所在学院,尤其是学校的组织归属感。以洛桑联邦理工学院为例,埃比舍及其领导团队虽然保证了教师在学术基层组织的自治,但以集权决策取代了教授在学校和学院层面的集体协商决策,使得教师群体的权力受到限制,成为被管理的专业人士,逐渐处于失语状态。例如,P9 表示,相较于 2000 年之前,教师们现在离学校和学院的决策,而现在教师与学校的决策体系渐行渐远。由于长期以来缺少参与学校或学院层面决策的机会,教师参与学校事务管理的热情逐渐消退,"隐居"在自身专注的狭小专业领域之中。很多受访的教授感觉自己的意见并不受重视,长期游离在学校决策体系之外,因而产生了极大的失落感。例如,D7 表示,"很多在洛桑联邦理工学院工作多年的教师认为过去教授经常讨论事情,但自从埃比舍担任校长以后,他们越来越少地参与讨论,因为他们知道决策最终还是埃比舍和院长说了算,我觉得这不是好事

[①] [美]理查德·德安吉里斯,等. 全球化与大学的回应[M]. 王雷,译. 北京:北京大学出版社,2010:94.

情……"大多数受访教师表示渴望能够更多地参与到学校和学院的治理当中。

其次,增加错误决策的风险。有限理性理论认为,人们对事物的理解和认知是有限的,受人们所掌握的信息、知识、认知的内在约束,以及各类不确定性的外在限制,领导者只有具备相当素质和获取充分信息才能够做出正确决策。大学学术活动具有低重心、高度分裂和弥散性等特征,而大学科层体制决策权威的高度集权化,会严重阻碍领导者获取充分信息,从而使其做出错误的决策。正如伯顿·克拉克所言,集权治理虽然能够在短期内打破校内体制的一些僵局,但从长远来看,这种做法弊大于利,容易使大学陷入按照少数人观点所组成的僵化机构,使得错误决策的风险增加。① 即便最卓越的人担任校长和院长也很难确保自己的决策一直正确,而洛桑联邦理工学院又缺乏制衡机制来监督和纠正领导者的错误,因而这种集权模式具有巨大的风险。错误的变革决策在激进式变革模式下,很容易产生长期的负面影响,难以消除。例如,许多受访者认为,在过去16年中,虽然埃比舍的多项决策都产生了积极效果,但也有一些决策产生了严重的长期负面影响,如强行组建跨学科研究所以及将教学和科研单位分开的策略被证明并没有发挥良好的效果,反而严重降低了教师们的组织忠诚度。再如,P6表示,院长的独断专行使得学院错失了良好的发展机遇,在人工智能领域刚刚兴起之时,他曾向院长建议引进该领域的人才,但遭到院长拒绝,以至于学院错失了良机。

再者,不利于组织自下而上的变革和创新。美国高校在德国模式上的制度创新经过了一个长期的分散式制度试验过程,其在实践中不断探索并融合本地实践进行创新,过程漫长,而共治为大学基层的制度试验提供了空间。② 相比之下,自上而下的集权决策的目标是以最小的努力实现最大的秩序和可预测性,虽然能加快变革的效率,但却给基层制度创新和调整留有较少的空间。埃比舍及其领导团队为了打破学科之间的壁垒,强制完全以跨学科研究所取代基于学科的学系,这一举措不仅违背了学术逻辑,也低估了基层学术组织自主创新的能力。在许多受访教师看来,跨学科合作应该是一个自下而上的过程,不应由学校

---

① ［美］伯顿·克拉克.高等教育系统——学术组织的跨国研究［M］.王承绪,等,译.杭州:杭州大学出版社,1994:130.
② MEYER H. The design of the university: German, American and 'World Class'［M］. New York: Routledge,2017:65.

强行安排。学校要做的是对于有意向从事跨学科研究的教师,给予充分的资源并消除制度壁垒。例如,从事生物工程研究的教师 P8 表示,洛桑联邦理工学院不同学院之间的资源共享还存在着较大的壁垒,即便自己同时隶属于生命科学学院和工程学院,但由于他更多地从事工程方面的研究,因此在申请使用生命科学学院的设备方面还存在一定的障碍。此外,虽然洛桑联邦理工学院在移植美国制度的过程中进行了一定的本土化,但整体基本仿照美国的实践,并通过自上而下的强势手段在短期内推行,没有给予自下而上的制度创新以空间。因而洛桑联邦理工学院虽然实现了快速发展,但没有像美国对德国模式的创新那样实现办学模式的真正创新。

最后,过于频繁的激进式变革恐难使学校形成稳定的文化。世界一流大学的发展往往需要数代人接力奋斗,其理念和政策应具有稳定性和持续性,不能朝令夕改,大起大落。办学中过于激进的变革,往往会给大学带来巨大的风险。受最初变革成功的鼓舞,无论是埃比舍校长还是其继任者都似乎非常热衷于激进式变革,在缺乏其他权力制约的情况下,两任校长都能够轻而易举地按照自己的判断推行变革。然而,频繁的变革很容易消耗教职员工的精力并影响组织系统的稳定性,使得组织的文化难以积淀。

在洛桑联邦理工学院的案例中,虽然埃比舍校长通过集权推动了学校的变革,但也存在极大的隐患。事实上,洛桑联邦理工学院的决策方式不仅严重违背了学者们所倡导的大学共治理念,也与美国研究型大学长期所践行的共治实践背道而驰。[①] 回顾美国大学推行共同治理的历史可知,早期美国学院的决策权力主要掌握在外行董事会和作为其代理人的校长手中,教师的发言权非常有限。随着 20 世纪初和二战期间美国研究型大学的兴起,许多大学开始加强了教师对学校事务的话语权。1966 年,美国高校董事会协会(Association of Governing Boards of Universities and Colleges,简称 AGB)、美国教育委员会(American Council on Education,ACE)以及美国大学教授协会联合宣布《学院与大学治理的联合声明》,明确提出"共同治理"(shared government)原则,其内涵是"基于教师和行政部门双方特长的权力和决策的责任分工,代表教师和行政人员共同

---

① KELLER G. Governance: The remarkable ambiguity [M]. ALTBACH P G P, JOHNSTONE D B. In defense of American higher education. Baltimore: The Johns Hopkins University Press, 2001: 304 - 322.

工作的承诺"①。声明提出两个重要原则，一是大学重大事项的决策不仅需要决策力，还需要大学所有成员的参与；二是大学各成员依据所承担的不同职责拥有不同的发言权。② 该声明不仅确认了教师对课程设置、教学和科研、教师招聘与晋升、学位项目等学术事务负有首要责任，也鼓励和支持教师参与大学使命、战略规划、预算分配、行政领导遴选等重大事项的决策。

美国大学逐渐形成了以董事会、校长和教授为核心的共同治理模式，各利益方在权利、责任和利益等方面相互协调与制衡，从而实现大学内部质量、效率与公平的统一。③ 虽然校长依然是大学的权力中心，但校长也要受到其他权力的制约：一方面对董事会负责，接受董事会的任命、质询和罢免；另一方面要受到代表学术权力的教授评议会的制衡，学校有关教学和科研的重要决策和规划应有评议会参与决议。这种共同治理的模式使得大学校长对学校事务不能专权，但也有能力在整个大学中进行导航，并在必要时打破教师共治可能形成的僵局。④ 自此，"共同治理"作为一种价值理念和制度安排在美国大学中得以基本确立。虽然在实践中，由于对共治理念的理解具有差异性，美国大学实施共治的结构和过程呈现多样性，但各个大学内部权力几乎都以某种方式奉行董事会、校长和教授为主导的共治原则。⑤

本研究认为，在全球化时代，随着研究型大学功能的拓展、规模的扩大，研究型大学要实现有效发展、重视发挥行政权力的作用以应对外界的压力无可厚非，但不能剥夺教师参与学校重大事务的决策权力，而应该在管理人员和专业人员决定各自领域内事项的同时，将有关整个组织的事务交由集体决策。行政权力太弱而学术权力太强，则容易步入德国模式发展的桎梏，使大学陷入由于学术寡头的把持而遗世独立，从而难以适应社会发展要求；而若行政权力太强而学术权力太弱，则容易使大学陷入科层化模式，难保大学整体和教师的利益不受损害。

---

① American Association of University Professors. Statements on government of colleges and universities [EB/OL]. [2007 - 04 - 22]. http://www. Aaup. org/goveni.

② BIRNBAUM R. The end of shared governance：Looking ahead or looking back [J]. New Directions for Higher Education，2004(127)：5 - 22.

③ 赵跃宇. 世界一流大学内部治理体系研究[M]. 北京：高等教育出版社，2016：2.

④ 李巧针. 美国大学董事会、校长、评议会权力关系解析及启示[J]. 国家教育行政学院学报，2007(11)：91 - 95.

⑤ [美]埃伦伯格. 美国的大学治理[M]. 沈文钦，张婷姝，杨晓芳，译. 北京：北京大学出版社，2010：258.

正如迈尔指出，"完全由教授管理的大学会导致无政府状态，不利于有效决策的制定，而完全由管理人员决策的大学更像是空壳，很快会导致集体冷漠"①。

具体就组织变革而言，学校领导层在决策和实施过程中必须争取教师们的支持，强调尊重、平等与沟通。各利益主体难免有冲突，需要通过适当的程序来确保共同治理的运行，确保总体意志是多数人的意志，而决定是经过了充分而自由的辩论协商之后所作出。只有当教师群体真正融入和参与到变革当中，他们才有更强的责任感和认同感并发挥自身的优势，变革才最有可能成功，同时大学的核心价值和使命才能得以维持。共治虽然会考验决策者的耐心，使决策过程放缓，但能确保决策过程是经过深思熟虑的。盲目追求速度则会带来巨大的隐患，因为"任何一个可能加速达成好决策的过程，也可能加速达成坏的决策"②。

本章小结

本章对洛桑联邦理工学院的变革目标、路径和过程进行了反思。总结而言，洛桑联邦理工学院的变革既有可取的地方，也有需要改进之处。可取之处在于该校的变革始终以提升科研和教学水平以及科技创新为使命，为教师创造了良好的科研环境，而没有以追求排名和论文数量为目标。此外，该校积极借鉴他国的有效经验，并结合本校情况进行了一定的本土化。与此同时，该校变革推动者采用了系列有效的变革管理策略，如设定战略愿景和目标、组建领导联盟、积极沟通、给管理层和教师授权、不断取得成效并巩固新文化等举措，对变革进行有效管理。该校变革的不足之处在于，整体借鉴美国模式造成了严重的机构同质化，教学和科研的过度国际化一定程度上忽视了本土人才培养和文化传承的使命，鼓励科技成果转化一定程度上限制了学术的公共性。此外，该校以公司垂直式管理取代学者共治，导致教授治校传统和共治文化式微、教师的组织忠诚度下降、学校错误决策的风险提高、基层组织自下而上的制度创新缓慢、学校的可持

---

① MEYER H. The design of the university: German, American and 'World Class' [M]. New York: Routledge, 2017: 65.

② BIRNBAUM R. The end of shared governance: Looking ahead or looking back [J]. New Directions for Higher Education, 2004(127): 5 - 22.

续发展难以得到保障等。

　　本研究认为，洛桑联邦理工学院在维持已有的高学术标准和良好学术环境的同时，也应该对现有的发展模式进行调整，以便实现可持续发展。该校应该改革垂直式管理模式，在学校和学院层面，赋予教师更多的权力，如学校层面的决策体系应该纳入学术评议会，而学院层面积极听取教授会的意见。如此一来，学校一方面可以增加内部的凝聚力、提升教师的组织忠诚度，同时减少行政决策过于注重管理逻辑而忽视学术逻辑的弊端，减少不当决策所带来的负面影响；另一方面还能够提升组织自下而上制度创新的积极性，从而做出适合本学科和单位的制度创新，逐渐形成自身特色，甚至超越美国模式。本研究认为，研究型大学应基于自身优势和本土环境对他国模式进行批判性地借鉴和创新，通过较长时间的制度实践致力于形成具有自身特色的大学模式。就变革过程而言，该校为了追求发展速度而以公司式垂直管理取代传统的共治模式，虽然突破了路径依赖，但也降低了教师的组织忠诚度、提高了错误决策的风险、限制基层组织自下而上的制度创新以及难以保证学校发展的可持续性等。本研究指出，研究型大学要真正实现可持续发展，不能急于求成，而需坚守共治原则，使行政权力和学术权力相互制衡并发挥各自优势。

第九章
对我国建设世界一流大学之启示

第一节　全文总结

近年来,随着知识经济的兴起、知识生产模式的转变和国际学术市场竞争的加剧,世界许多国家的研究型大学都确立了建设世界一流大学的目标,并开启了深刻的制度和组织变革,其中一个重要的趋势是移植美国顶尖大学的办学模式。然而,在实际的变革中,研究型大学往往会面临各种困境,很多改革徒劳无益或者难以达到预期效果。那么,研究型大学为何要建设世界一流大学? 为何倾向于借鉴美国模式? 美国模式与德国模式相比究竟有何优势? 研究型大学变革成功的标志是什么? 研究型大学应该如何有效而合理地进行变革? 这些问题都是本研究重点探讨的内容。本书通过对瑞士洛桑联邦理工学院的案例研究,基于有关大学模式的分析、组织分析的新制度主义相关理论以及管理学中的变革管理理论,结合文本资料、横纵向数据以及对 45 名利益相关者的访谈,试图对这些问题作出回答。

一、研究型大学建设世界一流大学的制度动力

研究型大学的变革不是偶然发生的,它们往往需要重新设计自己的组织形态以对变化的环境做出回应。[①] 伯顿·克拉克在 20 世纪 80 年代对多个国家的

---

① MEYER J W, ROWAN B. Institutional organizations: Formal structure as myth and ceremony [J]. American Journal of Sociology, 1977,83(2): 340-363.

高等教育体制进行比较之后，抽象出了经典的"三角协调模型"，按照这个模型，政府、市场和学术分列三角的顶端，不同国家的三角关系呈现不同的特点。其中，欧洲大陆高校与市场关系弱，外部由政府控制而大学内部的重大决策基本由学术权威们集体决策。英国的牛津和剑桥，对外保持着高度自治，对内实行社团化管理。相对于欧洲大陆与英国传统大学，美国政府几乎不介入高校内部的事务，美国高校实行高度的自治，与市场关系最强。① 由此可见，在全球化以前，各国高等教育系统相对保持自身的特点，然而，进入 20 世纪 80 年代，随着全球化进程的加快，研究型大学所处的国际和国内环境发生显著变化，这些变化对研究型大学产生了强烈的影响。

　　许多学者从学术资本主义的视角分析研究型大学变革的动力。例如，斯劳特和莱斯利认为，政治经济全球化和新自由主义迫使政府重新分配财政支出，调整国家财政资助模式，减少对高校的预算拨款以推动研究型大学面向市场。② 基于市场逻辑的学术资本主义理论虽然能够一定程度上解释研究型大学的市场化行为，但却不能完全解释其变革动力。本研究发现，除了学术资本主义以外，知识生产模式的转变以及对人才、资源和声誉的全球竞争也同样是影响研究型大学变革的重要宏观制度动力。这些全球层面的不同制度动力在世界银行、欧盟、国际大学排名等制度传送者的推动下，对包括瑞士在内的欧洲国家乃至世界各国都施加强烈的同构压力，迫使各国将全球层面的竞争规范融入到高等教育系统的改革中，从而使得高等教育变革在国家层面有明显的趋同性，如缩减对高等教育的预算开支、赋予大学更大的机构自治、加强对高校的问责、迫使大学面向市场并加强大学之间的竞争等。③

　　面对外部环境压力的增大，加之目标模糊、问题不明确等组织自身因素，全球许多国家的研究型大学都倾向于模仿同场域中更成功的组织模式——美国顶尖大学的办学模式来增强自身的国际竞争力，从而越来越呈现美国化的痕迹。

① ［美］伯顿·克拉克. 高等教育系统——学术组织的跨国研究［M］. 王承绪，等，译. 杭州：杭州大学出版社，1994：130.
② ［美］希拉·斯劳特，拉里·莱利斯. 学术资本主义［M］. 梁骁，黎丽，译. 北京：北京大学出版社，2008：1.
③ LIEFNER I, SCHÄTZL L, SCHRÖDER T. Reforms in German higher education: Implementing and adapting Anglo-American organizational and management structures at German universities ［J］. Higher Education Policy, 2004, 17(1): 23 - 38.

与洛桑联邦理工学院相似,许多新兴的世界顶尖高校,如香港科技大学、新加坡南洋理工大学、韩国首尔国立大学、印度理工大学等均加强了大学自治、强化了以校长为代表的行政权力、引进海外人才、引入美国的终身教职制、强调英文写作和发表、使用英文授课并推动跨学科人才培养、加强校企合作并积极拓宽第三方经费,等等。①②③④⑤　研究型大学的变革体现为在相同全球环境压力下的组织的同构过程,具有趋同趋势。

　　然而,通过与已有文献比较不难发现,即便面临相似的全球压力和挑战,洛桑联邦理工学院与其他国家研究型大学的组织变革也并不完全相同。这主要因为研究型大学不仅受制于全球制度逻辑的影响,也会受到国家和自身历史和文化的影响,受多重制度逻辑的共同作用。此外,制度企业家所处的社会网络、组织场域或制度位置也会影响制度变迁的方式。处于多种社会网络、组织场域或制度的交界之处的制度企业家更有可能引入新的外部制度要素。⑥　洛桑联邦理工学院制度移植的内部动因在于拥有一个处于德国模式和美国模式、学术逻辑与市场逻辑等多种制度交界处的校长,该校长能够在更广泛的制度要素范围内进行选择,因而比前几任的大学校长更具备创新理念。与此同时,埃比舍拥有较强的政治动员能力,能够争取到联邦政府与校内教师的支持,再加之该校历史较短、规模小等组织特性也有助于校长对美国模式的移植。

二、研究型大学的制度移植和模式转型

　　许多学者从理论层面分析了美国模式相对于德国模式的优势,并认为在新时期美国模式更能满足社会对研究型大学的需求。洛桑联邦理工学院的案例则表明,相较而言,虽然美国模式确有其优势,但也存在不足,该校通过积极融合两者的优势,克服一些不利因素,从而整体上产生了良好效果。

① 牛欣欣,洪成文.香港科技大学的成功崛起——"小而精特色战略的实施"[J].比较教育研究,2011(11):62-66.
② 谭伟红.新加坡南洋理工大学的竞争优势研究[J].西南交通大学学报,2016,17(03):91-96.
③ 陈运超.英国 Warwick 大学的成功之道及启示[J].高等教育研究,2000(6):105-110.
④ 朱炎军,夏人青.韩国建设世界一流大学的战略举措——以浦项科技大学为例[J].高等工程教育研究,2017(05):125-129.
⑤ KIM K S. A great leap forward to excellence in research at Seoul National University, 1994-2006[J]. Asia Pacific Education Review,2007,8(1):1-11.
⑥ [美]约翰·L·坎贝尔.制度变迁与全球化[M].姚伟,译.上海:上海人民出版社,2010:73.

　　就外部治理而言,德国模式强调国家对大学的责任,大学受政府直接管理,经费也主要来源于政府拨款,而美国模式重视大学自治以及市场在大学发展中的作用,经费来源多元化。德国模式的优势在于能够保障研究型大学稳定的财政来源,使其免受学术资本主义的较大冲击,而其劣势在于无需为资源竞争,缺乏应对外部环境的活力。[①] 相较而言,市场主导的竞争和基于独立法人资格的大学自治使得美国研究型大学更具活力,然而由于所获得的政府预算拨款非常有限,美国研究型大学不得不更多寻求市场资源,其结果是更难以保障基础研究及知识的公共性,也难以保障学术人员从事好奇心驱动研究的学术自由。[②] 洛桑联邦理工学院将两者的优势相结合,联邦政府在保障该校较大比例预算拨款的基础上,赋予了该校程序性自治,并通过限制预算拨款的增长一定程度推动了大学的市场化,使其既提升了应对外部环境的灵活性,又有稳定的经费保障基础研究和教师的学术自治。

　　就内部治理而言,德国模式是基于大学评议会、学部教授会的学院式治理模式,而美国模式则大多是基于以董事会、校长和教授为核心的共同治理模式。德国模式的优势在于建立在平等讨论的基础上,能够更好地维护学术自治和学术自由的传统,而劣势在于对外部利益关注不足,行政权力虚弱,使大学难以对外部环境作出调整。[③] 相较而言,美国强有力的校长和管理中层增加了学校整体的决策效率。[④] 然而,近年来,为了应对不断恶化的财政状况,美国研究型大学的行政权力有不断增加的趋势,共治理念面临严重考验。[⑤⑥] 洛桑联邦理工学院借鉴美国模式加强了以校长为核心的科层管理,其内部治理从传统的学者社团向管理主义转换,虽然一定程度上提升了学校整体应对外部环境的动态能力,但也严重削弱了教师在学校与学院层面的决策参与,导致共治文化式微以及教师的组织忠诚度下降。

① 王洪才. 大学治理的内在逻辑与模式选择[J]. 高等教育研究,2012,33(09)：24-29.
② SCHMIDTLEIN F A, TAYLOR A L. Responses of American research universities to issues posed by the changing environment of higher education [M]. Minerva, 1996：291-308.
③ 王洪才. 大学治理的内在逻辑与模式选择[J]. 高等教育研究,2012,33(09)：24-29.
④ MEYER H. The design of the university：German, American and 'World Class' [M]. New York：Routledge, 2017：138-144.
⑤ [美]詹姆斯·杜德斯达. 21世纪的大学[M]. 刘彤,屈书杰,刘向荣,译. 北京：北京大学出版社,2005：215.
⑥ 顾建民. 大学治理模式及其形成机理[M]. 杭州：浙江大学出版社,2013：84.

在基层组织结构方面,德国模式是基于个人统治的研究所,而美国是基于教师共治的学系。基于讲座教授的研究所维护了教授高度的学术自治,同时有利于学科分化,[①]不足之处在于形成了严重的学科和组织壁垒,不适应学科的综合以及学生规模的扩大,也不利于发挥青年教师的创造性。[②]相较而言,美国共治的学系扩大了学科和知识范围,更有利于教师之间的合作,易于形成民主自治的氛围,同时有利于青年教师的自主发展。[③]然而,随着系科制模式的日渐成熟,学科制度化加强,不利于跨学科的形成,而在学系之外独立形成的跨学科研究机构则打破了学科壁垒,推动知识生产模式的转型。[④]洛桑联邦理工学院通过并系建院以及研究所改革,将基于个人统治的研究所调整为基于教师共治的跨学科研究所,并使年轻教师从教授的实验室独立出来。与此同时,该校保障了每一位教师在实验室层面的完全自治和充裕资源。然而,为了更进一步推动跨学科研究,校领导层以跨学科的研究所完全取代基于系科的研究所的做法违背学术逻辑,并未获得良好效果。

就教师评聘制度而言,德国模式实行的是特许任教资格制和编外讲师制,而美国实行基于"非升即走"的终身教职制。德国模式能够确保遴选对学术职业最虔诚且能够安于清贫和寂寞的真正学者,[⑤]其不足之处在于学术职业等级分明,青年科研人员缺乏科研自主性,且晋升过程充满不确定性。[⑥]相较之下,基于"非升即走"的美国终身教职制度能够对青年教师进行激励,又能保障教师的科研自主性和相对明确的晋升通道。[⑦]然而,由于财政状况恶化,美国研究型大学近年来的终身教职比例严重缩减,学术职业的机会显著下降。而洛桑联邦理工学院在联邦财政拨款的保障下,设立了大量终身教职轨助理教授岗位,并改革了

① 约瑟夫·本-戴维. 科学家在社会中的角色[M]. 赵佳苜,译. 成都:四川人民出版社,1988:212.

② MEYER H. The design of the university:German,American and 'World Class' [M]. New York:Routledge,2017:122-124.

③ JOHN H,GRAAFF V. Can department structures replace a chair system:Comparative perspectives [J]. Yale Higher Education Research Group Working Paper,1980:20-21.

④ [美]詹姆斯·杜德斯达,佛瑞斯·沃马克. 美国公立大学的未来[M]. 刘济良,译. 北京:北京大学出版社,2006:133.

⑤ 陈洪捷. 德国古典大学观及其对中国的影响[M]. 北京:北京大学出版社,2006:49-68,123-126.

⑥ TEICHLER U,HLEEA. The work situation of the Academic profession in Europe:Findings of a survey in twelve countries [M]. Springer Dordrecht,2013:286.

⑦ 顾建民. 西方大学终身教职制度的价值分析[J]. 比较教育研究,2006(9):1-6.

晋升制度，加强对青年教师的科研自主性和资源投入，从美国和其他欧洲顶尖大学吸引了大量基础青年人才加盟。

在博士生教育方面，德国模式实行师徒制，而美国模式实行结构化的研究生院制。师徒制的优势在于教授能够对学生进行言传身教，使学生不仅获得专业知识，也能够传承导师的价值观和科研风格，①其不足在于难以满足大规模博士生教育以及跨学科人才培养的需要，其培养过程也缺乏外部监督。② 相较之下，美国的研究生院制为博士生提供了结构化的招生和培养程序，有利于保障生源的质量和人才培养的跨学科性，以及保障学生的权益。然而，美国的博士生培养存在资金不足问题。③ 洛桑联邦理工学院通过移植美国的结构化招生和培养程序，提升了博士生的生源和培养质量。

在校企合作方面，德国模式追求纯粹知识，排斥知识的商业化和校企合作，美国模式则受市场影响，积极融入学术资本主义和推动科技成果转化。德国模式的优势在于维持基础研究和学科逻辑的发展，不足在于排斥知识的应用价值。而美国模式能够积极服务于国家经济发展和新的知识生产模式转型，但也一定程度影响了知识的公共性，大学的自主性和学者的学术自由受学术资本主义的威胁。洛桑联邦理工学院在联邦政府充裕预算拨款的保障下，通过平衡基础研究和校企合作，推动了科技创新和拓展了财政来源。

由此可见，即便在当代，德国模式和美国模式仍各有利弊，德国模式并非一无是处，美国模式亦非完美无缺。德国模式中对政府拨款、学术自治和学术自由、基础科学研究、教学与科研的统一等的强调依然值得继承，而美国模式的大学自治、鼓励竞争和卓越的学术体制与文化、跨学科研究、共同治理、校企合作等也值得借鉴。洛桑联邦理工学院在某种程度上融合两者的优势，克服了德国模式中僵化的体制和论资排辈的文化，使学校更加充满活力，学者之间更民主；与此同时也一定程度上避免了学术资本主义的巨大冲击，并克服了美国模式中学术自治受限、学术职业吸引力下降、科研经费不足等问题。需要指出的是，洛桑

---

① ［美］伯顿·克拉克. 探究的场所——现代大学的科研和研究生教育［M］. 王承绪，译. 杭州：浙江教育出版社，2001：269.

② European University Association. Doctoral programmes in Europe's universities：Achievements and challenges［R］. Report prepared for European universities and ministers of higher education，2007：9 - 10.

③ 何逢春. 20 世纪 90 年代以来美国博士教育的问题与改革［J］. 高等教育研究，2005(4)：90 - 95.

联邦理工学院为了推动大学的快速变革和发展,在治理模式方面摒弃了传统的学院式治理,且没有借鉴移植美国的共同治理模式,很大程度上导致了共治文化的式微,产生了诸多不利的影响,包括使得教师的忠诚度下降、错误决策的风险提高、抑制组织自下而上的制度创新等。

三、研究型大学变革成功的标志

管理学认为,组织变革成功的标志是组织绩效(performance)或效能(efficiency)的改善。[①] 对于以营利为目标的企业而言,利润的增长无疑是组织变革成功的显性标志。而对于身兼多重使命的研究型大学而言,绩效的改善却并不那么显而易见。自 20 世纪初以来,随着大学排名的兴起,越来越多的政策制定者、高校管理者甚至研究者都倾向于使用排名作为判断研究型大学绩效改善的标志。然而由于排名指标固有的局限性,其只能反映高校部分维度的相对水平。为了更好地反映高校综合水平的情况,国际高等教育专家萨尔米基于众多高等教育专家和高校管理者观点,提出了一个反映世界一流大学主要特征的分析框架,主要包括汇聚顶尖的教师和学生、拥有充裕的资源以及高水平的管理(见图 1-1)。

由于洛桑联邦理工学院的变革目标是成为一所世界一流的理工类大学,为了反映该校目标实现的情况,本书在借鉴萨尔米分析框架的基础上,对该校变革的成效进行了多维度的分析。本研究发现,该校的国际声誉,特别是学术声誉在埃比舍任期内实现了明显提升,这种提升不仅体现在国际排名上,还体现在与顶尖高校合作的机会增多、教师在国际学术同行中所感知的声誉提升、对国际顶尖人才的吸引力增加、国际访客越来越多等方面。洛桑联邦理工学院国际学术声誉的显著提升主要得益于科研成果的重大突破和科技创新,而这两者不仅源于萨尔米所提出的三个要素,也即国际人才的汇聚、科研经费的获取以及管理效率的提升,还得益于学术文化的改善。

分析洛桑联邦理工学院国际人才汇聚的原因可知,虽然良好的科研条件和充裕的科研经费是吸引人才非常重要的因素之一,但该校通过组织变革所形成

---

① 孟范祥,张文杰,杨春河.西方企业组织变革理论综述[J].北京交通大学学报(社会科学版),2008,7(2):89-92.

的发展机会、激励制度和宽松的学术环境和文化同样具有强大的吸引力，这主要因为同期大多数欧洲大陆高校学术职业等级森严、学术晋升路径受阻、学术体制僵化。而洛桑联邦理工学院经费的增长也同样部分得益于组织变革所形成的相对公平且充满激励性的经费分配制度以及授予教师充分的科研自主性等。由此可见，除了人才和经费以外，组织文化，尤其是学术文化的改善对于该校的发展而言至关重要。组织文化是存在于大学的价值观念，对于大学成员具有举足轻重的价值导向和激励作用，许多高等教育学者都强调组织文化对于大学发展的重要性。例如，伯顿·克拉克观察到创业型大学变革成功的原因，虽然包括强有力的驾驭核心、拓宽的发展外围、多元化的资助基地、激活的学术心脏地带等要素，但他着重强调一体化的创业文化是大学变革成功的关键。①

事实上，学术文化的变革不可能自发产生，需要领导者通过变革组织使命和战略、组织结构、管理体制和组织制度等具体内容才能够推动。② 洛桑联邦理工学院正是通过管理模式、组织结构和制度改革，将追求创新与卓越的组织文化根植于洛桑联邦理工学院的教职员工当中。值得说明的是，虽然该校的共治文化遭到破坏，但科层管理最大程度地维护了教师的学术自由和基层学术自治，且为每位教师提供有益于学术发展和创新的优渥经费条件。加之该校校长所构建的追求一流大学的愿景，学校整体的学术氛围充满活力。

四、变革管理理论对于大学变革的适用性

传统上，大学倾向于采用渐进式变革方式推动学校的变革以减少组织的震荡，这类变革更多是对组织的微调。然而，受制于外部环境的压力，近年来许多研究型大学都倾向于采取自上而下的激进式变革策略以推动大学的快速发展。相较于渐进式变革，激进式变革更能够在短期内克服组织的路径依赖，使研究型大学发生根本性的变革，但也会因容易遭遇教师的强烈抵制而夭折。③④ 变革管理

① 伯顿·克拉克.建立创业型大学：组织上转型的途径[M].王承绪，译.北京：人民教育出版社，2007：1.
② BURKE W W, LITWIN G H. A causal model of organization performance and change [J]. Journal of Management，1992,18(3)：523－545.
③ 马作宽.组织变革[M].北京：中国经济出版社，2009：29.
④ KEZAR A. Understanding and facilitating organizational change in the 21st century：Recent research and conceptualization [J]. ASHE-ERIC Higher Education Report，2001,28(4)：1－147.

理论认为,要顺利推行变革,变革者需要对变革过程进行有效管理,消除组织成员的抵制。在众多变革管理模型中,最具影响力的是哈佛大学教授约翰·科特的8步骤模型,其被广为引用,也被许多研究者应用到分析高校变革组织当中。①②③ 这8个步骤包括:增强变革的紧迫感、建立强有力的领导联盟、建构愿景和战略规划、沟通变革愿景、授权他人实施这种愿景规划、赢得短期效益、巩固已有成果、使新的行为根植于组织文化。④

洛桑联邦理工学院的案例表明,科特模型对于领导研究型大学的变革同样具有启发。埃比舍在上任之初的变革愿景和计划引发了巨大冲突,遭到了教师群体的强烈抵制,教师抵制的原因包括:对新校长的治校能力缺乏信心,担心该校长由于来自校外和不同学科而不能理解本校文化;反对校长以变革之名加强行政权力,担心行政权力僭越学术权力;反对因学校被过度美国化和市场化而造成创校使命和传统价值的丧失;担心新学科的引入会挤占其他学科的资源和优势地位;害怕变革会损害自身的利益和权威;担心自己无法达到学校新的科研要求等。

为应对教师抵制,埃比舍采取了一系列变革策略,包括:①争取联邦政府的大力支持;②成功组建了一支包括副校长、院长和权威教授在内的领导联盟帮助其一起推动变革;③付出大量时间和精力积极沟通变革愿景和战略,争取教师们的支持;④通过组织结构变革调整了学校的权力模式,加强了行政管理者的权力,但也保障了所有教师在基层的学术自治;⑤快速推动变革且通过不断取得成功而增强教师们对校长及其变革计划的信心;⑥在发展的过程中不断努力为学校寻找新的发展机遇,并不断聘用新人才以巩固创新文化等。

虽然埃比舍在领导变革的过程中并没有有意识地借鉴变革管理理论,但其所采用的变革策略与科特模型具有较大的契合度,一定程度验证了科特模型中

① BULLOCK R J, BATTEN D. It's just a phase we're going through: A review and synthesis of OD phase analysis [J]. Group and Organization Studies, 1985,10: 383 - 412.
② MENTO A, JONES R, DIRNDORFER W. A change management process: Grounded in both theory and practice [J]. Journal of Change Management, 2002,3(1): 45 - 59.
③ APPELBAUM S, HABASHY S, MALO J, HISHAM, S. Back to the future: Revisiting Kotter's 1996 change model [J]. Journal of Management Development, 2010,31(8): 764 - 782.
④ KOTTER J P. Leading change: Why transformation efforts fail [J]. Harvard Business Review, 1995: 59 - 67.

建构变革愿景和战略、组建领导团队、积极沟通愿景、授权院长进行变革、获取短期效益、努力寻找新机遇并巩固新文化等步骤的作用。然而，该校的变革经验也表明，基于管理主义的科特模型并不完全适用于松散联结的学术组织，主要体现在三个方面。首先，学术组织的变革并非严格遵从线性步骤，许多步骤高度重叠并循环进行；其次，学术组织需要保障教师对决策的参与，并理性看待教师抵制，维护组织变革的程序正义和结果正义；再者，科特模型相对忽视了自下而上的组织变革，这类变革具有非常重要的意义。

第二节　洛桑联邦理工学院变革经验的启示

20 世纪 90 年代，伯顿·克拉克提出"创业型大学"的概念，将积极进取、富有创业精神的大学称之为创业型大学，并认为创业型大学是 21 世纪大学组织转型的路径与目标。克拉克基于对欧洲五所大学的分析辨识了创业型大学转型的五条途径，包括：强有力的驾驭核心、拓宽的发展外围、多元化的资助基地、激活的学术心脏地带以及一体化的创业文化。① 克拉克的创业型大学理论主要侧重探讨大学在知识经济时代如何主动通过知识资本化实现大学的自身发展，但未能充分警惕学术资本主义所带来的风险，也相对忽视了研究型大学实现学术卓越的其他途径。洛桑联邦理工学院的变革经验虽然一定程度上印证了克拉克所提出的五个转型途径的重要性，但其内涵与之并不完全相同，呈现了克拉克未提及的其他一些重要要素。该校变革的经验对于那些既希望获得国际学术声誉，又能够服务国家经济发展的研究型大学而言具有若干启示：

（1）争取更大的机构自治和政府经费支持。伯顿·克拉克的创业型大学理论强调大学自身的创业精神，并认为创业型大学要依靠知识的资本化摆脱对政府的资源依赖。事实上，对于许多国家的研究型大学而言，缺乏自治成为限制其发展的主要因素，因而争取更大的机构自治无疑是研究型大学变革与发展的关键。然而，本研究并不认同完全以市场经费取代政府经费是更为明智的选择，主

---

① 伯顿·克拉克. 建立创业型大学：组织上转型的途径[M]. 王承绪，译. 北京：人民教育出版社，2007：1.

要因为学术资本主义在给研究型大学带来财富的同时,也可能会对学校的传统价值造成损害,包括但不限于抑制基础研究、威胁学术自由、限制科研成果的公共性、造成学术权力的失落等等。① 而洛桑联邦理工学院的经验表明,相对充裕的政府拨款和充分的大学自治相结合,既能够较大程度保障研究型大学的基础研究和教师的学术自由,又能够使研究型大学增强应对外部环境的活力,并有条件选择性地寻求有利于促进科技创新和学术发展的市场机会,从而能够更好地平衡学术与市场、价值理性与工具理性,实现提升国际学术声誉和促进国家创新经济发展的双重目标。

(2)建立一个强有力的领导核心并纳入学术权力的代表。研究型大学仅有机构自治和政府经费支持并不足以顺利变革和发展,还需要建立一个强有力的领导核心,负责学校愿景和战略的制定与实施,提高大学组织对外界的应变能力。领导核心需要包括中枢管理集体,具体的组成可以采取不同的形式。然而,无论采取哪种组织形式,领导核心应是纳入了校长、高层管理者、院长及教授在内的共治领导,而非是基于以校长为核心的行政权力的集权领导。虽然埃比舍成功组建了一支包括副校长和院长在内的领导团队,并凭借其魅力型领导力获得这些成员的支持,但埃比舍的权力过大,学校整体的决策几乎依赖于其个人的独断专行,这种权力模式也给学校带来了许多负面影响,包括共治文化式微,教师对学校的组织归属感下降,错误决策的风险提高等。本研究认为,研究型大学在建立领导核心的过程中,需要聘用变革型校长,并一定程度加强行政管理的权力,但与此同时也需要纳入学术权力的代表,包括院长和教授,使行政权力和学术权力相互协调与制衡。如此,校长既能够在整个大学中进行导航,又不能对学校事务专权。

(3)保障学术自由并激活学术心脏地带。大学的逻辑起点是发展高深知识,虽然建立强有力的领导核心能够提升学校整体的灵活性和决策效率,但要真正实现学术创新,还需依靠基层学术组织,因为基层学术组织是高深知识生产、传播和运用的承担者。克拉克从推动知识资本化的角度强调激活学术心脏地带

---

① 王英杰. 大学文化传统的失落:学术资本主义与大学行政化的叠加作用[J]. 比较教育研究,2012(1): 1-7.

的重要性，认为所有的基层学术单位均应该发展成为创业型组织。① 洛桑联邦理工学院的案例则表明，并非所有的学科和教师都有必要或有意愿从事学术创业活动。激活学术心脏地带的关键在于通过改革基层学术组织、教师评聘制度、学术资源配置方式等构建有利于保障所有教师学术自由和自治、激发教师学术活力与创新精神的宽松学术环境和卓越学术文化。例如，在组织结构方面，研究型大学应该同时建立基于共治的学系和跨学科研究组织，加强学术基层组织的权力并通过政策和服务激励教师们采取自下而上的跨学科和创业行动；在教师评聘制度方面，通过积极主动的全球招聘引进卓越人才，同时确保所有教师的自主性，并为他们提供良好的科研条件和相对明确的晋升通道；在资源分配方面，相对公平合理地分配资源，保障教师具有开展创新性研究的前期条件，同时又能激励他们不断获取外部经费；在学术评价方面，引入同行评议，并鼓励教师从事更具有冒险性的跨学科和原创研究等；在博士生招生和培养方面，采用结构化的程序和师徒制相结合的方式，改善博士生招生与培养的质量。

（4）不断拓展外围和经费来源。伯顿·克拉克认为不断拓宽的外围是大学转型的重要途径，洛桑联邦理工学院的经验也表明，校企合作不仅能够为学校带来经费收入，也能够促进学校知识生产模式的转变，有益于科技创新，还能够在区域内发挥强大的基础创新辐射作用，推动经济发展。加强校企合作的方式包括设立大学—企业合作中心、获得企业委托项目或合作项目、建立科技园孵化衍生企业、将专利许可出售给企业等。此外，研究型大学还需要与政府、企业形成创新"三螺旋"，发挥各自在创新经济体系中的作用。不仅如此，研究型大学还应积极同国际科研机构合作，发展自己的实力。除了通过校企合作和科技成果转化增加额外收入以外，研究型大学还可以通过积极争取竞争性经费、社会捐赠等渠道增加经费收入。即便对于那些接受较大比例政府拨款的研究型大学而言，拓宽经费来源同样重要，主要因为研究型大学的运营经费和科学研究非常昂贵，其发展需要源源不断的经费支持，若研究型大学不设法使其收入来源多元化，并充分扩大资源基础来维持变革所需要的经费水平和运营成本，研究型大学可能难以维持发展所需的资源。

---

① 伯顿·克拉克. 建立创业型大学：组织上转型的途径[M]. 王承绪，译. 北京：人民教育出版社，2007：
　　23－45.

（5）构建追求创新和卓越的组织文化。伯顿·克拉克所强调的第五个转型途径是构建一体化的创业文化，而洛桑联邦理工学院的经验表明，追求创新和卓越的组织文化是该校成功的关键。两者并不完全相同，创新是创业型大学创业的基础，而创新也应该是在强烈事业心的基础上进行才能得以实现。^① 对于洛桑联邦理工学院而言，学术创业只是是推动学术创新的手段之一。虽然该校企业式治理模式导致了共治文化式微，但整体而言，该校通过设定建设世界一流大学的愿景、全球招聘、设立美国式的晋升制度等变革整体营造一种不断追求卓越和创新的组织文化，使追求卓越和创新的信念根植于所有成员心中。

此外，洛桑联邦理工学院的模式移植和领导变革的策略也同样具有启示作用。从世界大学发展的历史来看，自大学诞生伊始，除了少数如巴黎大学和博洛尼亚大学那样的原创大学之外，各个国家大学的形成和发展都存在着移植和借鉴先进大学模式的现象。模式移植在大学转型的早期发挥着重要作用，然而，研究型大学要真正成为世界一流，需走出全盘借鉴的阶段，基于本土文化和自身国情对他国模式进行批判性地借鉴和创新，形成独特的大学模式。从大学发展的历史来看，根植于英国理性主义哲学的牛津大学和剑桥大学为人类提供了自由教育和博雅教育，根植于新人文主义哲学的柏林大学致力于追求真理和发展学术，基于实用主义的美国大学则推动了大学的社会服务功能，它们均基于本土文明对已有的办学模式进行了创新。正因如此，许多学者呼吁东亚大学和中国大学不能完全按照西方的全球研究型大学的标准建设，而应该结合儒家传统。例如，周光礼教授认为，虽然政府主导建设的东亚大学能够在短期内实现指标意义上的增长，但东亚大学要真正成为哲学意义上的世界一流大学还需要根植于自身的文化土壤，并蕴含本土文明的底色。^② 许美德教授在其许多著作中也反复强调中国大学应该致力于发展中国大学模式，具体建议包括坚守儒家传统、"师范教育"以及大学对国家的责任等。^③ 甘阳教授则呼吁建立华人大学理念，在学习西方大学的优良制度和成果的同时，也要加强自身在思想、学术和文化方面的

---

① 易高峰. 崛起中的创业型大学——基于研究型大学模式变革的视角[M]. 上海：上海交通大学出版社，2010：21.
② 周光礼. 世界一流大学建设的"东亚模式"：政府行为及其局限性[J]. 中国高校科技，2019(4)：12-15.
③ 许美德，查强. 追求世界一流：面对全球化和国际化的中国大学[J]. 复旦大学论坛，2005，3(3)：59-65.

独立性①等。

洛桑联邦理工学院组织变革的经验还表明，大学校长要推行计划性变革需要采取一定的变革管理策略，除了需要组建包括其他管理人员和权威教授在内的强有力的领导核心并设立清晰合理的变革愿景和战略之外，还需要通过各种方式积极向教职员工沟通变革愿景和战略并尽可能给他们授权，尽力消除其顾虑。此外，领导团队应及早获取短期效益以获取教职员工对变革的信心，同时还可以通过不断为学校寻找新的发展机遇和聘用新人才以巩固新的组织文化。总而言之，自上而下的变革必须获得基层学术组织的支持，否则变革难以真正推行。

第三节　本研究的创新点与局限性

一、本研究的创新点

本书通过深入的案例研究对一所欧洲研究型大学建设世界一流大学的经验进行了系统分析，呈现了该校变革的丰富途径，并在研究内容、研究方法、理论基础等方面都取得了一定的突破。

首先，就研究内容而言，已有关于世界一流大学的案例研究大多聚焦于大学发展的具体举措和效果，而本研究从组织变革的视角出发，对案例高校变革的背景与动力、路径与效果、所引发的冲突和应对策略等都进行了较为系统的剖析。此外，本研究还对变革目标、路径和过程的合理性进行了反思，从多维度、多视角全面剖析了案例高校建设世界一流大学的经验。

其次，在研究方法上，已有相关研究大多数是基于静态文本、个人体验或者二手资料，少见通过对学校各类人员访谈收集信息的研究。本研究采用多渠道来源收集资料，包括有关案例高校的各类文本资料、横纵向历史数据、与其他高校的比较数据，并对包括高校管理者、学术领导者以及教师等在内的各方利益相关者进行访谈，同时呈现了变革的推动者——学校领导、变革的执行者——管理

---

① 甘阳.北大五论[M].北京：生活·读书·新知三联书店，2014：76-77.

中层以及变革的接受者——教师的不同视角,真正实现了三角互证。

最后,在理论基础方面,已有文献对世界一流大学的研究大多缺乏理论分析。本研究分别基于组织分析的新制度主义相关理论、研究型大学模式分析以及变革管理理论剖析新形势下研究型大学组织变革的背景、路径与过程。本研究基于新制度主义的同构理论、多重制度逻辑理论以及制度企业家的概念,阐释了研究型大学变革的宏观、中观和微观层面的制度动力机制,既探究了研究型大学变革的趋同性以及移植美国模式的原因,也分析了不同研究型大学变革的同质异形的根源。本研究还基于相关研究文献系统梳理了德国模式与美国模式的差异,并结合案例高校模式转型的效果证实了两种模式各自的利弊。此外,本研究将科特模型应用于对案例高校变革过程的分析之中,发现该模型对于学术组织具有一定的解释力,但也存在改进空间。本研究还将案例高校变革的途径与学术资本主义以及创业型大学理论进行比较,指出了后者对于研究型大学变革解释力的不足。

二、本研究的局限性

本研究的不足主要体现在以下四个方面:

首先,本研究在分析研究型大学变革的制度动力时,着重分析了学术资本主义、知识生产模式、国际竞争等全球动力对研究型大学变革的影响,而相对忽视了信息技术革命、高等教育大众化等动力的影响,这些因素在 21 世纪对研究型大学的变革同样有重要的推动作用。

其次,本研究采用的是单案例研究法,重点关注了一所欧洲理工类大学的组织变革和制度移植现象,而没有对不同类型研究型大学的变革进行对比分析,使得研究结论的推广性受到限制,也难以反映在相同的全球制度压力下,不同类型的研究型大学所作出的同质异形的反应。

再次,本研究采用历史追溯的方式探究案例高校的变革,访谈所处的时期正值校长换届,出于尊重的缘故,受访者可能会对曾经发生的不愉快经历和负面看法有所隐瞒,不愿意对校长的错误进行批评,甚至倾向于夸大校长的作用,这使得本研究对变革风险和负面影响的评价不够充分和深刻,难以真正还原变革过程中的困难。

最后,本研究重点关注了案例高校在治理模式、组织结构、人事制度、博士生教育和校企合作五个方面的变革，人才培养，特别是本科生培养无疑也是研究型大学的重要使命，本研究对欧洲博洛尼亚进程下学位体系的改革和学生培养模式的改革都没有涉及。

三、未来研究展望

世界一流大学建设不仅需要充裕的经费投入和卓越的国际顶尖人才，更需要良好的管理体制和学术文化，一味强调论文发表并不有利于重大创新的产生。未来研究者将更加关注全球化背景下研究型大学如何通过组织变革构建有益于学术创新的大学管理体制和卓越的学术创新文化，特别关注科研评价对大学学术创新的影响。通过政策分析、案例研究、问卷调查等综合性方法比较国内外高校变革的取向和效果。

本章小结

本章是全书的总结，首先结合瑞士洛桑联邦理工学院的案例研究，回顾了研究型大学建设世界一流大学的制度动力、研究型大学的制度移植和模式转型、研究型大学成功的标志、研究型大学的变革管理等。在此基础上，总结了洛桑联邦理工学院变革经验的若干启示，包括：争取更大的机构自治和政府经费支持、建立强有力的领导核心并纳入学术权力的代表、保障学术自由并激活学术心脏地带、不断拓宽外围和经费来源、构建追求创新和卓越的组织文化、结合自身传统构建世界一流大学的中国模式、自上而下和自下而上的变革相结合等。

本章也指出了本研究的创新与不足，创新主要体现在对研究型大学变革过程的充分关注、对变革目标和路径合理性的反思等、运用三角互证对案例高校的分析以及基于制度主义和变革管理等方面的理论对案例高校变革和发展的理论剖析。研究的不足主要体现在单案例研究的推广性受到限制、对案例高校的变革范围没有全覆盖等。未来应加强对更多案例的深度剖析，并着重分析有利于学术创新的大学组织制度和组织文化的构建等方面。

附　录

受访者信息（按访谈时间排序）

序号	编号	学历/学衔	职位	性别	美国工作经历	入职年限	国籍
1	L1	博士	管理层	男	有	13	希腊
2	L2	硕士	管理层	男	无	6	瑞士
3	L3	博士	管理层	男	无	27	瑞士
4	L4	博士	管理层	男	无	17	瑞士
5	L5	博士	管理层	女	无	25	德国
6	L6	博士	管理层	男	无	10	瑞士
7	L7	博士	管理层	男	无	5	瑞士
8	L8	博士	管理层	男	有	28	美国
9	L9	博士	管理层	男	无	8	瑞士
10	L10	博士	管理层	男	无	17	比利时
11	L11	博士	管理层	男	无	22	法国
12	L12	博士	管理层	男	无	17	瑞士
13	L13	教授	管理层	男	有	17	瑞士
14	L14	教授	管理层	男	有	20	瑞士
15	L15	博士	管理层	男	有	25	瑞士

（续表）

序号	编号	学历/学衔	职位	性别	美国工作经历	入职年限	国籍
16	L16	教授	管理层	男	有	20	瑞士
17	L17	教授	管理层	男	有	21	丹麦
18	L18	硕士	管理层	女	无	5	瑞士
19	D1	教授	学术领导	男	有	14	意大利
20	D2	教授	学术领导	男	有	9	美国
21	D3	教授	学术领导	男	有	20	比利时
22	D4	教授	学术领导	男	有	14	德国
23	D5	教授	学术领导	男	有	14	瑞士
24	D6	教授	学术领导	女	无	12	瑞士
25	D7	教授	学术领导	男	有	17	意大利
26	D8	教授	学术领导	男	有	29	瑞士
27	D9	教授	学术领导	男	有	16	比利时
28	D10	教授	学术领导	男	有	24	美国
29	P1	助理教授	教师	男	无	5	法国
30	P2	副教授	教师	男	有	5	瑞士
31	P3	副教授	教师	女	有	27	美国
32	P4	副教授	教师	男	有	10	瑞士
33	P5	教授	教师	男	有	8	奥地利
34	P6	教授	教师	男	有	30	德国
35	P7	教授	教师	男	有	26	法国
36	P8	助理教授	教师	男	有	5	葡萄牙
37	P9	教授	教师	男	有	16	荷兰
38	P10	助理教授	教师	女	有	7	瑞士
39	P11	教授	教师	男	有	33	荷兰
40	P12	教授	教师	男	有	18	奥地利
41	P13	助理教授	教师	女	有	5	意大利
42	P14	副教授	教师	男	有	12	希腊

（续表）

序号	编号	学历/学衔	职位	性别	美国工作经历	入职年限	国籍
43	P15	教授	教师	男	有	14	法国
44	P16	助理教授	教师	男	有	5	瑞士
45	P17	副教授	教师	女	有	9	德国

访谈提纲

a. 针对校长的访谈提纲

1. Back to 1999，what motivated and enabled you to become the president of EPFL?

2. What was your goal and ambition when you started your presidency? Have you achieved that goal?

3. What were your main strategies to achieve that vision? Where did that strategy come from?

4. How did you，as a new president，get people to buy your strategy and ideas?

5. What challenges have you met during the implementation of your strategies? Have you met any resistance from the faculty?

6. What were the reasons for their resistance? How did you manage the resistance?

7. What do you think is the most important role as a university president? What have made you a different president from the former ones?

8. What transformations have you brought to the university during your presidency，why? How did they impact the university in a systematic way?

9. How did this transformation change the culture of the university? How did you transform the culture of the university?

10. In what way did the new culture affect the performance of faculty and the university at large (outcome, productivity)?

11. What do you think are the strategic resources of EPFL compared with other universities?

12. What are the main factors that enabled the university to attract top scientist and young faculty all around the world?

13. How could the university attract top students all around the world?

14. How could the university attract sponsorship from industry and ERC funding?

b. 针对其他校层领导的访谈提纲

1. How did the university attract sponsorship from industry and ERC funding?

2. How would you describe EPFL's development over the years? In what way has EPFL become a global leader?

3. What do you think are the main factors that have enabled EPFL's development?

4. What were the key external driving forces to the university's transformation and development (e. g. the government)? How did the leadership respond to the external driving force?

5. How would you describe the president's personal attributes and leadership style?

6. How have you viewed the president's overall effectiveness during his years as the president of EPFL? What's the difference between the past and current president?

7. What has been the leadership's vision and strategies to develop EPFL? How did you think of it?

8. How did the leadership get people to buy his vision and strategy? How did the president build up his leadership coalition?

9. How would you characterize the organizational culture at EPFL? Have

you experienced any culture changes here over the years?

10. What initiatives and changes have taken place over the years? How did you personally feel about the changes? Are there any resistances?

11. What has been your role in any of the transformation process at EPFL?

12. How is authority distributed among the university? Centralized or decentralized? What's the style of management，how do you relate to subordinates in your department?

13. How did you get motivated for your work? What do you value most about your work? Are there any reward systems，any changes over the years?

14. What do you think are the strategic resources of EPFL compared with other universities?

15. What are the main factors that enabled the university to attract top scientist and young faculty all around the world?

16. How could the university attract top students all around the world?

17. How could the university attract so many sponsorship from industry and ERC funding?

c. 针对学术单位负责人的访谈提纲

1. Why did you join EPFL in the first beginning?

2. What have been the main differences for working here and your former university?

3. How would you describe EPFL's development over the years? In what way has EPFL become a global leader?

4. What do you think are the main factors that have enabled EPFL's fast development?

5. How would you describe the president's personal attributes and leadership style? How has leadership changed or been different since 2000?

6. How did the president build up his leadership coalition over the years?

7. How did the leadership get people to buy his vision and strategy? How

did he communicate the vision and strategy?

8. What have been the key external driving forces to the university's transformation and development over the years? How did the leadership respond to the external driving forces?

9. What big transformations have you experienced since you joined EPFL? How were people's reactions' towards the changes? Are there any resistances? How did the leadership handle the resistance?

10. How would you characterize the changes of organizational culture at EPFL? What cultural aspects do you think have been key to the university's success?

11. How is authority distributed among the university? Centralized or decentralized?

12. What's your main responsibility as the dean/chair? What's the most challenging part in your job?

13. What's the process for talent recruitment at the school level? What was the criteria?

14. What are the most important things that the school or university has offered to faculty's success?

15. What enabled the school to attract top students/faculty around the world?

d. 针对大学教师的访谈提纲

1. Why did you join EPFL at the first beginning?

2. Can you describe a little bit more about the process of your application，interview and settlement here?

3. What's your impression towards EPFL before and after you started your career here? Any differences?

4. What's the difference of working here and your former universities? What's the advantage of EPFL compared to those universities?

5. How would you describe EPFL's development over the years? In what

way has EPFL become a global leader?

6. What do you think are the main factors that have enabled EPFL's fast development?

7. What has the university offered you that you think are key to your career?

8. How does EPFL motivate people to apply ERC funding? Any specific method?

9. How did the university promote interdisciplinary?

10. Please describe your working environment? How is the relationship among colleagues? Is there a sense of community?

11. How do you think of effects of tenure track system to the university?

12. What's the change towards the university culture in the past 15 years? How about the impact towards EPFL's development?

13. If you got a chance to ask the president or the dean anything you want, what would it be?

参考文献

外文文献
图书和学位论文

[1] AGHION P, DEWATRIPONT M, HOXBY C, M AS-COLELL A, SAPIR A. Higher aspirations: An agenda for reforming European universities [M]. Bruegel Blueprint Series, 2008.

[2] ALSTETE J W. Post tenure faculty development: Building a system of faculty improvement and appreciation [M]. Washington, D. C. : George Washington University Press, 2000.

[3] ALTBACH P G. Comparative higher education: Knowledge, the university and development [M]. Hong Kong: University of Hong Kong Press, 1998.

[4] ALTBACH P G, BALÁN J. World class worldwide: Transforming research universities in Asia and Latin America [M]. Baltimore: Johns Hopkins University Press, 2007.

[5] ALTBACH P G, SALMI J. The road to academic excellence [M]. Washington: The World Bank, 2011.

[6] ALTBACH P, REISBERG L, SALMI J, FROUMIN I. Accelerated universities: Ideas and money combine to build academic excellence [M]. Boston and Rotterdam: Brill Publishers, 2018.

[7] ASHBY E. Universities: British, Indian, African-A study in the ecology of higher education [M]. London: The Weldenfeld and Nicolson Press, 1966.

[8] BASS B M. Leadership and performance beyond expectations [M]. New York: The Free Press, 1985.

[9] BASS B M, AVOLIO B J. Improving organizational effectiveness through transformational leadership [M]. Thousand Oaks: Sage Publications, 1994.

[10] BEN-DAVID J. American higher education: Directions old and new [M]. New York:

McGraw Hill Book Company, 1972.

[11] BIRNBAUM B. How colleges work: The cybernetics of academic organization and leadership [M]. San Francisco: Jossey-Bass Inc. , 1988.

[12] BRAUN D, MERRIEN F. Towards to a new model of governance for university [M]. London: Falmer Press, 2000.

[13] BRECHE L, MACHER A, PARK E, ATES G, CAMPBELL D. The rocky road to tenure: Career paths in Academia [M]//FUMASOLI T, GOASTELLEC G, KEHM B M. Academic work and careers in Europe: Trends, challenges and perspective. Dordrecht: Springer, 2015: 13 - 40.

[14] BURTON R C. The Distinctive college: Antioch, Reed, and Swarthmore [M]. Chicago: Aldine, 1970.

[15] BURNS J M. Leadership [M]. New York: Harper & Row, 1978.

[16] COLLINS J C, PORRAS J I. Built to last: Successful habits of visionary companies [M]. New York: HarperCollins, 1994: 185 - 186.

[17] CONGER J A, KANUNGO R. Charismatic leadership in organizations [M]. San Francisco: Jossey-Bass, 1998.

[18] COOK M A. A case study of organizational change in a small, private junior college [D]. Boston: Northeastern University, 2015.

[19] COSER L A. Refugee scholars in America: Their impact and their experiences [M]. New Haven: Yale University Press, 1984.

[20] DELAYE F. Patrick Aebisher [M]. Lausanne: Favre, 2015.

[21] DENEEF A L, GOODWIN C D. The academic's handbook [M]. Durham: Duke University Press, 2007.

[22] Ecole Polytechnique de l'Université de Lausanne. Ouvrage publié à l'occasion de son centenaire (1853 - 1953) [M]. Lausanne: Université et Société Académique Vaudoise, 1954.

[23] FALLON D. The German university: A heroic ideal in conflict with the modern world [M]. Colorado: Colorado Associate University Press, 1980.

[24] FERMI L. Illustrious immigrants: The intellectual migration from Europe, 1930 - 1941 [M]. Chicago: University of Chicago Press, 1971.

[25] FLEXNER A. Universities: American-English-German [M]. London: Oxford University Press, 1994.

[26] FISHER J L, KOCH J V. Presidential leadership: Making a difference [M]. Phoenix: Oryx Press, 1996.

[27] FUMASOLI T, GOASTELLEC G, KEHM BM. Academic work and careers in Europe: Trends, challenges, perspectives [M]. Springer: Cham, Switzerland, 2015.

[28] GARVEYJC. Philadelphia University: The role of presidential leadership in market adaption and evolution of mission [D]. Philadelphia: Philadelphia University, 2007.

[29] Gibbons M. The new production of knowledge: the dynamics of science and research in contemporary societies [M]. London: Sage Publications Inc. , 1994.

[30] GRAHAM H D, DIAMOND N. The rise of American research universities: Elites and challengers in the postwar era [M]. Baltimore: Johns Hopkins University Press, 1997.

[31] HAYES J. The theory and practice of change management [M]. New York: Palgrave, 2010.

[32] HAYHOE R. German, French, Soviet and American universities models and the evaluation of Chinese higher education policy since 1911 [D]. University of London, 1984.

[33] HAZELKORN E, RYAN M. The impact of university rankings on higher education policy in Europe: A challenge to perceived wisdom and a stimulus for change [M]// ZGAGA P, TEICHLER U, BRENNAN J. The globalization challenge for European higher education: Convergence and diversity, centers and peripheries. Frankfurt: Peter Lang, 2013.

[34] HEYNEMAN S P, LEE J. World-class universities: The sector requirements [M]// Shin J C, Kehm B M. Institutionalization of world-class universities in global competition. Heidelberg: Springer, 2013.

[35] HOWARD T. Protestant theology and the making of the modern German university [M]. New York: Oxford, 2006.

[36] KAISER D. Becoming MIT: Moments of decision [M]. Cambridge: MIT Press, 2010.

[37] Kotter J P. Leading Change [M]. Boston: Harvard Business Press, 1996.

[38] LAPIDUS J B. Graduate Education and Research [M]//Altbach P. Defense of American higher education. Baltimore: The Johns Hopkins University Press, 2001.

[39] LATTUCA L R. Creating interdisciplinarity: interdisciplinary research and teaching among college and university faculty [M]. Nashville, US: Vanderbilt University Press, 2001.

[40] LIPPITT R, WATSON J, WESTLEY B. The dynamics of planned change [M]. New York: Harcourt, Brace & World, 1958.

[41] LIU N C, WANG Q, CHENG Y. Paths to a world-class university: Lessons from practices and experiences [M]. Rotterdam: Sense Publishers, 2011.

[42] LUCAS C J, MURRAY J W. New faculty: A practical guide for academic beginners [M]. New York: Palgrave, 2002.

[43] MARGINSON S, ORDORIKA I. El Central Volumen de La Fuerza: Global hegemony in higher education and research [M]//RHOTEN D, CALHOUN C. Knowledge matters. The Public Mission of the Research University. New York, NY: Columbia University Press, 2011.

[44] MCCLELLAND C E. State, society, and university in Germany, 1700 – 1914 [M]. London: Cambridge University Press, 1980.

[45] MEYER H. The design of the university: German, American and 'World Class' [M]. New York: Routledge, 2017.

[46] MORISON S E. Three centuries of Harvard: 1636 - 1936 [M]. Cambridge: Harvard University Press, 1937.

[47] NELSON L C. A case study of strategies employed by Mercer University leadership during its transformation from a liberal arts institution into a comprehensive university [D]. Minnesota: Capella University, 2011.

[48] OWENS T L. The role of Academic departments in Academic innovation: An analysis of the adoption of new graduate degree program in the state University of New York, 1975 - 2005 [D]. New York: State University of New York at Albany, 2015.

[49] PALMER I, DUNFORD R, AKIN G. Managing organizational change: A multiple perspectives approach [M]. New York: McGraw Hill Book Company, 2006.

[50] PONT M. Chronique de l'EPFL 1978 - 2000: l'âge d'or de l'ingénierie [M]. Lausanne: Presses Polytechniques et Universitaires Romandes, 2011.

[51] PIERSON G W. Yale college: An educational history 1871 - 1921 [M]. New Haven: Yale University Press, 1952.

[52] RAGHAVIAH Y. Third world education and post-war American influence [M]. Hyderabad: Hyderabad University Press, 1982.

[53] ROHRS H. The classical German concept of the university and its influence on higher education in the United States [M]. New York: P. Lang, 1995.

[54] ROSOVSKY H. The university: an owner's manual [M]. New York: Norton & Company, 1991.

[55] SALDAÑA J. The coding manual for qualitative researchers [M]. Thousand Oaks: Sage Publications Inc. , 2009.

[56] SALMI J. The challenge of establishing world-class universities [M]. Washington: The World Bank, 2009

[57] SASHKIN M, SASHKIN M G. Leadership that matters: The critical factors for making a difference in people's lives and organization's success [M]. San Francisco: Berrett-Koehler Publishers, 2002.

[58] SHILS D. Max Weber on universities: The power of the State and the dignity of the academic calling in imperical Germany [M]. Chicago: University of Chicago Press, 1974.

[59] SHIN J C, KEHM B M. Institutionalization of world-class university in global competition [M]. Netherlands: Springer, 2013.

[60] SMART J, TIERNEY W. Higher education: Handbook of theory and practice [M]. Dordrecht: Springer, 2009: 427 - 461.

[61] SMITH B D. A case study of organizational change: College restructuring in response to mandated department eliminations [D]. Las Vegas: University of Nevada, 2011.

[62] STRAUSS A L. Qualitative analysis for social scientists [M]. London: Cambridge University Press, 1987.

[63] THWING C F. The American and the German university: One hundred years of history [M]. New York: The Macrnillan Company, 1928.

［64］VAN VUGHT F A. Governmental strategies and innovation in higher education ［M］. London：Jessica Kingsley，1989.

［65］VEYSEY L. The emergence of the American university ［M］. Chicago：University of Chicago Press，1965.

［66］WESTMEYER P. An analytical history of American higher education ［M］. Illinois：Charles C. Thomas Publisher，1985.

［67］YIN R K. Case study research：Design and methods ［M］. Thousand Oaks：Sage publications，2013.

［68］ZUPPIROLI L. La bulle universitaire：Faut-il poursuivre le rêve américain? ［M］. Ed. d'en bas，2010.

期刊和报纸

［1］ABLAMEYKO S，ZHURAVKOV M，SAMAKHVAL V，POLONNIKOV A. International cooperation in building a world-class university—The case of Belarusian State University ［J］. International Cooperation，2013,2(1)：64 - 74.

［2］ALTBACH P G. The costs of benefits of world-class universities ［J］. Academe，2004，90(1)：20 - 23.

［3］ALTBACH P G. Peripheries and centers：Research universities in developing countries ［J］. Asia Pacific Education Review，2009,10(1)：15 - 27.

［4］ALTBACH P G. Higher Education Crosses Borders：Can the United States remain the Top Destination for Foreign Students? ［J］. Change：The Magazine of Higher Learning，2004,32(2)：18 - 25.

［5］ALVES J，MARQUES M J，SAUR I，MARQUES P. Creativity and innovation through multidisciplinary and multisectoral cooperation ［J］. Creativity and Innovation Management，2007,16(1)：27 - 34.

［6］ANDERSSON B，MAYER T. Singapore and the Nanyang Technological University：A young country with a young university on the move ［J］. Biointerphases，2010,5(3)：9 - 14.

［7］APPELBAUM S，HABASHY S，MALO J，HISHAM，S. Back to the future：Revisiting Kotter's 1996 change model ［J］. Journal of Management Development，2010,31(8)：764 - 782.

［8］ARMENAKIS A A，HARRIS S G，FEILD H S. Making change permanent a model for institutionalizing change interventions ［J］. Research in Organizational Change and Development，1999(12)：97 - 128.

［9］ATKINSON R C，BLANPIED W A. Research universities：Core of the US science and technology system ［J］. Technology in Society，2008,30(1)：30 - 48.

［10］AVOLIO B J，WALUMBWA F O. WEBER T. Leadership：Current theories，research，and future directions ［J］. Annual Review of Psychology，2009(60)：421 - 449.

［11］BARNETT J V，HARRIS R A，MULVANY M J. A comparison of best practices for

doctoral training in Europe and North America [J]. FEBS Open Bio, 2017,7(10):
1444 - 1452.

[12] BEER M, NOHRIA N. Cracking the code of change [J]. Harvard Business Review,
2000,78(3): 133 - 141.

[13] BEHRENS T R, GRAY D O. Unintended consequences of cooperative research: Impact
of industry sponsorship on climate for academic freedom and other graduate student
outcome [J]. Research policy, 2001,30(2): 179 - 199.

[14] BIBER P. As Patrick Aebischer of the Swiss Federal Institute of Technology (ETH)
Lausanne helped to achieve world rank [EB/OL]. [2015 - 02 - 19]. https://www.
srf. ch/kultur/wissen/wie-patrick-aebischer-der-eth-lausanne-zu-weltrang-verhalf.

[15] BORNMANN L, BAUER J. Which of the world's institutions employ the most highly
cited researchers? An analysis of the data from highlycited. com [J]. Journal of the
Association for Information Science and Technology, 2014,66(10): 2146 - 2148.

[16] BROWN A W. Case study of a college that closed: Saint Mary's College [J]. New
Directions for Higher Education, 2011(156): 7 - 18.

[17] BULLOCK R J, BATTEN D. It's just a phase we're going through: A review and
synthesis of OD phase analysis [J]. Group and Organization Studies, 1985, 10:
383 - 412.

[18] BURKE W W, LITWIN G H. A causal model of organization performance and change
[J]. Journal of Management, 1992,18(3): 523 - 545.

[19] BURNES B. No such thing as... a "one best way" to manage organizational change
[J]. Management Decision, 1996,34(10): 11 - 18.

[20] CHREIM S. Postscript to change: Survivors' retrospective views of organizational
changes [J]. Personnel Review, 2006,35(3): 315 - 335.

[21] DEARLOVE J. Collegiality, managerialism and leadership in English universities
[J]. Tertiary Education and Management, 1995,1(2): 161 - 169.

[22] DEEM R, MOK K H, LUCAS L. Transforming higher education to whose image?
Exploring the concept of 'world class' university in Europe and Asia [J]. Higher
Education Policy, 2008(21): 83 - 97.

[23] DEHLER G, WALSH M. Spirituality and organizational transformation [J]. Journal of
Managerial Psychology, 1994(9): 17 - 26.

[24] DILL D, SOO M. Academic quality, league tables, and public policy: A cross-national
analysis of universities ranking system [J]. Higher Education, 2005(49): 495 - 533.

[25] DIMAGGIO P J, POWELL W W. The iron cage revisited: Institutional isomorphism
and collective rationality in organizational fields [J]. American Sociological Review,
1983,48(2): 147 - 160.

[26] DUCRET J, AUDETAT D. Patrick Aebisher, 15 years of success, 2 years of
succession [EB/OL]. [2015 - 02 - 19]. http://www. 24heures. ch/vaud-regions/
patrick-Aebisher-quinze-ans-succes-deux-ans-succession/story/19891988.

[27] EISENHARDT K M. Better stories and better constructs: The case for rigor and

comparative logic [J]. Academy of Management Review, 1991,16(3): 620 - 627.

[28] ENDERS J. A chair system in transition: Appointments, promotions, and gate-keeping in German higher education [J]. Higher Education, 41(1 - 2): 3 - 25.

[29] ETZKOWITZ H. The evolution of the entrepreneurial university [J]. International Journal of Technology and Globalization, 2004: 64 - 67.

[30] ETZKOWITZ H, LEYDESDORFF L. The dynamics of innovation: From national system and "mode 2" to a triple helix of university—industry—government relations [J]. Research Policy, 2000(29): 109 - 123.

[31] ETZKOWITZ H, WEBSTER A, GEBHARDT C. The future of the university and the university of the future: Evolution of ivory tower to entrepreneurial paradigm [J]. Research Policy, 2000,29(2): 313 - 330.

[32] FISCH F. Competition is inherent to science [EB/OL]. [2015 - 07 - 03]. http://www.labtimes.org/i50/i_06.lasso.

[33] FORD J D, FORD L W, D'AMELIO A. Resistance to change: The rest of the story [J]. Academy of Management Review, 2008(33): 362 - 377.

[34] FORD J D, FORD L W. Decoding resistance to change [J]. Harvard Business Review, 2008,87(4): 99 - 103.

[35] GRIGOLO M, LIETAERT M, MARIMON R. Shifting from academic "brain drain" to "brain gain" in Europe [J]. European Political Science, 2010,9(1): 118 - 130.

[36] HORTA H. Global and national prominent universities: Internationalization, competitiveness and the role of the state [J]. Higher Education, 2009, 58 (3): 387 - 405.

[37] HUNT J G, CONGER J A. From where we sit: An assessment of transformational and charismatic leadership research [J]. Leadership Quarterly, 1999(10): 335 - 343.

[38] GEORGE W. Doctoral education in the United States of America [J]. Higher Education in Europe, 2008,33(1): 35 - 43.

[39] GRAAFF V. Can department structures replace a chair system: Comparative perspectives [J]. Yale Higher Education Research Group Working Paper, 1980: 20 - 21.

[40] JUDGE T A, THORESEN C J, PUCIK V, WELBOURNE T M. Managerial coping with organizational change: A dispositional perspective [J]. Journal of Applied Psychology, 1999,84(1): 107 - 22.

[41] KAPP J. Our graduates find a job [EB/OL]. [2015 - 01 - 12]. https://www.nzz.ch/wirtschaft/unsere-studenten-sollen-einen-job-finden-1.18308676.

[42] KEZAR A. Understanding and facilitating organizational change in the 21st century: Recent research and conceptualization [J]. ASHE-ERIC Higher Education Report, 2001,28(4): 1 - 147.

[43] KIM K S. A great leap forward to excellence in research at Seoul National University, 1994 - 2006 [J]. Asia Pacific Education Review, 2007,8(1): 1 - 11.

[44] KOSMÜTZKY A. Between mission and market position: Empirical findings on mission

statements of German higher education institutions [J]. Tertiary Education and Management, 2012,18(3): 57.

[45] KOTTER J P. Leading change: Why transformation efforts fail [J]. Harvard Business Review, 1995: 59 - 67.

[46] KOTTER J P, SCHLESINGER L A. Choosing strategies for change [J]. Harvard Business Review, 2008,86(7/8): 130.

[47] KRAIS B. Academia as a profession and the hierarchy of the sexes: Paths out of research in German universities [J]. Higher Education Quarterly, 2002,56(4): 407.

[48] KRECKEL R. Akademischer nachwuchs als beruf? Deutsche entwicklungen im internationalen vergleich [J]. Zur unzeitgemäßen Aktualität Max Webers, 2010.

[49] LAU C, WOODMAN R C. Understanding organizational change: A schematic perspective [J]. Academy of Management Journal, 1995(38): 537 - 554.

[50] LAWHORN T, ENNIS-COLE D, ENNIS III W. Illuminating the path to promotion and tenure: Advice for new professors [J]. The Journal of Faculty Development, 2004, 19(3): 153 - 160.

[51] LEHRER M, NELL P, GÄRBER L. A national systems view of university entrepreneurialism: Inferences from comparison of the German and US experience [J]. Research Policy, 2009,38(2): 268 - 280.

[52] LEPORI B. Research in Non-University Higher Education Institutions: The case of the Swiss universities of applied sciences [J]. Higher Education, 2008,56(1): 45 - 58.

[53] LEPORI B, FUMASOLI T. Reshaping the Swiss higher education system: Governance reforms and fields reconfigurations [J]. Swiss Political Science Review, 2010,16(4): 811 - 814.

[54] LEVIN R C. The rise of Asia's universities [N]. Foreign Affairs, 2010 - 05 - 06.

[55] LEWIN K. Group decision and social change [J]. Readings in Social Psychology, 1947 (3): 197 - 211.

[56] LIEFNER I, SCHÄTZL L, SCHRÖDER T. Reforms in German higher education: Implementing and adapting Anglo-American organizational and management structures at German universities [J]. Higher Education Policy, 2004,17(1): 23 - 38.

[57] LINES R. Influence of participation in strategic change: Resistance, organizational commitment and change goal achievement [J]. Journal of Change Management, 2004,4 (3): 193 - 215.

[58] MARGINSON S. The impossibility of capitalist markets in higher education [J]. Journal of Education Policy, 2013,28(3): 353 - 370.

[59] MARGINSON S, VAN DER WENDE M. To Rank or to Be Ranked: The Impact of Global Rankings in Higher Education [J]. Journal of Studies in International Education, 2007,11(3 - 4): 306 - 329.

[60] MARGINSON S, RHOADS G. Beyond national states, markets and systems of higher education: A glonacal agency heuristic [J]. Higher Education, 2002, 43 (3): 281 - 309.

[61] MENTO A, JONES R, DIRNDORFER W. A change management process: Grounded in both theory and practice [J]. Journal of Change Management, 2002,3(1): 45 - 59.

[62] MEYER J W, ROWAN B. Institutional organizations: Formal structure as myth and ceremony [J]. American Journal of Sociology, 1977(83): 340 - 363.

[63] MINK O G. Creating new organizational paradigms for change [J]. International Journal of Quality & Reliability Management, 1992,9(3): 21 - 35.

[64] MOHRMAN K, MA W, BAKER D. The research university in transition: The emerging global model [J]. Higher Education Policy, 2008,21(1): 5 - 27.

[65] NELISSEN P, VAN SELM M. Surviving organizational change: How management communication helps balance mixed feelings [J]. Corporate Communications: An International Journal, 2008,13(3): 306 - 18.

[66] O'BOYLE L. Learning for its own sake: The German university as nineteenth-century model [J]. Comparative Studies in Society and History, 1983,25(01): 3 - 25.

[67] OREG S. Resistance to change: Developing an individual differences measure [J]. Journal of Applied Psychology, 2003,88(4): 680 - 693.

[68] OREG S. Personality, context, and resistance to organizational change [J]. European Journal of Work and Organizational Psychology, 2006,15(1): 73 - 101.

[69] PERELLON J. The governance of higher education in a federal system: The case of Switzerland [J]. Tertiary Education and Management, 2001,7(2): 211 - 24.

[70] PIDERIT S K. Rethinking resistance and recognizing ambivalence: A multidimensional view of attitudes toward an organizational change [J]. Academy of Management Review, 2000(25): 783 - 794.

[71] PRITCHARD R. Trends in the restructuring of German universities [J]. Comparative Education Review, 2006,50(1): 90 - 112.

[72] RAMLI N, ZAINOL Z A, AZIZ J A, ALI H M, HASSIM J, HUSSEIN W M, YAAKOB N I. The concept of research university: The implementation in the context of Malaysian university system [J]. Asian Social Science, 2013,9(5): 307.

[73] REBECCA S L. "Exploiting a wonderful opportunity": The patronage of scientific research at Stanford University, 1937 - 1965 [J]. Minerva, 1992: 391 - 421.

[74] RHOADES G, SLAUGHTER S. Academic capitalism in the new economy: Challenges and choices [J]. American Academic, 2004,1(1): 37 - 59.

[75] RAUHVARGERS A. EUA Report: Global university rankings and their impact [EB/OL]. [2016 - 04 - 28]. http://www. eua. be/pubs/Global_University_Rankings_and_Their_Impact. pdf.

[76] RYNES S L, BARTUNEK J M, DAFT R L. Across the great divide: Knowledge creation and transfer between practitioners and academics [J]. Academy of Management Journal, 2001,44(2): 340 - 355.

[77] SASHKIN M A. New vision of leadership [J]. Journal of Management, 1996,6(4): 19 - 28.

[78] SCHIEMANN W. Why change fails [J]. Across the Board, 1992,29(4): 53 - 54.

[79] SELF D R, SCHRAEDER M. Enhancing the success of organizational change: Matching readiness strategies with sources of resistance [J]. Leadership and Organization Development Journal, 2009,30(2): 167 - 182.

[80] SHEIL T. Moving beyond university rankings: Developing a world-class university system in Australia [J]. Australian Universities' review, 2010,52(01): 69 - 76.

[81] SHIN J C. Classifying higher education institutions in Korea: A performance-based approach [J]. Higher Education, 2009,57(2): 247 - 266.

[82] SPORN B. Building adaptive universities: Emerging organizational forms based on experiences of European and US universities [J]. Tertiary Education Management, 2001,7(2): 121 - 134.

[83] STANLEY D J, MEYER J P, TOPOLNYTSKY L. Employee cynicism and resistance to organizational change [J]. Journal of Business and Psychology, 2005, 19 (4): 429 - 459.

[84] STEFFENSEN M, ROGERS E M, SPEAKMAN K. Spin-offs from research centers at a research university: A communication perspective [J]. Journal of Business Venturing, 2000,15(1): 93 - 111.

[85] STICHWEH R. The sociology of scientific disciplines: On the genesis and stability of the disciplinary structure of modern science [J]. Science in Context, 1992, 5 (1): 3 - 15.

[86] SZABLA D B. A multidimensional view of resistance to organizational change: Exploring cognitive, emotional, and intentional responses to planned change across perceived leadership strategies [J]. Human Resource Development Quarterly, 2007,18 (4): 525 - 558.

[87] VAIRA M. Globalization and higher education organizational change: A framework for analysis [J]. Higher Education the International Journal of Higher Education & Educational Planning, 2004,48(4): 483 - 510.

[88] VAN DIJK (NEWTON) R, VAN DICK R. Navigating organizational change: Change leaders, employee resistance, and work-based identities [J]. Journal of Change Management, 2009(9): 143 - 163.

[89] WAAIJER C. The coming of age of the academic career: Differentiation and professionalization of German academic positions from the 19th century to the present [J]. Minerva, 2015(53): 43 - 67.

[90] WANBERG C, BANAS J. Predictors and outcomes of openness to changes in a reorganizing workplace [J]. Journal of Applied Psychology, 2000,85(1): 132 - 42.

[91] WALTER M. What have you done with your ten years? [EB/OL]. [2016 - 02 - 30]. http://www.tagesanzeiger.ch/wissen/technik/Wir-brauchen-die-Besten/story/10285846.

[92] WEINGART P. Impact of bibliometrics upon the science system: Inadvertent consequences? [J]. Scientometrics, 2005,62(1): 117 - 131.

[93] WITTE J, WENDE M V, HUISMAN J. Blurring boundaries: How the bologna

process changes the relationship between university and non-university higher education in Germany, the Netherlands and France [J]. Studies in Higher Education, 2008,33 (3)：217‐237.

［94］WOODROOF R H. The viability of the private junior college [J]. New Directions for Community Colleges, 1990,69(18)：1‐93.

［95］XAVIER C A, ALSAGOFF L. Constructing "world-class" as "global"：A case study of the National University of Singapore [J]. Educational Research for Policy and Practice, 2013,12(3)：225‐238.

［96］YANG R, WELCH A. A world-class university in China? The case of Tsinghua [J]. Higher education, 2012,63(5)：645‐666.

［97］YUKL G. An evaluation of conceptual weaknesses in transformational and charismatic leadership theories [J]. Leadership Quarterly, 1999(10)：285‐305.

中文文献
图书和学位论文
［1］［英］阿什比.科技发达时代的大学教育[M].滕大春,滕大生,译.北京：人民教育出版社,1983.
［2］［美］埃德加·H·沙因.企业文化与领导[M].朱明伟,罗丽萍,译.北京：友谊出版公司,1981.
［3］［美］埃伦伯格.美国的大学治理[M].沈文钦,张婷姝,杨晓芳,译.北京：北京大学出版社,2010.
［4］［德］包尔生.德国大学与大学学习[M].张弛,译.北京：人民教育出版社,2009：20‐57.
［5］［美］伯顿·克拉克.高等教育系统——学术组织的跨国研究[M].王承绪,等,译.杭州：杭州大学出版社,1994.
［6］［美］伯顿·克拉克.建立创业型大学：组织上转型的途径[M].王承绪,译.北京：人民教育出版社,1998.
［7］［美］伯顿·克拉克.高等教育新论——多学科的研究[M].王承绪,等,译.杭州：浙江教育出版社,2001.
［8］［美］伯顿·克拉克.探究的场所——现代大学的科研和研究生教育[M].王承绪,译.杭州：浙江教育出版社,2001.
［9］陈洪捷.德国古典大学观及其对中国的影响[M].北京：北京大学出版社,2006.
［10］陈学飞.西方怎样培养博士[M].北京：教育科学出版社,2002.
［11］陈学飞.美国、日本、德国、法国高等教育管理体制改革研究[M].北京：教育科学出版社,1995.
［12］［美］杜德施塔特.舵手的视界——在变革时代领导美国大学[M].郑旭东,译.北京：教育科学出版社,2010.
［13］［美］菲利浦·G·阿特巴赫.比较高等教育[M].符娟明,陈树清,译.北京：文化教育出版社,1986.
［14］［美］菲利普·G·阿特巴赫.变革中的学术职业——比较的视角[M].别敦荣,等,译.青

岛：中国海洋大学出版社,2006.

[15] [美]菲利普·G·阿特巴赫.高等教育变革的国际趋势[M].蒋凯,译.北京：北京大学出版社,2009.

[16] 冯典.大学模式变迁研究——知识生产的视角[D].厦门：厦门大学,2009.

[17] 冯倬琳.研究型大学校长职业研究[D].上海：上海交通大学,2009.

[18] 顾建民.大学治理模式及其形成机理[M].杭州：浙江大学出版社,2013.

[19] 顾建民.自由与责任——西方大学终身教职制度研究[M].杭州：浙江教育出版社,2007.

[20] [韩]河连燮.制度分析：理论与争议[M].李秀峰,柴宝勇,译.北京：中国人民大学出版社,2014.

[21] 黄福涛.欧洲高等教育近代化——法、英、德近代高等教育制度的形成[M].厦门：厦门大学出版社,1998.

[22] 贺国庆.德国和美国大学发达史[M].北京：人民教育出版社,1998.

[23] 黄容霞.全球化时代的大学变革(1980—2010年)[D].武汉：华中科技大学,2012.

[24] 姜锋.当代德国高等教育改革研究[M].上海：上海外语教育出版社,2015.

[25] [美]约翰·L·坎贝尔.制度变迁与全球化[M].姚伟,译.上海：上海人民出版社,2010.

[26] [美]克拉克·克尔.大学校长的多重生活[M].赵炬明,译.桂林：广西师范大学出版社,2008.

[27] [德]克里斯托弗·福尔.1945年以来的德国教育：概览与问题[M].肖辉英,等,译.北京：人民教育出版社,2002：217-220.

[28] 李培凤.基于三螺旋创新理论的大学发展模式变革研究[D].太原：山西大学,2015.

[29] 李铁林.世界科学中心的转移与一流大学的崛起[D].长沙：湖南师范大学,2009.

[30] 李雪飞.美国研究型大学竞争力发展策略研究[M].上海：华东师范大学,2008.

[31] [美]理查德·德安吉里斯,等.全球化与大学的回应[M].王雷,译.北京：北京大学出版社,2010.

[32] [美]理查德·W·斯科特.制度与组织——思想观念与物质利益[M].姚伟,王黎芳,译.北京：中国人民出版社,2010：57.

[33] [美]丽贝卡·S·洛温著.创建冷战大学——斯坦福大学的转型[M].叶赋桂,罗燕,译.北京：清华大学出版社,2007.

[34] 刘念才,萨德拉克主编.世界一流大学：特征·评价·建设[M].上海：上海交通大学出版社,2007.

[35] [美]罗杰·L·盖格.增进知识——美国研究型大学的发展(1900—1940)[M].王海芳,等,译.保定：河北大学出版社,2008.

[36] [美]罗杰·L·盖格.研究与相关知识：第二次世界大战以来的美国研究型大学[M].张斌贤,孙益,王国新,译.保定：河北大学出版社,2008.

[37] [德]马克思·韦伯.学术与政治[M].冯克利,译.北京：生活·读书·新知三联书店.1998.

[38] 马国川.大学名校长访谈录[M].北京：华夏出版社,2010.

[39] 马作宽.组织变革[M].北京：中国经济出版社,2009.

[40] [美]莫顿·凯勒,菲利斯·凯勒.哈佛走向现代：美国大学的崛起[M].史静寰,钟周,赵琳,译.北京：清华大学出版社,2007.

[41] 彭江.中国大学学术研究制度变革[M].武汉：华中师范大学出版社,2009.

[42] 钱理群,高远东.中国大学的问题与改革[M].天津：天津人民出版社,2003.

[43] 申超.边缘学术组织的成长逻辑：S大学对外汉语机构组织变迁的个案研究[M].广州：广东高等教育出版社,2017.

[44] [美]亚伯拉罕·弗莱克斯纳.现代大学论——美英德大学研究[M].杭州：浙江教育出版社,2002.

[45] 王雁.创业型大学：美国研究型大学模式变革的研究[M].上海：同济大学出版社,2011.

[46] 王英.美国研究型大学早期发展研究[D].保定：河北大学,2006.

[47] 王战军.中国研究型大学建设与发展[M].北京：高等教育出版社,2003.

[48] [美]沃伦·本尼斯,罗伯特·汤森.重塑领导力[M].方海萍,译.北京：中国人民大学出版社,2008.

[49] [美]沃伦·本尼斯,伯特·纳努斯.领导者[M].方海萍,等,译.北京：中国人民大学出版社,2008.

[50] [美]W·沃纳·伯克.组织变革：理论和实践[M].燕清联合组织,译.北京：中国劳动社会保障出版社,2005.

[51] [美]希拉·斯劳特,拉里·莱利斯.学术资本主义[M].梁骁,黎丽,译.北京：北京大学出版社,2008.

[52] [德]雅思贝尔斯著.大学之理念[M].邱立波,译.上海：上海人民出版社,2007：182-183.

[53] 阎学通.中国崛起及其战略[M].北京：北京大学出版社,2005.

[54] 杨小微.全球化进程中的学校变革：一种方法论视角[M].上海：华东师范大学出版社,2004.

[55] 叶赋桂,陈超群,吴剑平.大学的兴衰[M].北京：清华大学出版社,2016：233.

[56] [加]约翰·范德格拉夫.学术权力——七国高等教育管理体制比较[M].王承绪,等,译.杭州：浙江教育出版社,2001.

[57] [美]约瑟夫·本-戴维.科学家在社会中的角色[M].赵佳苣,译.成都：四川人民出版社,1988.

[58] [美]詹姆斯·杜德斯达.21世纪的大学[M].刘彤,屈书杰,刘向荣,译.北京：北京大学出版社,2005.

[59] 张凌云.德国与美国博士生培养模式研究[D].武汉：华中科技大学,2010.

[60] 张杰.大学一流之道——上海交大校长讲坛讲录[M].上海：上海交通大学出版社,2012.

[61] 张雪.19世纪德国现代大学及其与社会、国家关系研究[D].武汉：华中师范大学,2012.

[62] 周保利.19世纪剑桥大学改革研究[M].呼和浩特：内蒙古大学出版社,2012.

期刊和报纸

［1］包水梅,王洪才.中国台湾建设世界一流大学之政策研究［J］.现代大学教育,2003(3)：79-88.

［2］别敦荣.现代大学制度的典型模式与国家特色［J］.中国高教研究,2017(5)：43-54.

［3］布鲁斯·约翰斯通.全球大学的变革方向［N］.中国教育报,2002-08-10.

［4］陈其荣.诺贝尔自然科学奖与跨学科研究［J］.上海大学学报(社会科学版),2009,16(05)：48-62.

［5］陈运超.英国 Warwick 大学的成功之道及启示［J］.高等教育研究,2000(6)：105-110.

［6］陈运超.组织惰性超越与大学校长治校［J］.教育发展研究,2009(12)：1-4.

［7］陈敏,李瑾.30 年来中国工程教育模式改革背景研究——基于多重制度逻辑的分析［J］.高等工程教育研究,2012：59-67.

［8］顾建民.西方大学终身教职制度的价值分析［J］.比较教育研究,2006(9)：1-6.

［9］贺国庆.近代德国大学对美国的影响［J］.比较高等教育.1993(5)：11-14.

［10］贺国庆,何振海.传统与变革的冲突与融合——西方大学改革二百年［J］.高等教育研究,2013,34(4)：99-104.

［11］胡国铭.大学校长的人格魅力与大学发展［J］.高等教育研究,2002,23(05)：57-60.

［12］胡劲松.传统大学的现代改造——德国联邦政府高等教育改革政策述评［J］.比较教育研究,2001(4)：6-12.

［13］江小华,程莹.研究型大学实现跨越式发展的要素分析——以南洋理工大学为例［J］.复旦教育论坛,2015(2)：80-86.

［14］江小华,张蕾.中韩研究型大学师资国际化战略及其成效的比较研究［J］.高教探索,2017(02)：81-93.

［15］蒋凯.终身教职的价值与影响因素——基于美国八所高校的经验研究［J］.教育研究,2016(3)：132-140.

［16］孔捷.从基层学术组织变革看德国与美国大学的相互影响［J］.现代教育管理,2010(12)：108-110.

［17］李国祥,张根健.德国大学教授：教学与科研中的差序平衡蕴意［J］.当代教师教育,2016(4)：37-42.

［18］李立国,刘向兵.比较优势,竞争优势与中国研究型大学快速崛起研究［J］.清华大学教育研究,2005,26(1)：58-63.

［19］李明忠."小而精"：后发新兴世界一流大学的特色发展战略——以韩国浦项科技大学为例［J］.中国高教研究,2012(8)：45-49.

［20］梁卿,沈红.大学排名的影响研究述评［J］.高教发展与评估,2012(3)：1-6.

［21］林辉.创业型大学发展模式研究——以英国华威大学为例［J］.全球教育展望,2004,33(09)：52-55.

［22］刘宝存.大学的创新与保守——哈佛大学创建世界一流大学之路［J］.比较教育研究,2005(1)：35-42.

［23］刘亚敏.教育家校长引领大学崛起：以哈佛大学五任校长为分析样本［J］.高等教育研究,2011,32(11)：100-105.

［24］柳亮.领导力理论视野下的大学内部管理变革研究［J］.国家教育行政学院学报,2009：

23 - 27.

[25] 柳友荣,龚放.编外讲师：德国大学学术自由传统的"阿基米德点"[J].教师教育研究,
2009,21(04)：62 - 65.

[26] 罗燕,叶赋桂.2003 年北大人事制度改革：新制度主义社会学分析[J].教育学报,2005,
1(6)：14 - 22.

[27] 罗燕.全球化与中国大学的转型[J].复旦教育论坛,2016,14(03)：5 - 18.

[28] 马超.从讲座制到系科制：欧洲大学内部管理权力的变更[J].比较教育研究,2006(4)：
61 - 64.

[29] 马嘉,朴雪涛.大学发展的路径：移植式与创设式制度变迁[J].湖南师范大学教育科学
学报,2003,2(5)：25 - 28.

[30] 麻慕芳.世界一流大学建设：从边缘走向中心——以韩国首尔国立大学为例[J].科教
导刊(上旬刊),2011(04)：5 - 6.

[31] 孟范祥,张文杰,杨春河.西方企业组织变革理论综述[J].北京交通大学学报(社会科学
版),2008,7(2)：89 - 92.

[32] 牛欣欣,洪成文.香港科技大学的成功崛起——"小而精特色战略的实施"[J].比较教育
研究,2011(11)：62 - 66.

[33] 潘绥铭,姚星亮,黄盈盈.论定性调查的人数问题：是"代表性"还是"代表什么"的问
题——"最大差异的信息饱和法"及其方法论意义[J].社会科学研究,2010(4)：
108 - 115.

[34] 秦琳.从师徒制到研究生院——德国博士研究生培养的结构化改革[J].学位与研究生
教育,2012(1)：59 - 64.

[35] 秦琳.洪堡模式的今日与研究型大学的明天[J].比较教育研究,2011(9)：1 - 6.

[36] 钱颖一.大学治理：美国、欧洲、中国[J].清华大学教育研究,2015(5)：1 - 12.

[37] 全守杰.德国大学的崛起与式微(1810—1945)[J].现代大学教育,2013(1)：85 - 91.

[38] 任增元,张丽莎.现代大学的适应、变革与超越——基于欧美大学史的检视[J].教育研
究,2017(4)：117 - 124.

[39] 沈文钦,王东芳.从欧洲模式到美国模式：欧洲博士生培养模式改革的趋势[J].外国教
育研究,2010,37(242)：69 - 74.

[40] 眭依凡.教授治校：大学校长民主管理学校的理念与意义[J].比较教育研究,2002,
(1)：1 - 6.

[41] 宋微,肖念.大学排名对院校发展的影响研究[J].北京教育：高教版,2013(2)：27 - 29.

[42] 沈亚芳.学校组织变革及其路径选择的新制度经济学解释[J].教育发展研究,2013
(24)：27 - 31.

[43] 施晓光.三种意义上释读大学[J].北京大学教育评论,2006：115.

[44] 孙秀玲.国际化视域下中国大学模式的建构——教会大学移植美国大学模式的历史考
察与当代启示[J].山东社会科学,2014(9)：168 - 172.

[45] 孙元涛,许建美."教师抵制变革"的多元分析[J].教育发展研究,2009：12 - 15.

[46] 谭伟红.新加坡南洋理工大学的竞争优势研究[J].西南交通大学学报,2016,17(03)：
91 - 96.

[47] 王连森,栾开政.大学声誉形成机理与管理策略——基于利益相关者的分析[J].现代大

学教育,2007(5):66-70.

[48] 王英杰.大学校长与大学的改革和发展:哈佛大学的经验[J].比较教育研究,1993(5):1-10.

[49] 王英杰.大学校长要有大智慧——美国芝加哥大学的建立与发展经验[J].清华大学教育研究,2005,26(1):10-20.

[50] 吴志兰.荷兰的学术职业——最近十几年的改革与发展[J].外国教育研究,2004,31(168):57-60.

[51] 武书连,吕嘉,郭石林.中国大学评价[J].科学学与科学技术管理,2000,21(7):8-18.

[52] 武学超.世界大学排名科研测评的影响与缺失[J].中国高教研究,2010(3):44-46.

[53] 武亚军.面向一流大学的快速崛起:战略规划的作用[J].北京大学教育评论,2006,4(1):109-124.

[54] 肖军.从管控到治理:德国大学管理模式历史变迁研究[J].比较教育研究,2018(12):67-74.

[55] 谢清,周光礼.我国大学校长选任机制的建构初探——从突破行政化藩篱角度切入[J].中国高教研究,2014(01):30-34.

[56] 阎凤桥.柏林大学办学模式的确立:理性的凯旋[J].复旦教育论坛,2010,8(6):16-19.

[57] 阎光才.海外高层次学术人才引进的方略与对策[J].复旦教育论坛,2011(5):49-56.

[58] 阎光才.西方大学自治与学术自由的悖论及其当下境况[J].教育研究,2016(6):142-147.

[59] 阎光才."双一流"建设愿景与突破[J].探索与争鸣,2018(02):112-118.

[60] 叶飞帆.大学行政权力与学术权力的分离:三级组织二级管理模式[J].教育研究,2011(2):64-68.

[61] 叶赋桂.印度理工学院的崛起[J].清华大学教育研究,2003,24(03):102-108.

[62] 易红郡.从编外讲师到终身教授:德国大学学术职业的独特路径[J].高等教育研究,2011,32(2):102-109.

[63] 袁广林.香港科技大学何以成就大学传奇——基于后发优势理论的思考[J].高教探索,2013(2):62-66.

[64] 由由.大学教师队伍建设中的筛选机制——以美国五所世界一流大学为例[J].北京大学教育评论,2013,11(4):87-97.

[65] 赵伟.高层领导更迭与组织领导力的传承[J].时代经贸旬刊,2010(9):38-39.

[66] 张帆,王红梅.德国大学博士培养模式的主要问题及变革尝试[J].比较教育研究,2008(11):32-36.

[67] 张晓鹏.大学排名与世界一流大学建设——第一届"世界一流大学"国际研讨会述评[J].复旦教育论坛,2005(4):5-10.

[68] 张治,王娜.美国研究生院的类型及案例研究[J].世界教育信息,2008:53-55.

[69] 朱剑.对美国高校研究生院几个认识问题的商榷[J].中国高教研究,2006(9):20-23.

[70] 朱艳.香港科技大学的成功办学之路及其启示——基于战略创新的视角[J].大连理工大学学报(社会科学版).2011,32(03):71-74.

[71] 朱炎军,夏人青.韩国建设世界一流大学的战略举措——以浦项科技大学为例[J].高等

工程教育研究,2017(05)：125 - 129.

[72] 周光礼,张芳芳. 全球化时代的大学同构：亚洲大学的挑战[J]. 高等工程教育研究,2012(2)：70 - 80.

[73] 周光礼,黄容霞,郝瑜. 大学组织变革研究及其新进展[J]. 高等工程教育研究,2012(4)：67074.

索　引